当代浙江学术文库
DANGDAI ZHEJIANG XUESHU WENKU
浙江省社科联省级社会科学学术著作出版资金资助出版（编号：2015CBQ01）
浙江省哲学社会科学规划课题“浙江知识分子与中国近现代教科书发展研究”（编号：12JCJY14YB）的成果

启蒙之光

——浙江知识分子与中国近现代教科书发展

吴小鸥 著

浙江工商大學出版社
ZHEJIANG GONGSHANG UNIVERSITY PRESS

图书在版编目(CIP)数据

启蒙之光：浙江知识分子与中国近现代教科书发展 / 吴小鸥著. — 杭州：浙江工商大学出版社，2016.7
ISBN 978-7-5178-1437-5

Ⅰ. ①启… Ⅱ. ①吴… Ⅲ. ①知识分子—研究—浙江省—近现代②教材—研究—中国—近现代 Ⅳ. ①D663.5②G423.3

中国版本图书馆 CIP 数据核字(2015)第 297892 号

启蒙之光

——浙江知识分子与中国近现代教科书发展

吴小鸥 著

出 品 人 鲍观明
策划编辑 任晓燕
责任编辑 唐妙琴 任晓燕
封面设计 林朦朦
责任校对 周晓竹 金菲菲
责任印制 包建辉
出版发行 浙江工商大学出版社
(杭州市教工路 198 号 邮政编码 310012)
(E-mail:zjgsupress@163.com)
(网址:http://www.zjgsupress.com)
电话:0571-88904980,88831806(传真)
排 版 杭州朝曦图文设计有限公司
印 刷 杭州五象印务有限公司
开 本 710mm×1000mm 1/16
印 张 17.25
字 数 300 千
版 印 次 2016 年 7 月第 1 版 2016 年 7 月第 1 次印刷
书 号 ISBN 978-7-5178-1437-5
定 价 49.00 元

浙江工商大学出版社营销部邮购电话 0571-88904970

前　言

"启蒙"一词最早见于《风俗通义·皇霸·六国》:"每辄挫衄,亦足以祛蔽启蒙矣。"[①]其中"启"是开的意思。[②] 而"蒙",至少有三种意思:其一,蒙骗,与"实"相对;[③]其二,蒙昧、无知;[④]其三,通"朦",眼失明。[⑤] 启蒙是指启迪和教育童蒙,消除蒙蔽,恢复光明。"启蒙"一词在英文中是 enlighten,在德语中是 aufklären,在法语中是 Les Lumières,它们的中心词根皆为"光""照亮",一般指传递知识,使人从无知变为有知。可见,无论是东方还是西方,启蒙总是与"光"联系在一起,是一种光芒的"照耀",引领人们走向光明。

教科书是非常重要的启蒙文本。很久以来,我们把教科书称为"课本"和"读本"等,如"凡定有程式而实验稽核之,皆曰课,如考课、功课","凡事之根源为本"。把"课"和"本"组合为"课本",即是功课的根源或学校教学过程的根源之意。[⑥] 在"教科书"一词出现之前,这些词语已在各种官私文献中使用。"教科书"在中国的出现,学界认可的说法是:"清同治光绪年间,基督教会多附设学堂传教,光绪二年(1876)举行传教士大会时,教士之主持教育者,以西学各科教材无适用书籍,议决组织'学堂教科书委员会'。该委员会所编教科书,有算学、泰西历史、地理、宗教、伦理等科,以供教会学校之用,间以赠各地传教区之私塾。教科书之名自是始于我国矣。"[⑦]在

---

① 应劭:《风俗通义·皇霸·六国》。

② 《说文解字·口部》:"启,开也。"

③ 《左传·昭公二十七年》:"鄢氏、费氏自以为王,专祸楚国,弱寡王室,蒙王与令尹以自利也。"杜预注:"蒙,欺也。"见陈亮的《送吴允成运斡序》:"相蒙相欺,以尽废天下之实。"

④ 《易·蒙》:"匪我求童蒙,童蒙求我。"孔疏:"蒙者,微昧暗弱之名。"《素问·举痛论》:"令验于己而发蒙解惑,可得而闻乎?"王夫子《张子正蒙注序论》:"蒙者,知之始也。"

⑤ 见刘禹锡的《赠眼医婆罗门僧》:"师有金篦术,如何为发蒙?"

⑥ 商务印书馆香港分馆编辑:《辞源(改编本)》,香港商务印书馆 1951 版,第 735 页。

⑦ 民国教育部编:《第一次中国教育年鉴(戊编·教育杂录)》,开明书店 1934 年版,第 115 页。

暮色四合的清季天空下，“沧海横流，外侮洊至，不讲新学则势不行”[①]，教科书一词及其承载的近代学科分类知识一起被引进古老的神州。无论是传教士们赋予其救赎的力量还是中国开明知识分子赋予其救亡的力量，教科书在启蒙的地平线上撒播现代光明，点亮了“民力已茶、民智已卑、民德已薄”[②]的幽暗洞穴。

康德指出：“启蒙运动就是人类脱离自己所加之于自己的不成熟状态。不成熟状态就是不经别人的引导，就对运用自己的理智无能为力。当其原因不在于缺乏理智，而在于不经别人的引导就缺乏勇气与决心去加以运用时，那么这种不成熟状态就是自己所加之于自己的了。Sapere aude！要有勇气运用你自己的理智！这就是启蒙运动的口号。”[③]浙江知识分子在中国社会大动荡、大转折的紧要关头，不仅敏锐地发现传统的启蒙读本已经远远滞后于社会时代发展的步伐而“不宜教科”[④]，而且更痛彻地意识到自身语言文化传统中的某种匮乏。他们带着对教育的全新价值预设以及具有历史进步方向性的洞察力，在对海洋文化强烈的向往及感受中，凭借地缘、学缘、人缘、业缘、姻缘等社会生活场域广泛的身份优势，使浙江教科书编撰出版群体迅速崛起。例如，面对新式学堂对教科书的巨大需求，宁波人鲍咸恩、鲍咸昌等创办商务印书馆（1897 年），奉化人孙锵创办新学会社（1898 年），杭州人施崇恩创办彪蒙书室（1903 年），萧山人汤寿潜创办会文学社（1903 年），桐乡人陆费逵创办中华书局（1912 年），绍兴人沈知方创办世界书局（1917 年）、孙伏园创办北新书局（1924 年）、章锡琛创办开明书店（1926 年），吴兴人陈立夫创办正中书局（1931 年）等，他们广纳贤才，汲汲以求于教科书的编撰出版。当我们翻阅中国近现代教科书时，发现有李善兰、谢洪赉、杜亚泉、蔡元培、张元济、陆费逵、寿孝天、骆师曾、蒋智由、王亨统、汪洛年、戴克敦、张相、樊炳清、章鸿钊、虞和钦、虞和寅、王本祥、经亨颐、李叔同、钟毓龙、胡仁源、周越然、夏丏尊、朱经农、陶孟和、金兆梓、翁文灏、何炳松、竺可桢、陈望道、陈鹤琴、蒋伯潜、陈建功、周玲荪、顾寿白、傅东华、吴梦非、刘质平、陆志韦、郑昶、楼光来、陈醉雲、朱文叔、张其昀、周建人、胡愈之、宋云彬、戴运轨、葛绥成、陈希豪、喻守真、周予同、傅彬然、陆高谊、林汉达、章克标、贾祖璋、赵景深、盛叙功、都冰如、陶百川、沈振黄、任美

---

① 苑书义、孙华峰、李秉新：《张之洞全集・著述诗文书札附录》（第 8 册），河北人民出版社 1998 年版，第 9726 页。

② 王栻：《严复集》（第 1 册），中华书局 1986 年版，第 20 页。

③ ［德］伊曼努尔・康德：《历史理性批判文集》，何兆武译，商务印书馆 1990 年版，第 22 页。

④ 张元济：《中国历史教科书》（第 1 册），商务印书馆 1903 年版，序。

锷、沈鼎三、沈知方、顾寿白、朱家骅、陈立夫、陈果夫、章锡琛、周予同、姜丹书、黄坚白、吴梦非、陈布雷、潘公展、郑鹤声、周祖谟……浙江知识分子灿若群星，成为中国近现代教科书史上影响最大、持续时间最长的一个群体。初步统计，从19世纪50年代到1949年，共有百余名浙江知识分子参与编撰、出版各套中小学教科书。

当前，围绕浙江知识分子与中国近现代教科书发展所做的研究，在教育学、历史学、社会学领域都较为薄弱，特别是从动态的角度进行长时段研究的就更少。本书坚守“研究教科书必须见到书（实物和文献史料）”的治学原则，立足于大量教科书文本及史料分析，采取系统分析和重点深入研究相结合的思路，选取不同历史时期对中小学教科书影响最为突出的11位浙江知识分子展开专题研究，尝试勾勒出浙江知识分子在近现代中小学教科书编撰出版思想、制度、内容、体例等方面发挥的关键作用，凸显他们实现从“有限的启蒙”（开官智）到“普遍的启蒙”（开民智）的历史性贡献。这样，我们可以从深层次把握浙江知识分子奉献中国社会的深刻轨迹以及影响中国社会现代化进程的根本所在。在19世纪中后期，本书重点分析李善兰、谢洪赉在墨海书馆、美华书馆翻译西学教科书时开拓性“引介第一”及术语规范。从20世纪初到20世纪20年代，本书重点分析张元济、蔡元培、杜亚泉、陆费逵在民间书坊潮涌般编撰出版教科书过程中的交互影响，他们共同奏响了中国现代教科书发展“黄金二十年”的华彩乐章。从20世纪30年代到40年代，本书重点分析周建人、丰子恺、张其昀、朱家骅、陈立夫在党化教育及抗战救亡的时代，对儿童如何存在的不同思考，以及希望中华民族在艰苦卓绝中“从根救起、迎头赶上”的启蒙诉求。

不论是在清廷的天空下还是在民国的烽火中，浙江知识分子各以其所专长编译大量教科书，其中充溢着中华民族丰厚的精神气质，深藏着作者的学术智慧和深厚的知识功底。他们是岚飘雾绕的苍莽群山，虽然时代的不断变迁决定了中心与边缘、强势与弱势，但他们为中国近现代教科书发展所做出的默默努力与奉献，使他们每一个人都成为令我们回望的山峰。浙江知识分子编撰出版的近现代教科书卷帙浩繁，因年代久远、战争损毁等原因，挖掘、选择和整理的难度极大。特别需要指出的是，虽然当时教科书的版权页上编撰者姓名前印有籍贯，但很多编撰者的生平资料至今无从查找，甚至在各类研究中均未记载。本书附录60位浙江知识分子简要生平及其编撰教科书概览，使人们借此更清晰地认识那片星空。

启蒙是一个随着“历史的视界”的拓展而需要不断被解读的主题。启蒙中最重要的部分，莫过于让人的智识体现人类的文明水平，反映时代精神，昭示人类的未来。或许单单强调某一群体而非合力之作用，难以说清历史本相。不过，浙江知识分子对中国教科书近现代化乃至中国社会近现代进程产生了深刻影响，是波澜壮阔的历史长卷中无法绕过的关键词。穿越岁月的风雨、动荡、喧嚣与浮华，当我们小心翼翼地翻阅已经泛黄、薄脆的教科书时，启蒙之光虽沉落于时间深处，但拨云驱雾之后，依然孤独地、美丽地、凛然不可侵犯地亮着。

目　录

第一章　浙江知识分子与地域文化传统

浙江是物华天宝、人杰地灵之地，灵山秀水孕育了千古文明。早在10万年前，浙江就有原始人类活动的足迹。"建德人"化石的出土，证明5万年前的旧石器时代已有人类祖先在这里繁衍生息。七千年前的"河姆渡文化"、六千年前的"马家浜文化"和五千年前的"良渚文化"，进一步展示了浙江古文明的神奇魅力，闪耀着浙江先民们的智慧光芒，也代表着中华文明的历史进程。浙江文化的力量，深深熔铸在浙江人民的生命力、创造力和凝聚力之中，"在我国的文化名人中，浙江籍的就逾千人"[①]。

一、知识分子及其界说

知识分子作为一个社会阶层而言，在西方是近代的产物。德国社会学家卡尔·曼海姆在《意识形态与乌托邦》一书中指出，知识分子基本上是一个"社会无根阶层"(socially unattached in intelligentsia)，一方面因为知识分子在构建其自身知识领域过程中可以来源于不同社会集团，同时又可超越其本源阶层，这样使其有能力综合不同阶级的政治观念；另一方面，知识分子所持政治观点的不同，又可能使其归属于对立的阵营，为本非自己来源的社会集团效力。[②] 可见，知识分子不属于任何固定的经济阶级，知识和思想是他们唯一的凭借，因此，他们才能坚持自己"思想上的信念"。正如孟子所言："无恒产而有恒心者，惟士为能。"

1.西方对知识分子的理解

"知识分子"(intellectual)作为一个历史概念，据许纪霖教授考证，最早

---

① 习近平：《文化的力量》，中国文联出版社2007年版，第1页。

② Karl Mannheim: *Ideology and Utopia: An Introduction to the Sociology of Knowledge*, 1936, 139—141.

来源于俄文，出现在19世纪的俄国。有这样一批人，他们本身属于上流社会，但接受的是西方教育，他们以一种精神态度来观察俄国当时落后的专制制度，觉得所处的社会极为丑恶、不合理，产生了一种对现行秩序的强烈的疏离感和背叛意识，这个群体当时就被称为知识分子。知识分子的第二个来源是19世纪的法国。1894年，在法国发生了著名的“德雷福斯事件”。德雷福斯是一个上尉，由于犹太人的关系遭受诬陷，引起了一批颇有正义感与社会良知的人士的义愤，他们站出来为德雷福斯辩护，于1898年1月23日发表了题为《知识分子宣言》的文章，后来这批人士就被称为“知识分子”，并被赋予了承载社会良知与公众道义的内涵。① 比“德雷福斯事件”的发生稍早约半个世纪，别林斯基等一些俄国、波兰思想家在1840年使用了“知识群体”(intelligentsia)这一术语，把他们与其他阶层分开来的最明显标志就是其批判现存秩序与体制的群体态度和趋向。

美国社会学家罗伯特·金·默顿是最早对知识分子进行类型划分的学者之一。他说：“我们可以便利地把知识分子划分为两大类型，那些在官僚组织中行使顾问或技术功能的知识分子，和那些不捆绑在任何官僚组织上的知识分子。”②他认为前者要屈从组织机器，听命于上级命令。“政策制定者提供目的，我们这些技工在专业知识基础上提供达到目的可供选择的手段。”③因此，这类知识分子自由选择的范围十分狭小，而不捆绑在官僚组织上的知识分子的自由度大得多。意大利政治活动家安东尼奥·葛兰西将知识分子分为“传统知识分子”和“有机知识分子”两种类型，“传统知识分子”是指在社会变动过程中，仍然凭借着文化的持续传承而保持相对稳定地位的知识群体。“传统知识分子”主要来自于那些与过去的经济结构或生产方式相联系的知识分子。“有机知识分子”就是随着新阶段在经济生产中创造和发展自身的同时造就的知识分子，他们与新阶级同质，能够意识到并执行他们在政治、经济等社会领域中应该履行的职能。④ 在法国哲学家米歇尔·福柯看来，知识是权力的眼睛：“我们受权力对真理的生产的支配……我们被迫生产我们社会所需要的权力的真理，我们必须说出真理；我们被命令和强迫了去承认或发现真理。权力从不停止它对真理的讯

---

① 许纪霖：《另一种启蒙》，花城出版社1999年版，自序第2页。

② R. Merton, *Social Theory and Social Struction*, Glencoe, 1957, p165.

③ 同②, p167.

④ 参阅 Antonio Gramsic, On Intellectuals, A Cultural Studies, History, Theory, Practice, ed. by Jessica Munns&Gita Rajan, longman, London and New York, 1995.

问、审理和登记：它把它的追求制度化、职业化，并加以奖励。”[①]福柯将现代知识分子分为“普遍知识分子”和“特殊知识分子”两种，前者即传统的知识分子，他们是“主持正义和代表法律的人，用普遍正义和公正的法律理想来抗衡权力、专制和为富不仁”[②]；后者是由科学发展和分工细密所形成的专家型知识分子，“知识分子现已不再以‘普遍性代表’、‘榜样’、‘为普天下大众求正义与真理’的方式出现，而是习惯于在具体的部门——就在他们自己的生活和工作条件把他们置于其中的那些地方(寓所、医院、精神病院、实验室、大学、家庭和性关系)进行工作”[③]。这些特殊知识分子虽然也在具体的领域与权力进行斗争，但他们往往囿于实际的、物质的和日常的问题，不能承担起全人类的自我审视与批判的职责。

一般而言，西方常常称知识分子为“社会的良心”，认为他们是人类的基本价值(如理性、自由、公平等)的维护者。知识分子一方面根据这些基本价值来批判社会上一切不合理的现象，另一方面则努力推动这些价值的充分实现。所以，知识分子除了献身于专业工作以外，同时还必须深切地关怀国家、社会以至世界上一切有关公共利害之事，而且这种关怀又必须超越个人私利，即具有一种宗教性的承当精神。

2. 中国传统的知识分子观

在中国，传统的“士”与“知识分子”意义较为接近，如果从孔子算起，有绵延不绝的两千多年传统，成为世界文化史上独一无二的现象。中国文化在哪里？钱穆指出，即在中国人身上，而主要在士，士是中国社会的中心。在“四民”社会中，农工商三流分担着人生实际工作，唯“士”最难讲，一定要把中国社会具体而详细地讲出，即将士置入中国历史实际中，始得真明白其意义。[④] 钱穆揭示了中国古代的“士”之具备“智识”与“志于道”的两重性接近于西方对知识分子的理解。

孔子最先揭示的“士志于道”(《论语·里仁》)规定了“士”是基本价值的维护者。曾参发挥师教，进一步指出：“士不可以不弘毅，任重而道远。弘，宽广也。毅，强忍也。非弘不能胜其重，非毅无以致其远。仁以为己

---

① [法]米歇尔·福柯：《权力的眼睛——福柯访谈录》，严锋译，上海人民出版社 1997 年版，第 228 页。

② 刘北成：《福柯思想肖像》，上海人民出版社 2001 年版，第 257 页。

③ [法]米歇尔·福科：《福科专访录》，钱俊译，北京大学中文系编：《东西方文化评论(第三辑)》，北京大学出版社 1991 年版，第 262 页。

④ 参见钱穆：《中国文化精神》中的《中国文化传统在那里》《文化的散播与完整》两篇，三民书局 1973 年版。

任，不亦重乎？死而后已，不亦远乎？"(《论语·泰伯》)，这一儒学的原始教义对后世的"士"精神产生了深远影响，而且愈是在"天下无道"时代愈显出它的力量。北宋范仲淹提倡"先天下之忧而忧，后天下之乐而乐"(《岳阳楼记》)，晚明东林人物的"事事关心"(顾宪成撰)……激发了一代又一代读书人的理想和豪情。"士"在中国历史上的作用及演变是一个十分复杂的现象，"但无可争辩的，文化和思想的传承与创新自始至终都是士的中心任务"[①]。

"士"是随着中国历史各阶段的发展而以不同的面貌出现于世的。在先秦是"游士"，秦汉以后则是"士大夫"，但是在秦汉以来的两千年中，"士"又可更进一步划成好几个阶段，与每一时代的政治、经济、社会、文化、思想各方面的变化互相呼应。余英时指出，秦汉时代，"士"的活动比较集中地表现在以儒教为中心的"吏"与"师"两个方面。魏晋南北朝时期儒教中衰，"非汤、武而薄周、孔"的道家"名士"(如嵇康、阮籍等人)以及心存"济俗"的佛教"高僧"(如道安、慧远等人)反而更能体现"士"的精神。这一时代的"高僧"尤其值得我们注意，因为此时的中国是处于"孔子救不得，唯佛陀救得"的局面；"教化"的大任已从儒家转入释氏的手中了。隋、唐时期除了佛教徒(特别是禅宗)继续其拯救众生的悲愿外，诗人、文士如杜甫、韩愈、柳宗元、白居易之伦更足以代表当时"社会的良心"。宋代儒家复兴，范仲淹所倡导的"以天下为己任"和"先天下之忧而忧，后天下之乐而乐"的风范，成为此后"士"的新标准。[②] 毋庸置疑，"近代意义上的知识分子概念是被置于对其所处社会秩序的批判立场上加以界定的，'知识分子'已成为社会良知与道义的人格化体现"[③]。

东西方关于知识分子的理解虽然多元，但一般而言涉及这样几个因素：一是知识分子必须有某种专业知识技能；二是在专业知识技能的前提下，保持着对人类社会的关怀和对公共事业积极介入的姿态；三是追求思想的自由，对现实始终保持一种批判和超越的立场，对人类、对社会有神圣的使命感与责任感。

---

① 余英时：《卮言自纪——余英时自序集》，北京大学出版社2012年版，第119页。

② 同上，第120页。

③ 杨念群：《儒学地域化的近代形态：三大知识群体互动的比较研究》，生活·读书·新知三联书店1997年版，第26页。

二、浙江地域文化传统

浙江东濒东海，南接福建，西连安徽、江西，北邻上海、江苏，因境内主要河流钱塘江又名浙江而得名。省内地形以山地、丘陵为主，平原和盆地次之，河流纵横交错，湖泊星罗棋布。两宋时期，浙江已是国家的首富之地，有着先进的农业、发达的手工业、兴盛的商业。南宋时，随着国都南迁临安（今杭州），浙江在政治、经济、文化、科技、教育、学术等方面都处于全国领先的地位。

1. 人文数薮，思想多元

浙江由于历史变迁过程中的文化多元融合及区域的多样性，产生了独具地方特色的学术派别，有“浙西尚博雅，浙东贵专家”（章学诚语）之说，特别是南宋开启的“浙东学派”（叶适、陈亮、吕祖谦等），创事功学与心学两大体系，确立近代理性所需的务实精神和张扬人的精神主体性的哲学理念。至明清之际，集心学之大成的王阳明哲学与以黄宗羲为代表的浙东史学，促成事功学与心学的合流，建构了一种兼具主体精神与事功精神的哲学理论体系。总体上浙东学术思想特征是主张经世致用，实效实学，义利并举。相比之下，浙西学术彰显出闲适精致、豁达、和谐的特色，其学术旨趣“是享受和创造的，更具有理性或者说对现实的超越性”[①]，如明末清初以吕留良、张履祥、陈确等为代表的超现实而重在探究义理的浙西理学。

2. 经济发达，工商皆本

浙江文化融会了多元的精神特质，还洋溢着浓郁的经济脉息。与中原“重农抑商”、忌讳“本末倒置”的传统观念不同，浙江自古鼓励商业与农业同发展。早在春秋越国，就有“农末俱利”“货物官市”的国策，鼓励商业发展。到明清之际，黄宗羲站在城市自由民一边，(《明夷待访录·财计三》)第一次提出“工商皆本”的思想，他认为“本”和“末”不应该按农业和工商业的关系来划分，凡是有利于社会财富增长的生产和流通事业，都是“本业”；反之，浪费和损耗社会财富的行业都是“末业”。他指出正当的工商业原应视为根本，工商业之所以受到压抑，是有一部分从事佛巫及奇技淫巧等不切民生一类货物的生产经营的结果。世儒不察，就笼统地误视工商行业为末，妄加抑制，岂不知“工”正是圣王要千方百计加以招徕的，而“商”正是使工之所出输之于途的，所以都是国家的根本。黄宗羲把工商扶为立国之

---

① 汪俊昌、陈立旭等：《人文浙江——加快建设文化大省》，浙江人民出版社2006年版，第9页。

本,反映了明清之际浙江商品生产日益发展的现实。

三、浙江知识分子的文化谋生取向

与湖湘的封闭、岭南的偏远有所不同,随着经济文化区域的大面积南移,浙江已逐渐成为南宋以后历朝帝国的"文化轴心"①。尽管随着永乐皇帝朱棣迁都北京而使政治中心北迁,但浙江重教的传统使得其文化浓郁且人才辈出。一个比较重要的现象是宋明之后绅士阶层的发展,他们往往具有双重的身份:"一方面,一些拥有低级功名或无甚功名的绅士,常常是地域化儒学深厚思想资源的制造和运转者,他们使这些思想资源对象化于基层社会组织;另一方面,具有高级功名的绅士则有机会通过'正途'考试渠道渗入到'政治轴心'的周围,从而改变'政治轴心'的地域人才结构和文化氛围"②。但清朝之后发生了一些改变,形成了较为普遍的文化谋生取向。

1.浙江知识分子追求科名受阻

清朝是由少数民族建立的统一政权。清军入关后,曾在江南等地遭遇激烈的反抗。为了巩固对全中国的统治,清代统治者屡兴文字狱,并通过调控学额数目等手段,有意压制江南作为人才密集区域的传统地位。如"查嗣庭案"后,雍正因汪景祺、查嗣庭均为浙江人,认为浙省士风浇薄、玷辱科名,下诏停止浙江乡试、会试六年,这使得浙江知识分子进入仕途的渠道一度中断。《大清会典事例》卷330载雍正四年(1726)谕云:

> 浙江文词甲于天下,而风俗浇漓,蔽坏已极。如查嗣庭、汪景祺,自矜其私智小慧,傲倪一切,轻薄天下之人,遂其丧心悖义,谤讪君上。……朕思开科取士,原欲得人任用,期以其文章词藻之工,可以有益于民生吏治。今浙江风气如此,挟其笔墨之微长,遂忘纲常之大义,则开科取士,又复何用?且巡抚李伟等,从查嗣庭家中搜出科场怀挟,细字密写文章数百篇,似此无耻不法之事,查氏子弟如此,必系浙人习以为常,不但藐视国宪,并且玷辱科名,应将浙江会试停止。③

① 杨念群:《儒学地域化的近代形态:三大知识群体互动的比较研究》,第269页。

② 同上,第271页。

③ 《大清会典事例》,第330卷。

2.知识成为浙江知识分子谋生的重要手段

随着政治局面的日益巩固,清政府开始用特科的方式摄入一些浙江知识分子,让他们进入非要害性部门从事编纂类书文献的工作,但始终使其处于政治结构的边缘状态。这批士人既不是通过科举的"正途"渠道进入官僚机构,又并非通过荐举途径官司其职、吏司其守地被委以定国安邦的重任,而是使学术本身变成一种谋生的手段和工具。沦于"边缘状态"的浙江知识分子常常视应聘为一种"谋生的途径"(a way of life)[①]。"谋生取向"伴随着康熙帝提倡的大规模学术工程的全面展开而受到了强化,特别是乾隆三十八年(1773)《四库全书》的修纂,网罗大量浙江知识分子参与其事。浙江知识分子渗入官僚体系的非正常化,以及这些"谋生途径"的获得,也无法使相当数量的浙江知识分子像宋明时代那样,实施对王权本身的教化功能,反而愈益疏离了在"政治轴心"中的核心位置。

清廷通过控制学额规模及铲除异己的文化政策,迫使相当一部分浙江儒生无法通过"正途"进入"政治轴心"。在这种情况下,"由官而幕"似乎是为浙江过剩人才提供地方性流通渠道的最佳变通途径。由于幕府人员由府主自己选聘,与正规官吏由考试诠选登进者有所不同,在选择幕僚时,府主也往往不限资格,不分亲友,不问相识与否。[②] 这样就为饱读诗书却迫于科举名额之限的浙江知识分子提供了一种新的谋生归宿。

浙江作为人才辈出的传统文化轴心,到了乾嘉时期,浙江中举率已经恢复到了相当高的水平,历届科举人才的录取率及流动规模,以及学者型人才的出现密度都极为突出。据张耀翔在《清代进士之地理的分布》一文中所做的统计,清代一甲状元、榜眼、探花共计 342 人。其中浙江 81 人,占 23.7%。[③] 梁启超曾称"浙江与江南——江苏、安徽同为近代文化中心点"[④]。尽管如此,浙江人士的反叛风格流风余韵不绝如缕,几乎构成了一种独特的区域传统资源,于是在 19 世纪末反对清王朝的民主革命思潮中,浙江知识分子尤为突出,其思想浸润在教科书中,通过启蒙学童而尤为澎湃。

---

① Benjamin Elman: *From Philosophy to Philology*, Harvard University Press, 1984, 89.

② 郑天挺:《清代的幕府》,《中国社会科学》1980 年第 6 期,第 128 页。

③ 杨念群:《儒学地域化的近代形态:三大知识群体互动的比较研究》,第 270 页。

④ 梁启超:《近代学风之地理的分布》,《清华学报》1924 年第 1 期,第 26 页。

第二章　李善兰：西学“引介第一”

李善兰（1811—1882）字壬叔，号秋纫，浙江海宁人，晚清著名的数学家、天文学家、力学家、植物学家、翻译家。李善兰 10 岁时，发现父亲的书架上有一本《九章算术》，阅读时感到十分新奇有趣，从此迷上了数学。他在 1867 年底出版的《则古昔斋算学》的“自序”中回忆指出，“善兰年十龄，读书家塾，架上有古《九章》，窃取阅之，以为可不学而能，从此遂好算”①。他勤于钻研天文、历算，15 岁通习《几何原本》六卷，数学造诣日趋精深。1845 年，他在嘉兴设馆授徒，与江浙学者一起讨论数学问题并做学术交流，有《弧矢启秘》《方圆阐幽》《对数探源》等相继问世，后又撰《四元解》《麟德术解》等著作，进行传统数学文化下的数学研究活动。后来，李善兰听说上海来了精通算学的外国学者，于是从海宁到上海，寻找西方的学术知音。据傅兰雅称，李善兰“幼有算学才能，于一千八百四十五年初印其新著算学；一日，到上海墨海书馆礼拜堂，将其书予麦（都思）先生展阅，问泰西有此学否，其时有住于墨海书馆之西士伟烈亚力见之甚悦，因请之译西国深奥算学并天文等书”②。李善兰由此结识了伟烈亚力、艾约瑟等传教士，并与他们合作，共同翻译西书。伟烈亚力对于李善兰的数学成就给予极高评价：“李善兰的对数论，使用了具有独创性的一连串方法，达到了如同圣文森特的格列奇利于 17 世纪发明双曲线求积法时一样的结果。”③1852 年夏，李善兰到上海墨海书馆工作，与几位传教士通力合作，以“口译笔录”的形式翻译西学启蒙读本，把西方数学、天文学、物理学、植物学等多门学科首次引入中国，在翻译实践中创造性地翻译大量的科学名词，为中国打开了数理化等自然科学之门，有着不可估量的历史贡献。李善兰是中国第一个

---

① 李善兰：《则古昔斋算学》，1867 年莫有芝金陵刊本，自序。

② ［英］傅兰雅：《江南制造总局翻译西书事略》，张静庐辑注：《中国近代出版史料初编》，中华书局 1957 年版，第 13 页。

③ 王渝生：《中国近代科学的先驱——李善兰》，科学出版社 2000 年版，第 28 页。

对素数进行深入研究的中国数学家,其研究素数论的第一个成果即被称为"中国定理"(Chinese Theorem)。① 他集前人之大成,撰《垛积比类》,得到了被称为"李善兰公式"的重要结果。李善兰的学术成果丰硕,后任京师同文馆算学教习,可以算是中国历史上第一位真正意义上的教授。②

一、续译《几何原本》使其第一次完整中译

西学亦称"新学",这一概念是历史的产物,一般指从16世纪末开始由利玛窦等西方传教士介绍来的西方文化。英国生物化学家李约瑟博士认为,在"耶稣会传教士进入中国后,中国的科学便和全世界的科学汇成一体了。虽然在18和19世纪,因为受到历代以来中国社会中抑制科学发展的那种因素的影响,这种融会进行得很慢"③。墨海书馆是1843年由英国传教士麦都思(Walter Henry Medhurst)创立,是教会在上海开设的第一个出版机构,取义"瀚墨之海"(书籍的海洋)。该馆当时主要印刷《圣经》和其他宗教小册子,1850年开始印刷部分西学著作。这些著作虽无教科书之名,但因其内容浅显易懂,属于西学知识的普及性读物,被充作教会学校教科书。在缺乏新课本的时期,各地书院也多乐于采用,名校教员也用来作为教学参考,可以说是起了雪中送炭的作用。

1.1600—1606年,徐光启与利玛窦合译《几何原本》前6卷

公元前332年,马其顿国王亚历山大征服埃及,在尼罗河口建立亚历山大城。公元前约300年,在亚历山大城聚集的众多学者中,有一位名叫欧几里得的人创办了一所数学学校,编撰了《几何原本》,《几何原本》共13卷,卷1—卷6主要内容是平面几何,卷7—卷9主要阐述了数论,卷10讨论了无理数,卷11—卷13主要讨论了立体几何。书中包含了5个假设(Postulates)、5条公设(Common Notions)、23个定义(Definitions)和48个命题(Propositions)。欧几里得把人们公认的一些事实列成定义和公理,以形式逻辑的方法,用这些定义和公理来研究各种几何图形的性质,从而建立了一套从公理、定义出发,论证命题得到定理的几何学论证方法。这种公理化的方法,后来成了建立任何知识体系的典范,在差不多两千年间,被奉为必须遵守的严密思维的范例。《几何原本》是现代数学的基础,在西

① A. Wylie: A Chinese Theorem, *Notes and Queries on China and Japan*, 1869.(5):73.

② 杨自强:《学贯中西——李善兰传》,浙江人民出版社2006年版,第241页。

③ [英]李约瑟:《中国科学技术史》(第一卷),科学出版社1975年版,第318页。

方是仅次于《圣经》而流传最广的书籍，[①]哥白尼、伽利略、笛卡尔、牛顿等许多伟大的学者都曾学习过《几何原本》，从中吸取了丰富的营养，对此爱因斯坦有句名言："如果欧几里得未激发你少年时代的科学热情，那你肯定不是天才科学家。"[②]《几何原本》最先的印制本出现于1482年，希腊语版本仍然存在于各地，如梵蒂冈教廷图书馆和牛津大学的博德利图书馆，《几何原本》被广泛认为是历史上最成功的教科书。

明末清初是科学史界公认的我国科技翻译的第一次高潮，黎难秋曾在《中国科学文献翻译史稿》一书中指出，这一时期的译书，现据资料可查的为160种，[③]并开创了外国传教士"口译"，中国学者"笔录"的翻译模式。1582年，意大利人利玛窦（Matteo Ricci，1552—1610）到中国传教，带来了德国神父克里斯托弗·克拉维乌斯（Christopher Klau/Clavius，1538—1612）校订增补的拉丁文本《欧几里得原本》15卷本。1600年，明代数学家徐光启与利玛窦合作，于1606年完成前6卷的翻译，1607年在北京印刷发行。"几何"的原文是"geometria"，徐光启和利玛窦在翻译时，取"geo"的音为"几何"，确定研究图形的这一学科中文名称为"几何"，将此书定名为《几何原本》，并确定了几何学中最基本的一些术语，如点、线、直线、平行线、角、三角形和四边形等中文译名。徐光启在评论《几何原本》时说："此书为益，能令学理者祛其浮气，练其精心；学事者资其定法，发其巧思，故举世无一人不当学。"[④]就在他们想继续把《几何原本》的后9卷翻译完的时候，徐光启的父亲不幸去世，徐光启回乡，后利玛窦去世，于是后9卷未能译出。

2. 1852—1856年，李善兰与伟烈亚力合译《几何原本》后9卷

1852年，李善兰开始与伟烈亚力（Wylie Alexander，1815—1887）合作翻译《几何原本》后9卷，1856年完成，以《续几何原本》名之，于是这一古希腊数学名著的全译本得以问世。王韬盛赞伟烈亚力与李善兰"今西士伟烈与海宁李君，不惮其难而续成之，功当不在徐、利下"[⑤]。此书厘定的术语圆锥、曲线、轴线等，沿用至今。李善兰自己说："当笔受时，辄以意匡补"，如此"屡作屡辍，凡四历寒暑，始卒业。"[⑥]1863年，李善兰被招至曾国藩幕中，

---

① Boyer：*Euclid of Alexandria*，*Boyer Influence of the Elements*，1991，p119.

② 樊小蒲、赵强、苏婕：《科学名著与科学精神》，光明日报出版社2013年版，第175页。

③ 黎难秋：《中国科学文献翻译史稿》，中国科学技术大学出版社1993年版，第7页。

④ 徐光启：《几何原本杂译》，朱维铮主编：《利玛窦中文著译集》，复旦大学出版社2001年版，第305页。

⑤ 王韬：《王韬日记》，方行、汤志钧整理，中华书局1987年版，第69页。

⑥ 伟烈亚力口译，李善兰删述：《续几何原本》，墨海书馆1856年版，序。

曾国藩出资三百金为李善兰刻《几何原本》后 9 卷。[①] 1865 年，续本 9 卷与前 6 卷经曾国藩合并为一书重校付梓。

《几何原本》是先从希腊文翻译成拉丁文，后再转译成英文。由于多次转译，英文译本有不少校勘不精之处甚至错误之处，李善兰以其深厚的数学功底，纠错正误。伟烈亚力对李善兰翻译《几何原本》时的情况有段记述，英刻本“校勘未精，语讹字误，毫厘千里，所失匪轻。……（李）君固精于算学，于几何之术，心领神悟，能言其故。于是相与翻译，余口之，君笔之。删芜正讹，反复详审，使其无有疵病，则李君之力居多”[②]。于是，“伟烈君言：异日西士欲求是书善本，当反访诸中国矣”[③]。

二、译述中国的第一部符号数学、微积分教科书

自清朝雍正年间至鸦片战争前，清朝实行闭关锁国的政策，使得中西接触中断了一百多年，然而正是在这段时间内，西方科学技术取得了较大的发展，近代科学技术体系全面形成。作为译书的领头人物，伟烈亚力和李善兰对他们所译书籍的底本都是经过严格筛选的，即所用的底本须是选自西方各个科学领域内最新、最具影响的佳作。李善兰和伟烈亚力合译的《代数学》和《代微积拾级》使得西方近代数学传入了中国，对后来中国数学的研究和教育发生了历史性变化，尤其是他们创立一些数学名词术语和数学表达系统，对西方近代高等数学的传入以及中国传统数学的变革起着重要的催化作用。

1. 1859 年，李善兰与伟烈亚力合译的《代数学》是中国第一部符号代数学著作[④]

《代数学》共 13 卷，原书系英国数学家棣么甘（Augustus De Morgan，1806—1871）1835 年初版的 *Elements of Algebra*。卷首为“纲领”，论述了中西代数学的发展史，指出“欲明代数须先明数学，最重要者，分数小数之理。若未明，必先改求之，此代数之捷径也”[⑤]。全书目录如下：

---

① 李俨、钱宝琮：《李善兰年谱》，《科学史全集（卷 8）》，辽宁教育出版社 1998 年版，第 338 页。

②③ 伟烈亚力口译，李善兰删述：《续几何原本》，序。

④ 《中国历史大辞典·科技史卷》编纂委员会：《中国历史大辞典·科技史卷》，上海辞书出版社 2000 年版，第 224 页。

⑤ 同②③。

卷首

卷1:论一次方程

卷2:论代数与数学之记号不同

卷3:论多元一次方程

卷4:论指数与代数式渐变之理

卷5:论一次二次之义及二次方程之数学解

卷6:论极限及变数

卷7:论代数式之诸类并约法

卷8:论级数及未定之系数

卷9:论代数与数学之相等不同

卷10:论纪函数法

卷11:论合名法

卷12:论指数对数之级数

卷13:论用对数为算法之捷法

《代数学》大部分为初等数学内容(高等数学的相关内容主要是极限思想和级数理论),是我国第一部符号代数学读本,[①]第一次向中国介绍了虚数的知识,数学符号如:×、÷、=、√、∴、∵、∞等。[②] 为了避免"+""-"与汉字"十"和汉字"一"混淆,取篆文的"上""下"二字,即用"⊥""丅"来表示加减运算及其符号,并且还可以表示负数的"负",李善兰直接运用了这一点。[③] 直到清末的学堂正式开办起来后,"+""-"这些符号才得以广泛使用,并且沿用至今。[④] 而"×、÷、=、<、>、∵、∴等是从李善兰开始引进的。对一些西方符号,李善兰用汉字化字符与之对应,如他将26个英文字母用"甲乙丙丁戊己庚辛壬癸"10字天干取代A-J,并且用"子丑寅卯辰巳午未申酉戌亥"12字地支取代K-V,最后剩下的X,Y,Z,W则代之以"天地人元",希腊字母"α,β,γ,……φ,χ,ψ,ω"则用二十八星宿的名称代替(即角、亢、氐等)。求和符号"∑"用"昂"代替。函数符号"f"用"函"表示,自然对数的底"e"用"讷"代替,即为代表对数发明者数学家纳皮尔(John Napier,1550—1617)。特别是微分符号"d"及积分符号"∫",用"微""积"两

① 邹振环:《近百年间上海基督教文字出版及其影响》,《复旦学报(社会科学版)》2002年第3期,第27—33页。

② 冯天瑜:《晚清入华新教传教士译业述评》,《史学月刊》2004年第8期,第30—35页。

③ 钱宝琮:《中国数学史》,科学出版社1964年版,第325页。

④ 徐品方、张红:《数学符号史》,科学出版社2006年版,第118页。

个字的偏旁“彳”“禾”表示。李善兰的符号系统很复杂,这就使得其生命力有限,后不断被修正,直到民国以后才不再使用。而对于数学专业术语的翻译,《代数学》的“序”中指出其规则:“立名有而例。一、题其事,若事非数学中所有,则可立新名。若除去数学中之旧名而用新名,则不便。盖未至得数不能知误与否,故不必尽去旧名而用新名也。二、用数学已立之名,而变意以广其用,亦即本旧意推广之,此在寻常事恒有之,欲为新物立名借旧物之略似者名之,是也。”①

李善兰明确代数学只是数学一分支,他指出,“数学之恒用之名,代数中亦恒用之。而代数所推其法,胜于数学之意,究之代数与数学之法,大同小异,是为同宗之法,故即以数学之名名之,但用数学名,而仍如数学之意,则加数学二字。若代数新意不加,如加法,数学中不过以彼数加此数,而代数中仅一分仍同此意,故若无数学二字,当以代数新立之意命名之”②。1859年冬,《代数学》刊行出版后受到知识界的热烈欢迎,销路颇好,甚至于有人认为“其书,代数学,固详备也矣,惜以活字摆印无多,久已告罄”③。对后面的数学家也有很深的影响,例如华蘅芳及其弟子。《代数学》还由日本高杉晋作(Takasugi Shinsaku, 1839—1867)和中牟田仓之助译传入日本,并且于1872年在日本翻刻出版。

2.1859年,李善兰与伟烈亚力合译的《代微积拾级》第一次把高等数学介绍进中国④

《代微积拾级》共18卷,原书系美国数学家罗密士(Elias Loomis, 1811—1889)1851年出版的 *Elements of Analytical Geometry and of the Differential and Integral Calculus*。全书有两个序言,其中一个是李善兰的自序,一个是伟烈亚力的序。李善兰在序言中介绍了中国传统数学,其中包含四元术与代数的异同、微积分、微积分发展史及其历史来源、微积分的数学含义及微积分求解的方法、微积分的数学应用和对罗密士及其《代微积拾级》一书的结构评价。他指出:“罗密士之天算名家也,取代数、微分、积分三术合为一书,分款设题,较若列眉嘉惠后学之功甚大,伟烈君亚力闻而善之亟睹求其书,请余其事译行中国,伟烈君之功在罗君下哉?是书先代数次微分次积分,由易而难,若皆级之渐升译既竣也,即名之曰

①② 伟烈亚力口译,李善兰删述:《代数学》,序。

③ 王韬:《格致书院课艺》,上海书局1897年版,春季超等第一名己丑上。

④ 《中国历史大辞典·科技史卷》编纂委员会:《中国历史大辞典·科技史卷》,第225页。

《拾级》,时《几何原本》刊行之后一年也。”[①]《代微积拾级》全书的卷 1 至卷 9 述代数几何,卷 10 至卷 16 述微分学,卷 17、卷 18 述积分学。全书目录如下:

卷 1:以代数推几何

卷 2:作方程图法

卷 3:论点、论线、论纵横轴法

卷 4:论圆

卷 5:论抛物线

卷 6:论椭圆

卷 7:论双曲线

卷 8:诸曲线依代数式分类

卷 9:论越曲线、摆线、对数曲线、螺线、亚奇默德螺线、双曲螺线、对数螺线

卷 10:论函数微分

卷 11:叠微分

卷 12:第一次微系数解、论函数极大极小、求函数极大极小解法

卷 13:越函数、指函数微分、对函数微分、圆函数微分

卷 14:曲线义、用微分推曲线之四法、论极曲线之次切线、切线、论曲线及曲线之面积、曲线之体积诸微分、论极曲线及其面积之微分、论曲线之渐近线

卷 15:曲率半径、渐伸线、渐伸线诸例、摆线理

卷 16:论一切曲线中诸理

卷 17:总论、论各微分之积分、用级数求积分法、论弧线微分之积分、论合名微分之积分

卷 18:用积分术令曲线改直线之理、求曲线面积、求曲面积、求曲线体积

由于《代微积拾级》是先讲解析几何(当时译为“代数几何”),然后讲微分、积分,先易后难,有如拾梯阶而上,所以被称为“微积拾级”。《代微积拾级》最重要的一点是它为中国带来了高等数学,这是第一本向中国传播西

① [美]罗密士:《代微积拾级》,伟烈亚力口译,李善兰删述,墨海书馆 1859 年版,序。

方高等数学的著作。[①] 在此书中,创立了第一个有330个英文数学名词及译名构成的对照表,把解析几何与微积分第一次传入中国。[②] 其中创译的代数、微分、积分、系数、椭圆、级数、常数、变数等,沿用至今,并传用于日本。[③]《代微积拾级》在当时以难读著称,如梁启超所言:"李叔壬初译代数学已佚,其存者《代微积拾级》一依西人文法,不敢稍有变动,故极佶屈难读。"[④]甚至连华蘅芳在初学时也不知其所云,故不乏对其诠释、重加演证的人。但《代微积拾级》出版后,"成为晚清书院和学堂里的微积分教材,可以说是最为经典的也是唯一的数学教材"[⑤]。1874年重版时,发行了25000册,这在当时已经是个大数字了。[⑥]《代微积拾级》也是日本数学家最早使用的微积分读本。日本著名数学史家三上义夫说:"第一次将欧洲数学引入日本的,肯定是李善兰和伟烈亚力翻译的罗密士的微积分。该书出版不久就传到了日本。"[⑦]1872年,日本出版了福田半编译的《代微积拾级译解》,"这本书在当时比较流行,是学习西算的一个重要课本"[⑧]。

李善兰和伟烈亚力合译的《代数学》和《代微积拾级》最后成为同文馆的数学教材。从同文馆的课表和题目[⑨]中可以看出,其规定洋文算学生在第六年开始学习微积分,而汉文学生则是在第四年开始学习微积分,其将微积分作为教学的主要内容之一。此外,晚清书院中有将此采用为教材,如在1898年龙城书院课艺中有关于微分学和积分学的题目。[⑩] 由于具备中国传统数学文化的深厚底蕴,使得李善兰为数学在中国的传播和发展做出了基础性的带头作用,并且推动了数学研究及其发展。此外,李善兰与艾约瑟合译《圆锥曲线说》3卷,依次介绍椭圆、双曲线、抛物线的几何性质。

圆锥曲线的知识从明末清初开始传入我国,早期传入的主要是椭圆知识。这一时期曲线的论说不详细、也不完备,其中主要以椭圆知识为主,而

---

① 张必胜:《〈代数学〉和〈代微积拾级〉研究》,西北大学博士学位论文2013年,第51页。

② 邹振环:《近百年间上海基督教文字出版及其影响》,《复旦学报(社会科学版)》2002年第3期,第27—30页。

③ 冯天瑜:《晚清入华新教传教士译业述评》,《史学月刊》2004年第8期,第30—34页。

④ 林传甲:《微积集证》(卷2),长沙督学使署刊本1900年。

⑤ 张必胜:《〈代数学〉和〈代微积拾级〉》研究,西北大学博士学位论文2013年,第45页。

⑥ 同上,第49页。

⑦ 杨自强:《学贯中西——李善兰传》,第266页。

⑧ 柳本浩、冯立升:《〈代微积拾级〉在日本》,《内蒙古师大学报(自然科学版)》1993年第3期,第81页。

⑨ 同文馆:《同文馆题名录》,京师同文馆1879年1版,第25—30页;1887年1版,第35—42页;1896年1版,第47—56页;1898年1版,第6—16页。

⑩ 华世芳:《龙城书院课艺》,1902年刻本。

且主要保存在天文、机械、力学著作中，如《崇祯历书》《灵台仪像志》《远西奇器图说》等。圆锥曲线说的系统传入是伴随着西方变量数学传入中国而完成的。以李善兰翻译的《代微积拾级》和《圆锥曲线说》为标志，将圆锥曲线的知识包括内容和解析方法比较系统地传入我国。其中《圆锥曲线说》各款内容大部分与《代微积拾级》相同，但是《圆锥曲线说》是一部以纯几何方法论证圆锥曲线性质的著作，补充了《代微积拾级》中的解析方法。[①]

《圆锥曲线说》3 卷最早的版本是金陵版《重学》的附刊本，所据底本不详，关于翻译时间也有争议。李俨先生的"李善兰年谱"1859 年记载："又《圆锥曲线说》三卷，题艾约瑟口译，李善兰笔受的，当亦成于此时。"但是根据目前研究发现，此事应在 1859 年之后，如《圆锥曲线说》卷 2 第五款注："详《代微积拾级》"，卷 3 第五款注："此割线《代微积拾级》名次切线"，华蘅芳 1892 年《抛物线说》中的跋："忆余二十岁时，阅《代微积拾级》，粗知抛物线之梗概，而《重学》中《圆锥曲线说》尚未译出也，以是知《圆锥曲线说》译成当在《代微积拾级》之后。"[②]

三、译述引入中国的第一部天文学、经典力学、植物学教科书

鸦片战争失败后，在"师夷长技以制夷"（魏源《海国图志·序》）紧迫的现实需求下，将"制器"与"制夷"联系起来。如果说明末清初传入的西学知识零散而不成系统，并且有些被融入中国传统的知识体系之中，还不足以动摇中国传统知识的主体地位的话，那么从 19 世纪 50 年代以后，李善兰与传教士合译的以牛顿力学为核心的经典力学等西方科技著作，则对晚清社会产生了巨大的影响，触动了中国人思想观念的转变，重新构筑了中国人的知识结构。

1. 1859 年，李善兰与伟烈亚力合译的《谈天》是中国引进的第一部近代天文学著作

《谈天》的作者是英国著名天文学家约翰·赫歇尔（John Hersenel，1791—1871），该书是他在总结父亲威廉·赫歇尔（William Hersenel，

---

① 聂馥玲：《晚清科学译著〈重学〉的翻译与传播》，内蒙古师范大学博士学位论文 2010 年，第 51 页。

② 高红成：《西方数学在中国的传播与中算家的知识结构——以中算家的圆锥曲线说为例》，天津师范大学博士学位论文 2007 年，第 13 页。

1738—1822)与他自己的天文成果的基础上,于1849年为天文爱好者所写的一部天文学作品,英文名为 *Outline of Astronomy*。该书涵括了当时欧洲最前沿的天文知识及观测成果,而且文辞优美,深入浅出,曾先后出版12次,并被翻译为汉语、俄语、阿拉伯语等多种语言在世界各地出版。[①] 伟烈亚力与李善兰是依据1851年发行的第四版翻译的,历经8年才完成。1859年墨海书馆初刊本3册18卷,现藏于中国国家图书馆普通古籍库。

《谈天》卷首为李善兰、伟烈亚力所写的序言各一篇。李善兰在序言中指出,"古今谈天之人,从未有求其故之一语;而西士如哥白尼、刻白尔、奈端[②]等,因求其故而知地与五星皆绕日、轨道为椭圆、必从重学之理,并分别举例证明以上三理皆可信"[③]。而伟烈亚力则从中国与西方天文学源流谈起,赞叹哥白尼、开普勒、奈端等人的卓越理论为我们解开了宇宙奥秘,从而标榜上帝造物主的神奇和无所不能,意在激发人们对上帝的信仰。卷首后有"凡例"一篇,首先申明"此书原本咸丰元年刊行",并将1851—1858年间天文学家所观测到的新星都一一附入,而"最后有咸丰八年所得者,非原书所有也"[④]。在"凡例"的末节之后,还特别印有李善兰和伟烈亚力共同翻译的西学译著目录,即"已著译书目:数学启蒙二卷、几何原本七卷至十五卷、代数学十三卷、代微积拾级十八卷"[⑤]。

正文18卷,卷1—卷5依次为"论地;命名;测量之理;地学;天图",主要介绍地球概貌、天文学名词术语、天文仪器原理、恒星观测误差等相关的天文学基础知识。卷6、卷7依次为"日躔;月离",除了描述日、月食外,还分别论述了太阳、月球的质积、半径、地表风貌、运行规律及对地球万物的影响。卷8为"动理",着重介绍牛顿万有引力定律。卷9—卷11依次为"诸行星;诸月;彗星",描述了太阳系行星及卫星、彗星的轨道运行规律。卷12—卷14依次为"摄动;椭圆诸根之变;逐时经纬度之差",阐述由于摄动的存在给天体轨道运行和逐时经纬度计算带来的影响。卷15为"恒星",讲述恒星测量和分类。卷16为"恒星新理",介绍变星、双星、太阳及其他恒星的自行。卷17为"星林",介绍星团、星云的构成和分类以及流星的运行原理。卷18为"历法"。书末有附表1卷,包括诸行根数表等6个观测表。

《谈天》全面介绍了西方在19世纪60年代以前所取得的天文学成就,

---

① 樊静:《晚清天文学译著〈谈天〉的研究》,内蒙古师范大学硕士学位论文2007年,第1页。

② 歌白尼、刻白尔、奈端分别为哥白尼、开普勒、牛顿的译名。

③④⑤ 伟烈亚力口译,李善兰删述,徐建寅续述:《谈天》,江南制造总局1874年版,凡例。

书中对太阳系结构和行星运动有比较详细的叙述，对万有引力定律、光行差、太阳黑子理论、行星摄动理论、彗星轨道理论都有所述及，都是中国人闻所未闻的天文学新知识。1871 年，科学家又补充了当时天文学的最新成果，将《谈天》刊印出版。1874 年，江南制造总局的徐建寅又依据 1869 年的 *Outline of Astronomy*（第十版）对《谈天》中部分陈旧的观测结果和数据进行了修正，增译了部分内容，并把 1859—1871 年间发现的行星编辑成表加入其中，形成了该书的江南制造总局重刻本（或称作“江南制造总局增译本”）。1874 年 7 月，江南制造总局再次对《谈天》增译本进行了修正，经李善兰校阅之后，刊刻发行了《谈天》的重校活字本。丁福保、周云青曾在《四部总录天文编》一书中对《谈天》的作者、内容、翻译等做了简要介绍，并首次提及《谈天》曾被刊刻为墨海书馆大字本和制造局重刊本、排印本、石印本等数个版本发行。

《谈天》第一次呈现了用牛顿力学理论分析日月五星运动、开普勒行星运动三定律、万有引力概念以及测定行星质量等内容，在晚清学术界享有很高声誉，“文人谈天，皆以不知此书为耻”。在《通学书籍考》《西学通考三十六卷》《读西书法》《东西学书录》《清朝续文献通考》《江南制造总局译书提要》等一些重要的西学目录表中，《谈天》都榜上有名，如梁启超在《读西学书法》中评价该书“最精善”，“不可不急读”①。康有为也在桂林讲学时所著的《桂学问答》中向学生着重推荐了《谈天》一书②，并和谭嗣同分别以《谈天》为背景，著书《诸天讲》《仁学》，发表自己的天文观。

随着洋务运动中各类新式学堂的建立，《谈天》不再仅被视为士绅阶层的读物，而是被广泛应用于新式学堂，成为学生们的必读书目，如《格致书院课艺》中多次有考生提及《谈天》一书。于是，多家书局对《谈天》进行刊刻，如 1896 年上海鸿文书局石印本（2 册 18 卷）、1896 年上海玑衡堂石印本（3 册 18 卷）、1898 年上海测海山房石印本（3 册 18 卷）、1899 年上海小仓山房石印本（2 册 18 卷）、1901 年上海宝善斋石印本（2 册 18 卷）、1901 年上海日新社石印本（2 册 18 卷）、1902 年上海鸿文书局石印本（2 册 18 卷）、1930 年上海商务印书馆影印本（4 册 18 卷）、1934 年上海商务印书馆影印本（4 册 18 卷）等。此外，清华大学科技史暨古文献研究所的冯立昇教授在日本东北大学图书馆还发现一套 1861 年浪华顺天堂刊印的日文训点本《谈

① 梁启超：《读西学书法》，黎难秋主编：《中国科学翻译史料》，中国科学技术大学出版社 1996 年版，第 633 页。

② 黄正雨：《康有为读书生涯》，长江文艺出版社 1997 年版，第 159 页。

天》,是 1859 年墨海书局大字版《谈天》传到日本后,福田泉以其为底本,在汉字中间加注日文注释形成的。[①]

《谈天》是我国翻译的第一部全面而系统地介绍近代天文学的著作,也是西方近代天文学名词术语向中国本土化的尝试。伟烈亚力特意从《谈天》和其原本中摘录出了部分对《谈天》翻译和理解都十分重要的名词术语,收录在 1874 年聚珍版《谈天》书末的一份英汉对照名词表(List of technical terms used in the works)之中。表中名词类型不仅局限于星名、天文仪器、天文组织等相关的天文学名词,还包括数学、光学、力学、气候学、生理学类名词。在 438 个名词中,有 167 个名词经《谈天》使用之后,一直沿用至今,这样的名词占所列名词的 38%。[②]

《谈天》的译出扭转了当时仍遵从"地心体系"的天算学说,"中国始得见近代天文学之全貌"[③],李善兰也十分自豪地说:"当今天算名家,非余而谁? 近与伟烈君译成数书,现将竣事。此书一出,海内谈天者必将奉为宗师。李尚之、梅定九恐将瞠乎后矣。"[④]《谈天》所介绍的西方天学观有理有据,对我国历朝封建者推行的唯心天学有很大的颠覆性,由此成为"维新志士政治改革工程的有效建筑材料"[⑤]。《谈天》对彗星、流星的详细描述,也使"星象灾难说"其不攻自破。特别是此书以洋务运动中兴起的各式新式学堂为载体,在普通知识分子中间得到了进一步的广泛传播,并且将新的天文学原理运用到实际的天文观测和计算中,使新一代知识分子开始系统化建构近代天文学知识体系。

2.1859 年,李善兰与艾约瑟合译的《重学》是中国引进的第一部经典力学著作

《重学》原书系英国著名物理学家惠威尔(William Whewell,1794—1866)在剑桥大学数学改革写的力学教科书 *An Elementary Treatise on Mechanics*,1819 年出版。艾约瑟(Joseph Edkins,1823—1905)与李善兰合译的《重学》是该书的 1836 年第 5 版。1859 年墨海书馆刊行的《重学》为 17 卷(有钱熙辅跋,无李善兰序)。1866 年金陵书局重刊《重学》为 20 卷(以下称金陵版,有李序钱跋,增加流体力学 3 卷,并附《圆锥曲线说》3 卷)。1867

---

① 樊静:《晚清天文学译著〈谈天〉的研究》,内蒙古师范大学硕士学位论文 2007 年,第 31 页。
② 同上,第 43 页。
③ 朱文鑫:《〈万有文库第 1 集〉天文考古录》,商务印书馆 1933 年版,第 19 页。
④ 王韬:《王韬日记》,方行、汤志均整理,第 109 页。
⑤ 唐文权、罗福惠:《章太炎思想研究》,华中师范大学出版社 1986 年版,第 5 页。

年美华书馆也重刊《重学》17 卷(以下称美华版[①],有钱跋无李序,增加了卷首和伟烈亚力英文序和英汉词汇对照表)。现将其目录抄录如下:

卷 1:论杆
卷 2:并力分力
卷 3:七器
卷 4:诸器合力
卷 5:重心
卷 6:刚质相定之理
卷 7:面阻力
卷 8:论质体动之理
卷 9:平动相击
卷 10:平加速及互相摄引之理
卷 11:抛物之理
卷 12:物行于曲线之理
卷 13:动体绕定轴之理
卷 14:器动
卷 15:动面阻力
卷 16:诸器利用
卷 17:相击抵力之理

1859 年墨海书馆刊刻本极少,美华版《重学》中伟烈亚力的序中记载为:“翻译手稿一经完成,松江富商就出资以木板雕刻,并在末尾加上一个评论性的跋语。这个跋也重印于当前版本。雕版完成于 1859 年,但未及印出十套,收贮雕版与其他著作的房屋因连年叛乱而被焚烧,因而《重学》第一版就此被毁”[②]。《重学》“卷首”来源于《重学浅说》,据伟烈亚力记载:《重学浅说》(*Popular Treatise On Mechanics*)译自一篇英文论著,14 页。最初载于《六合丛谈》(*Shanghai Serial*)的最后两期上,后又出单行本(1858)。[③]《重学》“卷首”与《重学浅说》的内容、插图、文字等有一些细微差

① 国内多家图书馆有收藏,日本的东北大学图书馆和美国国会图书馆中文善本室收藏的也是该版本。

② [英]惠威尔:《重学》,艾约瑟口译,李善兰删述,美华书馆 1867 年版,第 2 页。

③ A. Wylie: *Memorial of Protestant Missionaries to the Chinese*, American Presbyterian Mission Press, 1867, p173.

别。《重学》前加“卷首”是为了便于初学者学习。1889年傅兰雅撰《重学须知》，是《重学》的节本，截取《重学》卷首的内容（即《重学浅说》），主要涉及简单机械的定性讨论。

1867年美华书馆重刊《重学》的英汉科技词汇对照表中的130个术语，涵盖了大部分《重学》中主要术语名词，其中也包括一些非力学术语名词。这些术语全部收入卢公明（Justus Doolittle，1824—1880）编的《英华萃林韵府》（*A Vocabulary and Handbook of the Chinese Language*，1872）。[①]《重学》中的一些术语传入日本，后期传入的日译教科书部分沿用《重学》翻译的术语。1908年，学部编译图书局发行了学部审定科编纂的《物理学语汇》。这是中国第一部汇编成书的物理学名词集，也是清末由官方机构编译、审定和发行的唯一一本物理学名词，在这部物理学术语词汇中也能看到《重学》的一些影响。在1931年教育部公布，国立编译馆编订的《物理学名词》[②]中，将“Mechanics”定名为“力学”，同时将“Dynamics”也定名为“力学”。1934年由物理学名词审查委员会修订的《物理学名词》[③]才将“Dynamics”定名为“动力学”，“Mechanics”为“力学”。

其他书局刊刻的《重学》以及各种丛书中的《重学》都依据金陵版。金陵版《重学》共20卷，李善兰在《序》中叙述了翻译此书的缘由：“岁壬子，余游沪上，将继徐文定公之业续译《几何原本》，西士艾君约瑟语余曰：‘君知重学乎？’余日：‘何谓重学？’曰：‘几何者度量之学也，重学者权衡之学也。昔我西国以权衡之学制器，以度量之学考天，今则制器考天皆用重学矣。故重学不可不知也。我西国言重学者其书充栋，而以胡君威立所著者为最善。约而该也。先生亦有意译之乎？’余曰：‘诺。’于是朝译《几何》，暮译《重学》，阅二年同卒业。韩君绿卿既任刻《几何》，钱君鼎卿亦请以《重学》付手民，同时上板，皆印行无几，同毁于兵。今湘乡相国为重刊《几何》，而制军肃毅伯亦为重刊《重学》，又同时得复行于世。自明万历迄今，畴人子弟皆能通几何矣，顾未知重学。”[④]李善兰还介绍了重学分静重学、动重学和流质重学三个部分，并重点阐述了静重学与动重学，指出重心与合力、分力为重学之根基，以及数学的重要性。“胡氏所著凡十七卷，益以流质重学三卷，都为二十卷。制器考天之理皆寓于其中矣。呜呼！今欧罗巴各国日益

① J. Doolittle：*A Vocabulary and Handbook of the Chinese Language*，Rozario，Marcal and Co，1872.

② “国立编译馆”：《物理学名词》，商务印书馆1931年版，第43页。

③ 同上，第46页。

④ [英]惠威尔：《重学》，艾约瑟口译，李善兰删述，金陵书局重刊1866年版，第1页。

强盛，为中国边患，推原其，故制器精也。推原制器之精，算学明也。曾、李二公有见于此，亟以此付梓。上好之下必有甚者。异日人人习算，制器日精，以威海外各国，令震慑，奉朝贡，则是书之刻，其功岂浅显哉！"[①]《重学》卷1至卷7是静重学知识，部分详细讨论了有关力及其合成分解、简单机械及其原理、重心与平衡、静摩擦等静力学问题。卷8至卷17是动重学知识，部分详细讨论物体的运动，包括匀加速运动、抛射体运动、曲线运动、平动、转动等，碰撞、动摩擦、功和能等动力学问题。其中关于牛顿运动三定律、用动量的概念讨论物体碰撞、功能原理等，都是首次在我国得到介绍。卷18至卷20是流质重学知识，简要介绍了流体的压力、浮力、阻力、流速等流体力学问题。

《重学》是传入我国的第一部系统介绍经典力学的著作，是经典力学在中国传播的开端。[②] 梁启超在《读西学书法》中谈道："李壬叔所译《重学》甚精。然闻西人原书，本分三编。其前编极浅，以教孩孺。其后编极深，一切重学致用之理在焉。李译者仅其中编耳。"[③]在徐维则《增版东西学书录》中说："是书前七卷论静重学，后十卷论动重学，末三卷附流质重学，以算法推论诸理，深切著明，实为善本。西人原书本分三编，此仅其中编。"[④]《西学书目问答》中说："重学二十册，英胡威立撰，……兹译为原书之中篇。"[⑤]当时，《重学》受到李鸿章等为首的洋务派的支持，如1867年美华版中伟烈亚力的"序"写道："与此版同时，在南京还有另一木刻本正在进行，它是由总督李鸿章出资并监督完成的，并在今年年初已经出版发行。"[⑥]李善兰翻译《重学》后，对《重学》中的抛射运动进行了研究，1859年出版《火器真诀》，用中算家熟悉的平圆知识解决抛物运动，是创造性地学习西方科学知识的成果。继此书之后，有不少中算家对李善兰独创的几何法弹道数学的研究表现出了极大的兴趣，该研究吸引了一大批研究者，如华蘅芳、沈善蒸等，对抛射运动的理解与传播产生了重要的影响。1903年邓昌写成《炮准算法图

---

① [英]惠威尔：《重学》，艾约瑟译，李善兰删述，金陵书局重刊1866年版，第1页。

② 聂馥玲：《晚清科学译著〈重学〉的翻译与传播》，内蒙古师范大学博士学位论文2010年，第1页。

③ 梁启超：《读西学书法》，黎难秋主编：《中国科学翻译史料》，第632页。

④ 徐维则：《增版东西学书录(1902)》，王韬、顾燮光等编：《近代译书目》，北京图书馆出版社2003年版，第196页。

⑤ 熊月之：《晚清西学书目提要》，上海书店出版社2007年版，第594页。

⑥ [英]惠威尔：《重学》，艾约瑟口译，李善兰删述，美华书馆1867年版，第2页。

解》,1910 年呈献军咨处,被列为“高等算学教科书”之一。[①]

明末清初的“重学”由于传入的主要是静力学知识,因此人们对“重学”的认识也非常有限。李善兰与艾约瑟合译的《重学》包括了中等力学、大学普通力学和部分理论力学的内容。与明末清初传入的力学知识相比,除了重心、部分简单机械、单摆和少数流体力学的知识之外,《重学》中所涉及的其他知识都是第一次传入中国,即使是《重学》中所涉及的明末清初传入的同类知识,其知识的系统性、难度和设计问题的广度远远超出了明末清初传入的力学知识。特别值得一提的是,《重学》体现了公理化特征。《重学》中每一问题都给出了相应的数学证明,而且大多问题先给出特殊问题的求解,然后概括出一般问题的求解方法,中间有严格的逻辑证明过程,体现了该书的公理化程度,也正是这一点使得该书难度大大加强。因此,《重学》不仅是鸦片战争之后传入的第一部力学著作,而且传入内容的理论性、系统性、公理化程度、知识的难度、知识的覆盖面等方面都是其他著作无可比拟的。《续修四库全书・子部・西学格致类》称:“《重学》之后,传播力学知识的书籍后无继者。”[②]事实上,从 1859 年《重学》的出版到 20 世纪初的近 50 年期间,许多译书中所包含的力学知识,都没有超出《重学》的范围。在晚清经典力学知识的传播中,《重学》是系统的经典力学在中国传播的开端。[③]

3. 1859 年,李善兰与韦廉臣、艾约瑟合译的《植物学》是中国引进的第一部西方植物学著作

《植物学》原书系英国植物学家林德利(John Lindley,1799—1865)所著的 *Elements of botany*。[④] 全书共 8 卷,前 7 卷由韦廉臣、李善兰合译,第 8 卷因韦廉臣回国,改由艾约瑟与李善兰合译。卷 1 为“总论”,述植物研究意义、植物与动物异同、植物的地理分布;卷 2“论内体”,述植物组织结构;卷 3 至卷 6“论外体”,述植物根、茎、叶、花、果实等器官的构造及其生理功能;卷 7、卷 8 述植物分类方法。

《植物学》是中国第一部介绍近代西方植物学的著作,使西方从文艺复

---

① 聂馥玲:《晚清科学译著〈重学〉的翻译与传播》,内蒙古师范大学博士学位论文 2010 年,第 155—156 页。

② 见《续修四库全书提要》,台湾商务印书馆 1971 年版,子部・西学格致类。

③ 聂馥玲:《晚清科学译著〈重学〉的翻译与传播》,内蒙古师范大学博士学位论文 2010 年,第 2 页。

④ 汪子春:《我国传播近代植物学知识的第一部译著〈植物学〉》,《自然科学史研究》1984 年第 1 期,第 90—93 页。

兴至19世纪中叶植物学的研究所取得的成就和研究方法传入我国，对中国近代生物学的发展起了先驱作用，尤其是细胞研究方法，使我国对植物学和动物学的研究由经验型变为科学型；植物分类方面，使我国按植物用途分类的传统方法变为根据植物形态构造的特点和生长方式分类的科学方法。这些理论对于19世纪我国的植物学者来说都是前所未闻的。李善兰通过《植物学》传播了西方植物学的基本理论，把我国植物科学工作者的视野引向植物体的内部构造，使他们看到了植物体的各种组织构造和构成各种组织的细胞图像。书中还介绍了近代西方在实验观察的基础上所建立起来的各种器官组织生理功能的理论。例如，早在17世纪末，西方植物学家们就通过实验，证明植物不经受粉便不能形成能够发芽的种子；又经过一百多年的研究，到19世纪40年代，植物学家阿密西（C. B. Amici，1786—1863）就基本上搞清楚了植物受精的真相，《植物学》对于这方面也有论述。

《植物学》奠定了中国近代植物学产生和发展的基础，特别是李善兰还创译了细胞、萼、瓣、心皮、子房、胎座、胚、胚乳等名词，分类学上的"科"和伞形科、石榴科、菊科、唇形科、蔷薇科、豆科……许多科的名称都是从他的笔下首次出现的。厘定一些生物学术语，如植物学、科、有花植物、无花植物等。[①] 李善兰在翻译《植物学》中，更结合了中国的特点，创译了"植物学"一词。早在两千多年前，《周礼·地官大司徒》一篇中已有"植物"这个名词，李善兰就把英语Botany一词译为"植物学"。在这以前，日本的翻译工作者曾把Botany（即拉丁文的Botanic）译为"普它尼克经"；1833年还用过"植学"这个词。比较起来，李善兰所译的"植物学"一词更为确切。因此，当这本书传入日本后，"植物学"一词也被日本科学界所采纳，一直沿用至今。《植物学》出版后，受到学术界的好评，被认为是当时了解西方植物学的最好的入门书，很多知识分子都读过这本书。梁启超说："动、植物学，推其本原可以考种类变之迹，究其致用，可以为农学畜牧之资，乃格致中最切近有用者也。《植物学》《植物图说》皆其精。"[②]此书不久就传入日本，1867年，日本已出版了此书的3册日译注释本。1875年，又有阿部弘国的《植物学和解》和田原陶猗的《植物学抄译》两种日译本。在日本植物学界，此书日译本被视为近代植物学史上重要文献。[③]

---

① 冯天瑜：《晚清入华新教传教士译业述评》，《史学月刊》2004年第8期，第30—34页。

② 梁启超：《读西学书法》，黎难秋主编：《中国科学翻译史料》，第632页。

③ 熊月之：《西学东渐与晚清社会》，上海人民出版社1994年版，第199页。

李善兰是晚清最知名的科学家之一，一生的论述分为数学诗人时期（1811—1844）、天算名家时期（1845—1851）、合译西书时期（1852—1868）、同文教习时期（1869—1822）四个阶段。[①] 1866 年，清政府在京师同文馆设天文算学馆，“一切西学皆从算学出，西人十岁外无人不学算。今欲采西学，自不可不学算”[②]。广东巡抚郭嵩焘上书举荐李善兰到天文算学馆任教，但由于此时李善兰正忙于在南京出版其著作，[③]直到 1868 年才北上，任京师同文馆天文算学馆总教习，从事教育研究工作直至 1882 年去世。李善兰不仅根据同文馆数学课程的安排，选取李冶的《测圆海镜》一书为基本教材之一，而且为了帮助学生学习，著《测圆海镜解》1 卷，改进了李冶《测圆海镜》中的“勾股容圆”问题。李善兰在同文馆教授的学生“先后约百余人，口讲指画，十余年如一日。诸生以学有成效，或官外省，或使重洋”（崔敬昌《李壬叔征君传》），知名者有席淦、贵荣、熊方柏、陈寿田、胡玉麟、李逢春等，这些人对西学传播都做出了重要贡献。丁韪良对他们的成就大加赞赏：“阅者于诸生造诣亦可略见一斑，是皆李壬叔先生教授之力也。呜呼！合中西之各术，绍古圣之心传，使算学复兴于世者，非壬叔吾谁与归？将来果能开历算之科以取士，定见奇才而天下儒林亦莫不肄业及之，则防海御边诸策皆不期而自备矣。”[④]1880 年，李善兰还特别阅定了席淦、贵荣编次，熊方柏、陈寿田、胡玉麟、李逢春同校的《同文算学课艺》4 卷，卷 1 为天文、力学问题，卷 2—卷 4 主要为数学问题。全书共涉及近 200 个问题，其中力学问题共 32 个。丁韪良为该书写的序言中讲到：“盖格物为算学之用，而算学为格物之本。故学算而不及格物则虚薄而无凭，格物而不籍算学则浅尝而不入臂。”[⑥] 另外，“格致诸学殆深知富强之道寓于此焉”[⑦]。李善兰在同文馆任职期间并未间断他的数学研究工作，1872 年发表《考数根法》，1877 年演算《代数难题》，1882 年去世前几个月，“犹手著《级数勾股》二卷，老而勤学如此”（崔敬昌《李壬叔征君传》）。

教会出版业在中国大力兴办以后，因要将西文宗教和其他内容的著作

---

① 张必胜：《〈代数学〉和〈代微积拾级〉研究》，西北大学博士学位论文 2013 年，第 9 页。

② 冯桂芬：《采西学议》，冯桂芬著，戴扬本评注：《校邠庐抗议洋务运动的理论纲领》，中州古籍出版社 1998 年版，第 210 页。

③ 1861 年，洋务派首领、两江总督曾国藩在安徽筹建安庆军械所，邀著名化学家徐寿、数学家华蘅芳入幕，李善兰也于 1862 年被“聘入戎幄，兼主书局”。1864 年夏，曾国藩攻陷太平天国首都天京，李善兰等也跟着到了南京，得到曾国藩在经费上的大力支持和资助，于是有 1865 年金陵刊本《几何原本》15 卷和 1867 年金陵刊本《则古昔斋算学》24 卷相继出版刊行。1866 年，在南京开办金陵机器局的李鸿章也资助了李善兰重刻《重学》20 卷并附有《圆锥曲线说》3 卷出版。

④⑥⑦ 席淦、贵荣：《算学课艺（第 1 册）》，同文馆聚珍版 1880 年版，丁韪良序。

翻译成中文,不得不聘用一批学有所长的中国人承担一定的业务,这批人在与传教士的长期合作中开阔了见闻,增长了才干。李善兰一生孜孜以求,其辉煌卓著的西学介译引入众多西学第一,进而通过学堂的传播,对中国学术乃至社会的转型奠定了最为重要的知识基础。这并不是一种纯粹的文字转换活动,而是一种话语在另一种文化中的重写和再创造,在相关知识背景比较缺乏的情况下,李善兰翻译这些书籍不仅是对他的科学素养的检验,也是对他的语言能力的考验,其中的艰难和创造性可见一斑。李善兰在推动近代新文化的形成和建设方面发挥了不可估量的影响。

第三章　谢洪赉:“商务第一”

谢洪赉(1873—1916)是清末民初著名的中国基督徒翻译家、著述家,被誉为“当时唯一伟大之基督徒作家”①。他不仅是继李善兰之后口译笔述引介西学教科书的重要中国人之一,且于1898年编译教科书《华英初阶》是商务印书馆出版的第一本书,连同其后编译的“华英系列”,成为商务印书馆进军教科书出版的首次成功尝试。在商务印书馆推出的“最新教科书”中,最早于1903年出版的两种都是由谢洪赉编译(订)的,而且他还在这套划时代的现代意义教科书中勇挑大梁,共编译(纂)了13种理科类教科书,影响极为深远,为中国教科书事业乃至现代教育事业做出了杰出贡献。

一、编译西学教科书的中国基督徒

谢洪赉是浙江绍兴人,字鬯侯,号寄尘,晚年自署庐隐,其父谢元芳毕业于美国北长老会在宁波兴办的最早的教会学校——崇新书院,是浙东长老会最早的信徒之一,后为长老会牧师。谢洪赉受家庭影响,自幼信奉基督教,11岁被选送到美国监理会所创办的苏州博习书院(Buffington Institute,即后来的东吴大学)②读书,13岁受洗为监理会教徒。在校期间,谢洪赉品学兼优,受到国文老师朱鼎卿的器重,被收为义子,指导其阅读了大量的儒家经典。由于父亲弥留时以学习英文相嘱,谢洪赉跟从美国传教士盖翰伯学习英文法,同时研习《英字指南》等,再加上潘慎文夫人雅丽女

① 梁小初:《中国基督教青年会五十年简史》,中国基督教青年会全国协会编:《中华基督教青年会五十周年纪念册(1885—1935)》,青年协会书局1935年版,第92页。

② 1884年,潘慎文扩大苏州存养书院的规模,提高程度,更名为“博习书院”,他的宗旨是:“为教会去培训当地代替人——布道员、教师、医生等,一个卓有成效的当地(教会)机构,没有一所这样的学校作保证是不能成功的。”(A. P. Parker:“Buffington Seminary ,Soochow.”in the Chinese Recorder Vol. XIV(1886). p437—438.)

士的指点，谢洪赉的英文水平进步显著。谢洪赉勤奋好学的态度和扎实的中西学问，深得院长潘慎文赏识，让他一边教授课程、学习英文，一边编译教科书。

1.1893年，谢洪赉与潘慎文合译《八线备旨》等西学教科书

《八线备旨》原书系美国罗密士所撰三角学教科书 *Trigonometry*，由谢洪赉与潘慎文于博习书院合译。所谓"八线"是指"在单位圆内，圆心角的8个三角函数，表示为8条线段"[①]，研究三角函数就是研究这8条线段，故称八线学。《八线备旨》第一款开宗明义指出，"以三角形已知之数事，求三角形未知之数事，此为八线学"[②]。

《八线备旨》共4卷，依序言、凡例、目录、正文与习题的形式编排，开篇是潘慎文写于博习书院的"序言"，强调三角学的重要及该书选译情况。"在泰西则测地、行军、航海、推步等，胥有赖乎是。而算学之致用者，且当以八线学为首屈一指，凡言算者莫不习焉。是编为罗君密士所辑，取平弧三角形及测地、量法汇为一伙。理既简要，语皆明晰而又悉切于用。其深赜之理，则未暇及，盖为初学计也。"[③] 在"凡例"中介绍了原著者罗密士，说明《形学备旨》也为其所著，故其中已有的内容在《八线备旨》中不再重复。"原本更有论对数与航海法各一卷，都为六卷。但对数已经别译，而航海又嫌过略，不足以备学者观览，姑且从删"，[④]并且"原本后附对数、八线、弦切对数、偏较等表，以便检查。然诸表皆经登州文会馆另译付梓，阅是书者必当取以合观，而于此不复列焉"。[⑤]可见，《八线备旨》为编译而非照译。

《八线备旨》卷一至卷四依次为平三角形、量法、测地、弧三角形。卷一主要为平面三角公式，数表的用法，平面三角形的解法，以画图器具的构造原理和使用方法。卷二主要为量面与量体两部分，讨论平面图形的面积公式和立体图形的表面积与体积公式。卷三主要为测远物之高及距，测一块地之面积以及绘图等。卷四主要为球面三角公式，涉及正弧三角形和斜弧三角形两方面的问题。《八线备旨》习题由两部分组成，一部分是每卷中的习题，另一部分是四卷后另附八线学总习问中的习题。各卷习题共206问，其中平三角形52问，量法103问，测地24问，弧三角形27问。[⑥] 其中习题又分两类，一类是例题，有的是在某个定理论述完后对定理的应用，有

---

① 李迪：《中国数学史简编》，辽宁人民出版社1984年版，第394页。

②③ [美]罗密士著，潘慎文口译，谢洪赉笔述：《八线备旨》，美华书馆1904年版，序。

④⑤ 同上，凡例。

⑥ 张凤英：《〈八线备旨〉在清末》，内蒙古师范大学硕士学位论文2014年，第17页。

的是在某个方法论述完后对方法的说明。例题只有计算题和绘图题,没有证明题。另一类是习题,难度不大,同样是对定理或公式的应用。原书没有具体的解答过程,有的直接给出了答案,有的没有答案。在习题中涉及了证明题。

《八线备旨》是我国第一本三角学教科书。[①] 自1893年出版以后,修订、重印20余次。根据潘慎文1898年的补序,美华书馆于1894年付梓,不久“所印者俱已售罄,而索购者仍源源而至”。于是,自1896至1909年,美华书馆、求是书局、申江中西书院、益智书会、墨润堂均有出版发行,但主要出版机构为美华书馆。美华书馆是1860年由美国传教士创办,其前身是1844年美国基督教长老会在澳门开设的花华圣经书房,1845年迁往宁波,1860年迁至上海,改称美华书馆,迅速发展成为当时上海规模最大、最先进的活字排版、机械化印刷的印刷机构,并取代了墨海书馆的地位,19世纪末成为外国教会在上海也是在整个中国规模最大的印刷机构,著名的《万国公报》便是由它印刷的。美华书馆在晚清中国出版界影响很大,也培养了一批出版人才。商务印书馆的创办人鲍咸昌、鲍咸亨、鲍咸恩兄弟、高凤池等,原先都是美华书馆的工人。[②] 现将《八线备旨》各种版本摘录如下:[③]

光绪十九年(1893)四川刊本2册
光绪十九年(1893)铅印本2册
光绪二十年(1894)美华书馆铅印本1册
光绪二十二年(1896)美华书馆铅印本3册
光绪二十二年(1896)美华书馆石印本1册
光绪二十三年(1897)美华书馆铅印本1册
光绪二十四年(1898)美华书馆五次铅印本3册
光绪二十四年(1898)益智书会石印本1册
光绪二十四年(1898)求是书局刊本2册
光绪二十四年(1898)重印本1册
光绪二十七年(1901)石印本
光绪二十七年(1901)美华书馆重印本1册

① 张凤英:《〈八线备旨〉在清末》,内蒙古师范大学硕士学位论文2014年,第1页。
② 熊月之:《西学东渐与晚清社会》,第15页。
③ 同①,第19页。

光绪二十八年(1902)美华书馆重印本 1 册
光绪二十八年(1902)申江中西书院铅印本 1 册
光绪二十九年(1903)美华书馆铅印本 1 册
光绪三十年(1904)美华书馆印本 1 册
光绪三十年(1904)申江中西书院订本
光绪三十二年(1906)美华书馆铅印本 1 册
光绪三十二年(1906)墨润堂排印本 4 册、铅印本 2 册
宣统元年(1909)美华书馆重印本 1 册
清末石印本 2 册

《八线备旨》问题通常都有数值结果,体例与传统数学一致,且为引起学生的注意,明确强调了部分知识的重要性。如第十一款中强调:"以上所论正切、余切、正割、余割各式,推算八线学时屡用之,须熟记为要。"[①]谆谆教导式的说明突出了教学重点。当时曾以为"三角函数即八线",然而无论八线还是比例数都不是函数,三角学的基本概念进化为三角函数概念直到 1904 年才真正建立起来,至民国走向现代函数论。故《八线备旨》内容简单清晰,但不充实,是初学者的一本好教科书。[②]

《八线备旨》曾被梁启超等人选入《西学书目表》《东西学书录》中,入选的都是当时产生很大影响的书籍。[③] 事实上,自从翻译出版之后,它被各类学堂普遍使用。例如教会学校登州文会馆,曾将其作为正备斋第三年所修课程。从《课艺》的题目来看,上虞算学堂所用教科书至少包括《代数备旨》《八线备旨》等当时常见的教会编译的教科书。[④] 该书不仅仅作为中学教材使用,甚至还有大学将它作为教科书。例如,齐鲁大学物理系 1931 年所开数学科目就包括《八线备旨》[⑤],求是书院的算学课本也有《八线备旨》。而且还有注释性著作问世,譬如 1906 年春,刘鹏振的《八线备旨习题详草》出版,由浙绍墨润堂代印发售。刘鹏振的序称"算学之致用者,当以八线为

---

① 张凤英:《〈八线备旨〉在清末》,内蒙古师范大学硕士学位论文 2014 年,第 49 页。

② 魏庚人:《中国中学数学教育史》,人民教育出版社 1987 年版,第 25 页。

③ 赵晓阳:《基督徒与早期华人出版事业——以谢洪赉与商务印书馆早期出版为中心》,《青海师范大学学报(哲学社会科学版)》2009 年第 3 期,第 81 页。

④ 徐岩:《清末数学家支宝枬及其〈上虞算学堂课艺〉探究》,天津师范大学硕士学位论文 2005 年,第 8 页。

⑤ 王玮:《中国教会大学科学教育研究(1901—1936)》,上海交通大学博士学位论文 2008 年,第 28 页。

最"[①],突出强调了三角学的实用价值。他认为《八线备旨》较西人著其他三角书"条理详明"[②],并且"每卷附以习题"[③]以免"能学而不能用"[④],而《八线备旨习题详草》则"深浅毕呈,聊为初学之一助"。[⑤]

《代形合参》共3卷(附卷1),"代形"是代数与形学(几何学别名)的简称,即今日之解析几何,所据底本为伟烈亚力、李善兰合译之《代微积拾级》英文版修订本。《代形合参》前2卷即《代微积拾级》之前9卷。第1卷为"有定式形学",即不用坐标研究图形。第2卷为"无定式形学",论述平面解析几何内容,涉及坐标方法、直线、二次曲线、高次曲线及平面超越曲线。第3卷为"立方形学",论述空间解析几何内容,涉及空间直线方程、平面方程、空间曲线、曲面。附卷"以图显格致之理",用图示函数法推算寒暑之变迁、江河之深浅、平均寿命、气压等方面的问题。《代形合参》是一部系统、全面阐述平面、空间解析几何理论及应用的数学教科书。[⑥] 也有研究指出是一部适合于初学者的教科书,该书印刷12次。[⑦] 此外,针对《代形合参》,清朝人王世撰有《代形合参解法》4卷,于1907年石印出版。

《八线备旨》及《代形合参》是清末各类学堂普遍使用的教科书,如狄考文在登州文会馆里把数学知识分为"心算、笔算、代数、形学、圆锥曲线、测量、代形合参、微积分"[⑧]等内容,依次安排在小学高年级到中学高年级的课程中。

2. 1894年,谢洪赉与潘慎文合译《格物质学》等西学教科书

"学校教科书委员会"成立于1877年,是教会专设的教科书编辑出版机构,对外称为"益智书会"。1886年,潘慎文参加"学校教科书委员会",作为执行委员会成员之一,他翻译的三角学、解析几何、动物学、物理学等领域的著作,如《格致质学》这些著作均被益智书会选为教科书。

《格物质学》1函1册,不分卷,原书系美国史砥尔博士(Steele,1836—1886)所著自然科学常识教科书*Popular Physics*,末附习问和中西名目表,上海益智书会1894年1版。时人评价此书"诚格物教科书之善本也"。1898年美华书馆出版,至1903年已出版了四版(有1899年益智书会版)。该书11卷,卷首开端是名目总解,论物质之公性与独性;其余各卷为功与

---

① 刘鹏振:《八线备旨习题详草》,浙绍墨润堂1906年版,序。

②③④⑤ 同上。

⑥ 《中国历史大辞典·科技史卷》编纂委员会:《中国历史大辞典·科技史卷》,第224页。

⑦ 李迪:《中国数学史简编》,第394页。

⑧ 顾明远、张厚粲:《20世纪中国学术大典(教育学、心理学)》,福建教育出版社2012年版,第169页。

力；吸力；机器本原；流、气二质之压力，静力学、流水学、气学；声学；光学；热学；磁学；电学。末为附卷，收习题及东西名目对照表。每章末有参考书名，全书有附图 241 幅。

1895 年，谢洪赉在潘慎文被监理会任命为上海中西书院（the Anglo-Chinese College）院长后，随之到中西书院管理图书，并协助编辑事宜，一年后升任科学教授，主要教授物理、化学，并继续帮助潘慎文翻译各科教科书。在中西书院期间，谢洪赉一直以全日制专任教职，同时负责为上海各杂志写稿，大都是根据外国报刊摘译，他还兼任不受时间拘束的商务印书馆编辑，参与该馆教科书的编辑工作，编辑了《物理蒙引》《瀛寰全志》《物理学》等物理学、地理学、化学、生理学、几何学、代数学、微积分、立体平面三角术领域的中学教科书，以及初等小学地理教科书、理科教科书及教授法等。[①]

二、编译的教科书《华英初阶》是商务印书馆出版的第一本书

商务印书馆创办于 1897 年，创办人是江苏青浦人夏瑞芳和宁波人鲍咸恩、鲍咸昌兄弟及上海人高凤池等。他们都是基督教徒，幼年同学，后又同事于上海《捷报》馆，为外国人排字。商务印书馆开办之初以承印外商商业文件为主，并替英美圣经会及广学会等印刷教会书籍。当时上海租界附近的中国人与外国人打交道，需要基本的外语交流，且正值维新运动蓬勃发展，光绪皇帝也号召大臣们学英语。夏瑞芳、鲍咸昌兄弟等人都曾是教会学校——清心学堂的学生，他们在戊戌思潮激荡下，敏感地意识到编一部适合中国人学的英语教科书，一定会有好的销路。夏瑞芳找到鲍咸恩夫人的哥哥谢洪赉（其父谢元芳与鲍咸恩的父亲鲍哲才都是 1860 年宁波基督教办的崇新书院第一届毕业生），请他作为商务印书馆的第一位作者，编一部适合中国人用的英语教科书。谢洪赉找来一本印度的英语教科书作为框架，在英文旁边用中文做注解，取名《华英初阶》。《华英初阶》是商务印书馆出版的第一本书，初印的 2000 册，不到 20 天就销售一空，再印、再销、再空……商务印书馆从谢洪赉编译的《华英初阶》开始了近现代教科书的出版活动。

---

① 胡贻穀：《谢庐隐先生传略》，上海青年协会书报部 1917 年版，第 17—21 页。

1.“行销极广,利市三倍”的《华英初阶》

在我国,英文作为一门正规课程进入学校教育起于1862年京师同文馆的成立,而作为针对普通民众非专业的英语教育最早则出现于鸦片战争前的教会学校,并在各大通商口岸开放后掀起大规模的学习热潮。地处十里洋场的上海,自然更是领风气之先。当时各大书肆大致有七八种英文读本可供学习者选择,但都是用英文撰写,没有中文译注。学校教学时一般都采取教师课堂上口译课文,学生即时抄写中文释义的方式,导致学者难以领会其意,特别不便于英文初学者。于是,社会上逐渐流行起一种叫洋泾浜口诀的英语学习方式,即以日常汉字读音模仿英文读音的学习,如:来是“康姆”(come),去是“谷”(go),是叫“也司”(yes),勿叫“拿”(no)。[①] 1875年7月25日的《纽约时报》上发表题为《清国人发明的“洋泾浜英语”》一文写道:“‘洋泾浜英语’是清国人用来代替‘商业英语’的最直接的方法。”[②]但是这种以宁波方言注音的英文读本,导致学习者在发音方面与真正的英语有相当的距离。谢洪赉受到夏瑞芳的邀请之后,对当时流行的英文读本进行了比较分析,认为教会学校用的英国人为印度小学生编的课本 *Primar*“是书之组织有极臻完善者[③],”于是逐课翻译并加上白话注释,用汉英对照排版印刷,定名为《华英初阶》(*English and Chinese Primer*),1898年由商务印书馆初版。

《华英初阶》共32页,“序”说明此书为初学者入门所编。“商务深滋憾焉,爰为改良教育起见别出心裁创一捷径,先列以英国原文又为之注明华字,言曰华英初阶。……初习英文者宜先以此书为起点。”[④]谢洪赉的译注不是一味地照译照抄,而是从便利初学英语者出发,进行了必要的调整,目的在于教授最简单和最实用的词汇。全书分为字母表、两字词、三言句、四言句、五言句,最后为宗教课程。《华英初阶》从语音开始,逐渐涉及字母、拼写、单词、短句。如第46课主要的学习任务是掌握6个基础词汇:come(来)、lame(跛)、same(同,一样)、game(玩)、name(名字)、tame(养驯)。课文的主体是针对词汇的例句,大致每个词一句,有陈述句、问句等。每页下面有小字部分,是每课的补充。这一部分延续了课文主体部分,依然是针对词汇的例句。文后附有练习,每隔二或三课,有一次“复习课”,列出容易混淆的字词以备查看。这本书已经具备了近代英语教科书的范式,为后来

---

① 薛理勇:《旧上海租界史话》,上海社会科学院出版社2002年版,第190页。

② 郑曦原编:《帝国的回忆》,生活·读书·新知三联书店2001年版,第94页。

③④ 谢洪赉:《华英初阶》,商务印书馆1912年版,封底。

中国人自编英语教材开创了一个先例。[1]

《华英初阶》注重宣扬宗教理念，并进行初步的本土化考虑，如“凡专为印人说法者，悉数删汰”[2]。但保留了摘自《圣经》的课文，并且书后附有主祷文、饭前祷文、饭后祷文等。全书力促学习者掌握英文字母和基础单词的拼读、拼写，并且掌握基本的语法结构，为后阶段阅读语篇做准备，而对话等语言交际性的内容则鲜有涉及。

《华英初阶》首创中英文并列排版方式，大大改善了当时的英语教学，不仅教师可以此做参考，特别是为学习者提供了有效自学的可能性，使用上极为便利。

2. 从 Reader 到 Book 的“华英”系列教科书

《华英初阶》出版后大受欢迎，“行销极广，利市三倍”[3]，至 1917 年已印行 63 版，1921 年印行 77 版，直至 1946 年还在重印。谢洪赉发现“印度广学会另印读本一种，计五帙。不称 Reader 而曰 Book，大致与前者相仿。惟所选之料不同耳。海上市肆今罕售者”[4]。毕苑认为：“从‘Reader’到‘Book’的变化证明了英美学校教学正在经历从读本到教科书的转变，作为‘Textbook’的‘教科书’就是在这个过程中进入中国的。这个发现是谢洪赉对近代教科书诞生所做的重要贡献。”[5]于是谢洪赉将其翻译，定名为《华英进阶》(*English and Chinese First Reader*)，共有五集，即《华英进阶初集》(*English First Reader*)、《华英进阶二集》(*English Second Reader*)、《华英进阶三集》(*English Third Reader*)、《华英进阶四集》(*English Fourth Reader*)、《华英进阶五集》(*English Fifth Reader*)，1899 年由商务印书馆初版。《华英进阶》内容较《华英初阶》更为丰富，选录内容有《伊索寓言》、西哲名言、名人传记、生活常识等，并开始采用语篇形式，内容依次增多，如《华英进阶初集》第 1 课“My new book”仅有两个段落，全文约十个短句，《华英进阶三集》第 1 课“Three kinds of scholars”增至五个段落，全文约十五个长短句。在内容难易程度的选择上，《华英进阶》“首二三集中

---

① 赵晓阳：《基督徒与早期华人出版事业——以谢洪赉与商务印书馆早期出版为中心》，《青海师范大学学报(哲学社会科学版)》2009 年第 3 期。

② 谢洪赉：《华英初阶》，商务印书馆 1912 年版，封底。

③ 蒋维乔：《创办初期之商务印书馆与中华书局》，张静庐辑注：《中国现代出版史料》，中华书局 1959 年版，第 395 页。

④ 谢洪赉：《论英文读本》《华英初阶序》，汪家熔辑注：《中国出版史料(近代部分)第 2 卷》，湖北教育出版社 2001 年版，第 660 页。

⑤ 毕苑：《建造常识：教科书与近代中国文化转型》，福建教育出版社 2009 年版，第 103 页。

各课之所载,则著名之格言习用之物话,为多学者读之足以养道德而启知识”[①]。《华英进阶初集》共有 60 篇课文,体裁包括神话、寓言、说明文、应用文、会话等。其中最常出现的是寓言,如“WHAT WE CAN NEVER CATCH”[②]“THE HEN AND HER CHICKENS”[③]“THE TWO BAGS”[④]“THE DROWNING FLY”[⑤]《WHO SEES US》[⑥]“GOOD AND BAD FRUIT”[⑦]“THE BOY AND THE NUTS”[⑧]“THE PIECE OF GOLD”[⑨]“THE TWO COCKS”[⑩]等课文,寓言体裁约占全书的三分之一。这种以比喻性的故事寄寓意味深长之道理的篇章十分便于初入门者学习,其中的趣味性不仅能激发学习者的兴趣,也益于学习者领会其意。而“在四五两集中,各课之所载则或为西哲所阐发之学理,或为彼都名人之传记。”[⑪]比之首二、三集,内容难度大大增强。值得一提的是,谢洪赉根据中国人的具体情况对书中的内容进行了删改和调整。

《华英初阶》与《华英进阶》两本“破天荒之作”促进商务印书馆的“生涯颇为发展”。[⑫] 它们也成为英语学习者的首选课本,一版再版,畅销多年,并于 1906 年被清政府学部审定为中小学堂英语教科书,盛行几十年。周作人在《知堂回想录》中就说过,他在南京水师学堂学英语的课本就是这种《华英初阶》。胡适在他的自传《四十自述》之《在上海》中,说他上梅溪学堂时英文班上用的就是《华英初阶》。梁漱溟也称自己在北京的中西小学堂开始学习英文时,也用的是这本书。翻译家陆佩弦也称自己的启蒙英语书是《华英初阶》。

据商务教科书广告记载,二书出版了多种版本,包括《绘图华英初阶》《华英进阶初集》《华英进阶二集》《华英进阶三集》《华英进阶四集》《华英进阶五集》《华英进阶全集》,另外还出版过上海地方方言版本《华英初阶上海

---

① 谢洪赉:《华英初阶》,商务印书馆 1913 年版,第 54 页。
② 甘永龙校订:《改订华英进阶初级》,商务印书馆 1906 年初版、1923 年 39 版,第 6 页。
③ 同上,第 7 页。
④ 同上,第 10 页。
⑤ 同上,第 12 页。
⑥ 同上,第 16 页。
⑦ 同上,第 22 页。
⑧ 同上,第 23 页。
⑨ 同上,第 27 页。
⑩ 同上,第 29 页。
⑪ 谢洪赉:《华英初阶》,商务印书馆 1913 年版,序。
⑫ 包天笑:《钏影楼回忆录》,大华出版社 1971 年版,第 222—224 页。

土白》和《华英进阶初集上海土白》。[1] 这其中有简本，有绘图本，有合集，甚至还有方言本，可见此套课本之影响程度。梁漱溟在北京读中西学堂时的英语课本也是《华英初阶》和《华英进阶》。由此可知其在20世纪初的地位，简直堪称"英语教科书之首"，一大批中国文化精英正是在此书的"台阶"上进身的。据商务教科书广告记载，"华英"系列其他还有《英华初学》2册(1898年)、《华英国学文编》4册(1899年)、《华英亚洲课本》4册(1900年)、《华英地理问答》(1900年)等。此外，还有研究指出商务印书馆出版的由谢洪赉编译、编辑的英文书籍还有《英文初范》《华英要语类编》《英话捷径前后编》以及《中英文典》等。[2]

此外，谢洪赉为辅助教育，注重编译英文字典，如他以英国的《韬纳耳词典》等为依据编译的《华英音韵字典集成》，收词10万，标注发音读法，配以英字注释，汉字译义，缀文法字类音韵，附图多幅，1901年由商务印书馆出版。这是我国第一部双解英汉词典，也是第一部中型双语词典。此词典受到著名翻译家严复的大力赞赏。严复为之撰写了长篇英文序言，推崇该书为"独出冠时，世人所当宝贵"[3]。1904年，商务印书馆又出版了谢洪赉编的《袖珍英汉辞林》(2卷)，大获成功，到1919年已再版8次，可见受欢迎程度。

三、在中国第一套现代意义教科书[4]的编纂过程中勇挑大梁

1901年清廷实行"新政"，各地纷纷兴办新式学校，出版新式教科书成了全社会的一件大事。伴随着1902年《钦定学堂章程》的颁布和1904年《奏定学堂章程》的实施，商务印书馆以其独具的文化眼光和得当的经营策略，议定1903年开始按照学期、分科分级编辑"最新教科书"。1903年9月，商务印书馆出版的第一本"最新教科书"是谢洪赉订定的《最新中学教

---

① 《华英进阶三集》，商务印书馆1903年版，广告。

② 朱谢文秋：《敬述先君谢公洪赉行谊》，《传记文学》1973年第4期。

③ 赵晓阳：《基督徒与早期华人出版事业——以谢洪赉与商务印书馆早期出版为中心》，《青海师范大学学报(哲学社会科学版)》2009年第3期，第81—84页。

④ 石鸥教授认为："现代意义的教科书应该满足如下条件：第一，产生了现代学制，根据学制，依学年学期而编写出版；第二，有与之配套的教授书(教授法、教学法)或教学参考书，教授书内容要包括分课教学建议，每课有教学时间建议等；第三，依据教学计划规定的学科分门别类的编写和出版。"(见石鸥：《最不该忽视的研究——关于教科书研究的几点思考》，《湖南师范大学教育科学学报》2007年第5期。)

科书化学》1册,1903年10月初版的第二本“最新教科书”是谢洪赉编辑的《最新中学教科书瀛寰全志》1册。同月,谢洪赉成为商务印书馆的股东,并陆续编辑出版了《最新中学教科书物理学》1册、《最新中学教科书生物学》1册、《最新中学教科书代数学》上下册、《最新中学教科书几何学平面部》1册、《最新中学教科书几何学立体部》1册、《最新中学教科书三角术》1册、《最新教科书理科(高等小学)》4册、《最新教科书理科教授法(高等小学)》4册、《最新地理教科书(高等小学)》3册。谢洪赉成为中国第一套现代意义教科书的编辑过程中勇挑大梁的人,初步统计其编译的教科书共有13种,整理如下:

《最新中学教科书化学》1册,中西译社翻译,谢洪赉订定,商务印书馆编译所校阅,1903年9月初版,总理学务大臣审定。

《最新中学教科书瀛寰全志》1册,谢洪赉编辑,1903年10月初版,总理学务大臣审定。

《最新中学教科书物理学》1册,谢洪赉原译,1904年3月初版。

《最新中学教科书生物学》1册,谢洪赉译,1904年8月初版。

《最新中学教科书代数学》上、下册,[美]宓尔(W. J. Milze)著,谢洪赉译,1904年12月初版。

《最新高等小学理科教科书》4册,谢洪赉编纂,杜亚泉、张元济校订,1904年12月—1911年4月出版。

《最新地理教科书(初等小学)》(8册),谢洪赉编纂,1905年初版。

《最新中学教科书几何学平面部》1册,谢洪赉编,周承恩校,1906年1月初版。

《最新中学教科书几何学立体部》1册,谢洪赉编辑,周承恩校订,1906年1月初版。

《最新中学教科书三角术》1册,[美]费烈伯、史德朗著,谢洪赉编译,周承恩校订,1907年12月初版,附对数表、弦切表。

《最新高等小学地理教科书》4册,谢洪赉编纂,第4册1905年1月初版,附万国舆图1册。

《最新理科教科书教授法(高等小学)》4册,谢洪赉编辑,1906年12月初版。

《最新高等小学中外地理教科书》4册,谢洪赉编辑,徐仁镜、张元济校，时间不详。

《最新中学教科书化学》译自美国史砥尔的 *Steel's Popular Chemistry*，“译例”中指出原著“发行以来，前后凡订正数次，出版数十次。美国各学塾，咸推善本，今特译之，以备中学教科之用”[①]。在这本教科书的开篇不仅有“序”和“译例”，应特别指出的是，还有长达 4 页的“教授要旨”，明确说明教授化学时的各种主要事项，以指导教师与学生。“是书论化学各事，俱分段落。如论原质，则来原、取法、性情、功用诸节，依次不紊，以便背诵之时，教习可以循序发问。”[②]接着特别反复强调背诵的作用，如“每次背诵之时，教习提及事物名目，为本学期内所已习者。学生即宜详为解说，温习旧闻，获益匪浅。当全班同学背诵时，可令数人答教师之问，又另数人同时于黑板上，写某事某物之性理。写毕，又令通班学生，评其所述之是非，文章之优劣，字画之证伪。（一班内生徒之数甚多者可用此法）”[③]。不仅强调背诵方式的多样，还特别指出背诵时需要理解内容，能够用自己的话复述，“学生背诵，除界说外，绝不准用书中成语，盖教科书所以开导心思，增其智识，非欲其学语也。故学生当背诵时，宜乘此机会，自撰语句，表明意义，不得依样葫芦，仍蹈旧习。”[④]不仅如此，教授要旨中还对于一些细微的要求一一列举，如“各生均宜备小簿一册，须坚緻耐用，整洁洁净，按本书次序，并历次所见之试验，所闻教习之绪论广义，一一记载”[⑤]。这是笔者所见要求学生做课堂笔记的最早文字。又由于“教授实学，中国事方发轫。学者苦无良师，而于化学实验尤难”[⑥]，所以还一一列举有常见的化学质料与化学器，并告知一般在哪些地方可以买到。对于参考书，不仅一一列举 19 种作为化学参考书，并有小字标注说明，现抄录如下：[⑦]

《化学名目表》

《化学鉴原正续补三编》（正编无机化学，续编有机化学，补编举正编所未及）

《化学分原》

《化学考质》

《化学求数》

---

① 中西译社：《最新中学教科书化学》，商务印书馆 1906 年 6 版，译例第 1 页。

②③④⑤⑥ 同上，教授要旨第 1 页。

⑦ 同上，教授要旨第 3—4 页。

《化学器》

《化学须知》

《化学易知》（以上八种，皆为傅兰雅译著，用旧名目，近译新书，无及其右者，名目表与化学器甚要，须知为初学书，易知为中学教科书）

《化学指南》

《化学阐原》（以上二种，皆同文馆由法文书译出，名目怪异，大旨与傅译诸书同）

《化学初阶》（嘉约翰译，前二卷略同监原，后二卷同分原）

《化学启蒙》（有林乐知、艾约瑟译本，为初学者设）

《化学入门》（丁韪良著，设为问答，论理清晰）

《化学入门》（厚美安著，为便初学）

《化学辨质》（聂医士著，原质名目用益智书会新定者，图表清楚，不可不备）

《化学卫生论》（傅兰雅译，书极佳）

《定性分析》（杜亚泉自日本书译出，为考质之简要本）

《化学图》（四大幅，无力试验者，观之亦有益）

《理化示教》（在科学丛书内，下卷为化学，仅亦初学）

谢洪赉编辑《最新中学教科书瀛寰全志》共七编，分别是总论、亚细亚洲、欧罗巴洲、亚非利加洲、北亚美利加洲、南亚美利加洲、大洋洲。全书开篇“序”和“例言”。他在“序”中指出：“悲夫大陆沉着残棋于罢局，群雄逐逐争碎片于金瓯，行将溃矣。尚何事上九天下九洲，而舂容与论大势哉。虽然垂绝之证，不可以不药。而睎其氿将萎之花，不可以不植而促其蕾。何况一线生机、丝毫元气，方且氤氤氲氲结为祥氛，以缭绕盘瓦于我国民方寸之中，孰谓其可恝焉而罔闻耶。爰辑大地志，以饷学子名，曰瀛寰全志，附之图表，为一巨帙。”[①]所以他发愤要把亚细亚洲、欧罗巴洲、亚非利加洲、南北亚美利加洲和大洋洲的地理国情一一述来，使中国学生尽早知道世界大势。谢洪赉认为当时的地理教科书中国部分太简单，外国部分又不清楚，于是决定编辑一本中学适用的地理教科书。“地志一书，坊间罕有佳本，非本国过略，即外国不详。是编矫此二弊，繁简酌中，适合中学教授之用。是编蒐採东西及本国地志数十种，编辑而成，时时注意种族竞争之要点，以期

① 谢洪赉：《最新中学教科书瀛寰全志》，商务印书馆1906年版，第1页。

唤起读者之精神。非直译东西文一家之书可比。”[①]并说明这本书的编辑体例参考了多本书，最主要是参照了印度广学会刊行的《地理精要》一书：“采用之书虽多，然体例格式则多以印度广学会刊行地理精要一书为准。”[②]对于书中地名，他也是参考中西地理书籍之后，极为规范地在书末附中西地名表。“地名多宗戴氏地理略说，其末备者兼采瀛寰志略、地理全志诸者书，不敢杜撰。末附中西地名表，以便对堪。”[②]为了使学生直观理解，谢洪赉注重插图及地图的作用，并广泛收集了两百多幅精美图画作为插图，同时还有十多幅地图，成为这本教科书的一大特色。“缀画二百余幅，俱由编者搜采精画，重镌铜板，精细绝伦，地图十余页，鲜明清朗，皆为本书之特色。”[③]谢洪赉在“总论”中开篇说明了地理学科的重要性：“宇宙之大，事物纷繁。大而治平，小而格致，有心人宜无不讲求。讲求若何，必自地理学始。”[④]正是由于认为地理学对人生、社会至关重要，他写道：“地理学乃关系一切事物，无论何人皆为至要之学问。如医师、如商人、如兵士、如航海者，尤不可不知。其他研究历史、考察政治，亦必以地理学为基，即社会学、经济学、文学，何一不当借资于地理乎，然则地理学之要，从可知也。”[⑤]全书内容丰富，广涉自然地理及人文地理知识，现将《最新中学教科书瀛寰全志》第1编目录抄录如下：[⑥]

一　界说
二　地球（地形、地广、地动、天象）
三　地面诸线（地轴、经纬、五带、地图）
四　地之分界（陆之分界、水之分界、世界大势）
五　天气（同寒暑线、四季、风、雨）
六　物产（矿产、植物、动物）
七　人民（人数、种族、性情、言语、社会）
八　国家（界说、国体、政体）
九　宗教

《最新中学教科书瀛寰全志》1903年10月首版后极为畅销，1904年5

① 谢洪赉：《新中学教科书瀛寰全志》，第3页。
② 同上，第3页。
③ 同上，第4页。
④⑤ 同上，第7页。
⑥ 同上，第10页。

月再版,1904年10月3版,1905年3月4版,1905年6月5版,1906年2月6版,1906年4月7版,1906年10月已达8版。1906年10月第8版的《最新中学教科书瀛寰全志》封2专页印有总理学务大臣对该书的审定词:"蒐辑精审、详略得当、便于教习讲授。"[①]民国之后,赵玉森重订此书,出版时名为《(重订)瀛寰全志》,分编为上、下两册,第1—2编为上册,第3—7编为下册,1913年6月有13版发行。

谢洪赉在"最新教科书"中,不仅编译有中学地理、物理、化学、生物、代数、几何等学科的教科书,为了使中学学习有良好的基础,他还进一步下移启蒙重心,编纂了高等小学堂理科、地理教科书。他在《最新高等小学理科教科书》中写道:"本书编辑大旨,乃取自然科学(此为天文地文物理化学生理卫生动物植物矿物诸科之总名)全体之要理,撮取大纲,诱掖儿童,与以人生必须之知识,去其习俗相传之谬说。"[②]这套教科书的第1、2册内容以动物、植物、矿物、地文为主,第3、4册内容以物理、化学、生理卫生为主。"读此,则一切小学博物理化教科书,均已包孕无遗,足为中学之基础。"[③]谢洪赉还特别强调指出,为了引发儿童的兴趣,有意将各种内容交错融合。"本书将各科学之要理依适宜之方法,错综教授,以引起儿童之兴味。"[④]如第1册开篇以早春的"梅"带学生进入植物世界,最后小结"花与虫及风之关系",巧妙地把自然常识融为一体,如此种种,引人入胜。

1905年,谢洪赉编辑的《最新高等小学地理教科书》出版,该书承载了传统舆地学和地方志编纂的转型使命,"具有里程碑意义"。[⑤]谢洪赉在《最新高等小学地理教科书》中写道:"吾国旧有地志诸书,大率为专家研究之需,非为初学教科之计。近年国人始注意普通教育,渐有编译地理教科书者。"[⑥]国人编纂适用教科书的要求日渐迫切,但是"草创之初,难求美备",故而"酌依日本地理教科之条目,兼参群书"[⑦]。他用旅行般的介绍说明世界人文自然景观。例如,在介绍蒙古人时,书中安排了插图,两个蒙古人坐在篝火旁吸烟,远处是炊烟袅袅的蒙古包。1910年学部第一次编纂高等小学地理教科书,在讲外国地理的部分就"模仿"了谢洪赉书中的插图。[⑧]

谢洪赉是一位虔诚信仰基督教的学者,1903年他与宋耀如(宋氏三姐

---

① 谢洪赉:《最新中学教科书瀛寰全志》,封2页。

②③④ 谢洪赉:《最新高等小学理科教科书(第1册)》,商务印书馆1904年版,第1页。

⑤ 毕苑:《建造常识:教科书与近代中国文化转型》,福建教育出版社2010年版,第57页。

⑥⑦ 谢洪赉:《最新高等小学地理教科书(第1册)》,商务印书馆1905年版,第1页。

⑧ 学部编译图书局:《高等小学地理教科书》,京华印书局印刷,学部图书局发行1910年版,第101页。

妹的父亲)、夏粹芳、高凤池等 13 人,在上海汉口路的慕尔堂发起成立了中国基督徒会。“爱国爱人之心,……不以教派而分门户,惟集群策群力以谋自行传道于祖国为职志。”[①]其《成立缘起》是上海地区最早的自立教会宣言。[②] 谢洪赉认为自己最擅长的是文字工作,愿意终身奉献到基督教文字事业中。[③] 1906 年,谢洪赉辞去商务印书馆和中西书院的工作,成为基督教青年会主办的《青年》杂志副主编,使得该杂志名声大振。谢洪赉 36 岁时得肺病,虽然经中外多方治疗,仍不见好转。当时中国患肺病的人非常多,且肺病在当时属于不治之症,他将自己多年来治疗此病的感想写成《免痨神方》,推己及人,心存仁恕,表明了一个基督徒的仁慈之心。1916 年 9 月 2 日,谢洪赉病逝于杭州家中,享年 43 岁。1919 年,杭州基督教青年会建水塔纪念谢洪赉,塔上层为蓄水池,中部为时钟,下部为青年会会所的大门,并有碑刻,今仍存于杭州青年会。谢洪赉是一位贡献巨大却鲜为人知的开创者,他学贯中西、英年早夭,“在他 43 年的短暂生命中,对社会科学和自然科学的传播都尽了最大心力,以他的双手建立起中国儿童的近代知识体系”[④]。

---

① 胡贻穀:《谢庐隐先生传略》,第 51 页。

② 阮仁泽:《上海宗教史》,上海人民出版社 1992 年版,第 970 页。

③ 同①,第 31 页。

④ 毕苑:《建造常识:教科书与近代中国文化转型》,福建教育出版社 2010 年版,第 103 页。

第四章　张元济:中国现代教科书之父

张元济(1867—1959)是中国近现代最杰出的学者之一,从翰林出身到“中央研究院”院士,他是唯一见过光绪、孙中山、袁世凯、蒋介石、毛泽东“中国五位第一号人物”[①]的人。他从19世纪末开始主持南洋公学译书院近5年,到20世纪参与、主持、督导商务印书馆近60年,始终以稳健的进取精神编(译)出版中国近现代教科书,“筚路蓝缕,煞费苦心,得成一种辅助教育的新事业”[②]。张元济带领的商务印书馆凭借各种优良的教科书在激烈竞争中成为出版巨擘,并强势引领民间书坊教科书的编撰出版,共同奏响了中国现代教科书编撰出版“黄金二十年”的华彩乐章,展现出文化自信并开启了一场波澜壮阔的创新运动,为开启民智、唤醒民众建立了不朽功勋。

一、在南洋公学译书院开启贡献教科书第一乐章

张元济,字筱斋,号菊生,原籍浙江海盐,出生于广州,14岁随母回浙江海盐。他凭借自幼严格而扎实的读书训练,先后中秀才、举人、进士,被授为翰林院庶吉士,开始走上仕途。甲午战败后,张元济在1896年写给汪康年的信中提到:“今之自强之道,自以兴学为先,科举不改,转移难望。吾辈不操尺寸,唯有以身先之,逢人说法,能醒悟一人,即能救一人。”[③]1897年

---

① 张学继:《出版巨擘——张元济传》,浙江人民出版社2003年版,第39页。

② 商务印书馆:《1897—1987商务印书馆九十年——我和商务印书馆》,商务印书馆1987年版,第64页。

③ 叶宋曼瑛:《从翰林到出版家——张元济的生平与事业》,张人凤、邹振环译,商务印书馆1992年版,第24页。

初，身为总理各国事务衙门章京的张元济在北京创办了“专讲泰西诸种实学”[①]的通艺学堂（严复起名）。他在1898年6月16日受光绪帝的召见，后因戊戌政变而被“革职永不叙用”。[②] 他将通艺学堂的全部校产造册移交给京师大学堂后结束了为期六年的京官生活，而后携家南下上海，经李鸿章介绍入南洋公学任译书院主事兼总校。“译书院开办时间尽管仅有短短五年，却编译出版了60余种图书，无论在校内还是在社会上，都以新颖的思想内容、精美的编印质量受到人们广泛的赞誉。”[③]

1. 主持出版《原富》等西方社会科学名著

南洋公学创设于1896年，为了解决学堂用书的问题，《南洋公学章程》中写道：“师范院及中上两院学生，本有翻译课程，另设译书院一所，选诸生之有学识而能文者，将图书院购藏东西各国新出之书课，令择要翻译陆续刊行。”[④]1898年冬，南洋公学译书院成立（1903年停办）。张元济为保证译书品质，聘请日本人细田谦藏、稻村新六为顾问，聘郑孝柽、孟森、杨志洵为校订，后来公学教师李维格、伍光建、黄国英、陈诸藻参加翻译工作，同时还向院外著名翻译人士严复、吴文聪、王鸿年等约稿。在京城时张元济就与严复交往甚密，主持南洋公学译书院之后，更是多次与严复商讨译书之事（已知西安交通大学档案馆现存张、严来往信件近20封，上海图书馆和中国历史博物馆也存类似信件约20封）。盛宣怀创设南洋公学译书院“初以练兵为急务，故兵学居多，理财商务学校次之”[⑤]。到1901年6月，译书院“已经批有十有三种，……尚有译成兵政八种，理财一种，商务二种，学校三种，税法一种”[⑥]。

1901年清政府实施“新政”后，张元济致书盛宣怀写道：“国家之政治，全随国民之意想而成。今中国民智过卑，无论如何措施，终难骤臻上理。”[⑦]1902年盛宣怀在《奏陈南洋公学翻辑诸书纲要折》中指出，“论选书，则政

---

① 《光绪二十三年（1897）通艺学堂章程》，朱有瓛主编：《中国近代学制史料（第1辑·下册）》，华东师范大学出版社1986年版，第712页。

② 上海市出版工作者协会《出版史料》编辑部：《出版史料第5辑》，学林出版社1986年版，第31页。

③ 霍有光：《南洋公学译书院及其译印图书》，《西安交通大学学报（社会科学版）》1999年第4期，第83—88页。

④ 朱有瓛主编：《中国近代学制史料（第1辑·下册）》，第515页。

⑤ 《光绪二十七年（1901）六月盛宣怀呈进南洋公学新译各书并拟推广翻辑折》，朱有瓛主编：《中国近代学制史料（第1辑·下册）》，第518页。

⑥ 同上，第518—519页。

⑦ 张树年：《张元济年谱》，商务印书馆1991年版，第38页。

治、史学较天算制造为难。……则凡有关乎学校、科举、理财、练兵之政治、法律诸书，均待取资，势不容以再缓”[①]。南洋公学译书院注重编译政治、商务、教育等书。“张元济以两千元代价买下《原富》的译稿，答应给严复二成版税。”[②]1902年10月，校印精美的《原富》一函八册出版，在最后一册末页还专门印有“光绪二十八年十月南洋公学译书院第一次全书出版书经存案翻刻必究”之声明。张元济和郑稚辛还为《原富》一书编制了“中西编年及地名人名物义诸表”。严复译的《原富》经南洋公学译书院出版，立即引起巨大反响，各省各地的学校、书馆等纷纷前来订购，在全国范围内影响深远，一时间洛阳纸贵。1902年10月，《原富》最后还印有南洋公学译书院已经编印的书目，有《支那教案论》《政群源流考》《英国枢政志》《英国文明史》《英国财政志》《世界通史》《法学通论》《欧洲商业史》《欧洲全史》《日本近政史》《社会统计学》等共计60种。南洋公学译书院的一些学术译著虽然没有以教科书命名，但作为公学学生的必读教科书在校内使用，也在校外发行。

2.编译新式学堂教学用书

1901年9月4日，清政府命令各省城书院改成大学堂，各府及直隶州改设中学堂，各县改设小学堂，并多设蒙养学堂。1901年10月5日，张元济致书盛宣怀写道：“国家之政治，全随国民之意想而成。今中国民智过卑，无论如何措施，终难骤臻上理。国民教育之旨，即是尽人皆学，所学亦无须高深，但求能知处今世界不可不知之事，便可立于地球之上。否则岂有不为人奴，不就消灭者也……中国号称四万万人，其受教育者度不过四十万人，是才得千分之一耳。且此四十万人者，亦不过能背诵四书五经，能写几句八股八韵而已，于今世界所应知之事茫然无知也。”[③]南洋公学译书院秉承“译书尤为兴学之基址。……选课本以便教育”[④]，注重编译中小学教科书，“为学堂计，以外国寻常小学校、高等小学校课本，备将来各省中学之用。……西学课本条理秩然，偌足备当世之取材”[⑤]。通过1902年10月译书院出版的《原富》广告页可知当时南洋公学译书院已出版的新式学堂

---

① 《光绪二十八年(1902)工部侍郎盛宣怀奏陈南洋公学翻辑诸书纲要折》，朱有瓛主编：《中国近代学制史料(第1辑·下册)》，第519页。

② 霍有光：《南洋公学译书院及其译印图书》，《西安交通大学学报(社会科学版)》1999年第4期，第83—88页。

③ 张树年：《张元济年谱》，第38页。

④⑤ 《光绪二十八年(1902)工部侍郎盛宣怀奏陈南洋公学翻辑诸书纲要折》，朱有瓛主编：《中国近代学制史料(第1辑·下册)》，第519—521页。

教科用书有《格致读本》4本、《中等格致课本》8本、《小学图画范本》4本、《化学》11本、《蒙学课本》3本、《大本蒙学课本》1本、《代数设问》7本、《心算教授法》1本、《物算笔算教科书》4本、《习字范本》4本、《几何》3本、《本国中等地理教科书》3本、《万国地理教科书》1本，其中最为引人注目的是南洋公学师范生自编的《蒙学课本》。《中国第一次教育年鉴》戊编"教科书之发刊情况"记载为："光绪二十三年南洋公学外院成立，课程分国文、算学、舆地、史学、体育6种，由师范生陈懋治、杜嗣程、沈叔逵等自编《蒙学课本》三编。"[①]这套教科书首次呈现了德智体发展的教育理念，首次将国民素质与国家的兴盛联系起来，首次介绍了严复的《天演论》，首次选编有西方寓言，首次叙述华盛顿砍樱桃树故事……"是为我国人自编教科书之始"。[②]

1902年夏，南洋公学学生雷奋、杨荫杭、杨廷栋留日归来，到译书院任职，后致力于中小学教科书的编译和编著，如杨荫杭编译《名学教科书》(1903)、杨廷栋著《法律学教科书》(1903)及编辑《法制理科教科书政治学》(1908)、雷奋编著《国家学讲义》(1909)和《地方自治讲义》(1909)等。

张元济主持南洋公学译书院译印东西教育、政治、经济各书以为成才之助，开启了他贡献于中国现代教科书事业的第一乐章。特别值得一提的是，张元济出版《原富》是我国近代最早实行版税制度的一则实例，后来他在商务印书馆利用丰厚的版税向学者名士约稿，如1907年蔡元培在德国留学期间，张元济就代商务印书馆洽定，特约蔡元培在德国为商务印书馆编书，每月致酬100元，其中一部分汇德补充学费，一部分留供家用。蔡元培编写的中学堂用《修身教科书》(署名为蔡振，共5册)中第4、5册就是他在德国期间编成的。在《原富》中，张元济首次使用了广告页，后书坊大量在出版的教科书中印制自己书坊教科书的各类广告。

二、带领商务印书馆在教科书竞争中位居第一

张元济在与商务印书馆之间的业务往来中，与夏瑞芳相识，夏瑞芳经常向张元济虚心求教编译日文书等事宜。1901年，商务印书馆改组为有限公司，夏瑞芳邀请张元济入股，张元济欣然应允。伴随着新教育的兴起，商务印书馆编译所于1902年下半年开始筹建。"君(按：夏瑞芳)以为国民教

① 民国教育部编：《第一次中国教育年鉴(戊编·教育杂录)》，第115页。
② 张静庐：《中国近代出版史料补编》，中华书局1957年版，第139页。

育,宜先小学,而教科书为尤亟。乃于印刷所外,兼设编译所。”[①]1903年正月,张元济因厌恶南洋公学中严重的官场习气,辞去译书院院长的职务,接受了夏瑞芳的聘请,开始主持商务印书馆编译所。王云五在《商务印书馆与新教育年谱》如是描述:“自是厥后,商务印书馆始一改面目,由以印刷业为主者,进而为出版事业。其成为我国历史最长之大出版家,实始于张君之加入。”[②]张元济带领商务印书馆以优良的教科书在激烈竞争的出版业中位居群雄之首。

1.推出三大套具有划时代意义的现代教科书

张元济进入商务印书馆之后,与夏瑞芳相约“吾辈当以扶助教育为己任”[③],邀请蒋维乔、高梦旦、杜亚泉等加入编译所,以学制变更为契机,大举编撰出版“最新教科书”系列,该系列成为中国第一套现代意义教科书。这套教科书从1903年开始出版,是第一套按照现代学制而编辑(译)出版,第一套配套有教授法,第一套附有彩色插图,第一套每册都印有英文书名的教科书……“实开中国学校用书之新纪录”,[④]影响极大。如1904年4月8日(光绪三十年岁次甲辰二月二十三日)《最新国文教科书(初等小学堂用)》第一册一经出版便势不可当,“不及两周,便销出五千余册,未及数月,行销十余万册”[⑤]。蒋维乔在《编辑小学教科书之回忆(1897—1905年)》写道:“一、此书既出,其他书局之儿童读本,即渐渐不复流行。二、在白话教科书未提倡之前,凡各书局所编之教科书及学部国定之教科书,大率皆模仿此书之体裁,故在彼一时期,能完成教科书之使命者,舍《最新》外,固罔有能当之无愧者也。”[⑥]张元济在给好友汪康年的信中说:“弟近为商务印书馆编纂小学教科书,颇自谓可尽我国民义务。平心思之,视浮沉郎署,终日作纸上空谈者,不可谓不高出一层也。”[⑦]1907年夏,“最新教科书”就已出版初等小学堂用教科书16种54册、高等小学堂用教科书19种41册、中学堂用教科书40种54册。[⑧]“最新教科书”奠定了商务印书馆在中国现代教科

① 张元济:《涵芬楼烬余书录》,商务印书馆1951年版,序。

② 方全林:《书卷人生》,上海教育出版社1999年版,第78页。

③ 张元济:《中华民族的人格》,张人凤辑,辽宁教育出版社2003年版,第75页。

④ 庄俞:《清季兴学与最新教科书》,陈学恂主编:《中国近代教育史教学参考资料(上册)》,人民教育出版社1986年版,第656页。

⑤ 王建军:《中国近代教科书发展研究》,广东教育出版社1996年版,第111页。

⑥ 陈学恂:《中国近代教育史教学参考资料(上册)》,第648页。

⑦ 张树年:《张元济年谱》,商务印书馆1991年版,第51页。

⑧ 商务印书馆编译所编纂:《最新初等小学修身教科书(第2册)》,商务印书馆1905年初版(1907年13版),首页。

书发展进程中的领先与权威地位。

1912年初，在革故鼎新的重大历史转折时期，商务印书馆最初虽然略显被动，但张元济带领商务诸君迅速推出全新的“共和国教科书”，这是继“最新教科书”之后第二套最完善的教科书。这套教科书真正实现了“格致”到“科学”的转变，具有思想解放意义，全新界定了“人”的基本属性，强调“公民”作为现代人的身份意识；积极展现了“共和国”的乌托邦憧憬，诠释出知识分子的政治关怀。[①] 同时，“共和国教科书”创造了中国百年历史上版次最多的出版神话，如《共和国教科书新国文（初等小学春季始业）》第2册1926年7月2358版，而《共和国教科书公民须知（国民学校修身科学生用）》于1917年1月初版，到同年10月就已经第45版了。1916年4月，商务印书馆已出版初等小学（国民学校）教科书及教授书20种140册（含挂图24幅）。[②] 1915年4月，已出版高等小学教科书及教授书25种118册。[③] 1925年7月，已出版中等教育适用教科书及参考书36种53册，[④]为了既适应新学制秋季始业的规定，又照顾老学校一时难以放弃旧学制春季始业的做法，还将修身、国文、算术、图画、唱歌、体操6种教科书分编为春季始业和秋季始业。“共和国教科书”开风气之先，为现代教科书及现代社会发展奠定了一个全新的基础。

伴随着1922年新学制改革，商务印书馆推出了新学制教科书共计三大类166种527册：第一大类别是依据《新学制课程标准纲要》编撰的“新学制适用教科书”，小学既有初（高）级小学用也有新法后期小学用教科书，初中部分既有“混合编辑”教科书也有“分科编辑”的“现代教科书”。第二大类是用“文言文”编辑的“新撰教科书”。第三大类是“适合新学制中等教育段课程，取材至现代为止”的“新著教科书”。这套教科书被商务印书馆称为“最完备的教科书”，达到了20世纪中国现代教科书编辑出版的最高峰。[⑤] 全新的名称与编制展现出教科书的多样与完备，教科书围绕“儿童”及其生活展开凸显教育之人性意义，“问题”设计及探究引导建构儿童智能

---

① 吴小鸥、石鸥：《1912年“共和国教科书”新文化标准探析》，《课程·教材·教法》2013年第2期，第78—85页。

② 北京教育图书社：《国民学校实用国文教科书（第7册）》，商务印书馆，1916年34版，封3。

③ 沈颐、戴克敦：《共和国教科书新修身（初小春季第8册）》，商务印书馆，1915年153版，封3。

④ 周传儒：《新撰世界史》，商务印书馆，1927年16版，广告页。

⑤ 吴小鸥、石鸥：《民初欧美留学生与中国现代教科书的成型——基于商务印书馆1922年新学制教科书的分析》，《高等教育研究》2012年2期，第96—103页。

之发展，满足多种教学之需求……从《国文》到《国语》《作文》，从《修身》到《社会》《公民》，从《理科》到《自然》《常识》，从《体操》到《体育》，从《唱歌》到《音乐》，从《手工》到《公用艺术》，从《图画》到《形象艺术》《卫生》《社会问题》《人生地理》《人生哲学》《科学方法》《公民生物》《医学常识》《论理学》《心理学》……"新学制教科书"成为中国现代教科书发展成型的标志。

2. 各级各类不同品种的教科书

20 世纪初叶的中国风云突变，各种教育思潮竞相激荡，张元济带领商务印书馆在激烈的教科书市场竞争中为满足各级各类教育实践的需求，编撰出版大量各具特色的多样教科书。1903 年开始编撰出版学堂用"问答书"及"新撰中学教科书"。1906 年开始针对寒素子弟或学龄已大不及入学堂者而编撰出版"简易教科书"。1907 年开始针对《最新教科书》材料太深的弊端编撰出版初等小学用"简明教科书"。1907 年开始为适应女子教育发展需求编撰（译）出版女子中小学教科书（晚清民国时期唯一出版有中小学女子教科书的机构）。[①] 1907 年开始编撰出版"中学新教科书"。民国初年，以实用主义和自学辅导主义为代表的新教育思潮风行一时，为了解决国民普及教育实践中出现的问题，商务印书馆 1913 年开始推出"单级教科书""民国新教科书"，1915 年开始推出"实用教科书""普通教科书"，1918 年开始推出"实用主义教科书"等。在新文化运动的影响和普及教育呼声的直接推动下，商务印书馆 1919 年推出"新体教科书"，是中国第一套系统的白话教科书，教育部批语称此书"椎轮大辂，实开国语教科之声"[②]。1921 年商务印书馆推出的《新法国语教科书》所有生字旁注国音字母并采用新式标点。此后，伴随着党化教育的确立与实施，商务印书馆 1927 年开始推出"新时代教科书"，1931 年开始推出"基本教科书"。1932 年 1 月 29 日遭遇日军轰炸之后，战火中成为废墟的商务印书馆在激愤中喊出"为国难而牺牲，为文化而奋斗"[③]的口号，利用劫后余存旧纸型，推出"复兴教科书"的计划。在抗日战争全面爆发后，国立编译馆开始推出"国定本教科书"，而商务印书馆一方面不断修订其他学科教科书，一方面在国定教科书发行中一直处于第一的位置。

---

① 吴小鸥、李想：《赋权女性：晚清民国女子教科书的启蒙诉求》，《华东师范大学学报（教育科学版）》2014 年第 1 期，第 103—110 页。

② 《本馆四十年大事记》，见商务印书馆：《商务印书馆九十五年　我和商务印书馆 1897—1992》，商务印书馆 1992 年版，第 687 页。

③ 王云五：《王云五文集・岫庐八十自述（上）》，江西教育出版社 2011 年版，第 223 页。

3. 亲自编撰与校订多种教科书

茅盾认为:“在中国新式出版事业中,张菊生确实是开辟草莱的人。他不但是最有远见、最有魄力的企业家,同时又是一个学贯中西、博古通今的人。”[①]在繁忙的工作中,张元济不仅与蒋维乔、高凤谦一起编纂了《最新高等小学国文教科书》8 册,还按照康熙字典将部首依次编入《初等小学堂习字帖》第 1—2 册,并在版权页说明:“此范本由简而繁,最便儿童之用。初学者既经习熟,则部首之次序,偏旁之分合,庶了然胸中,异日检字查字典,自然不难,白纸红字,极便描写之用。”[②]此外,张元济参与了落款为“商务印书馆编译所”的教科书编撰出版,还校订《最新国文教科书(初等小学堂)》(1904 年)、《最新国文教科书教授法(初等小学堂)》(1904 年)、《最新笔算教科书教授法(初等小学堂)》(1904 年)、《最新笔算教科书(初等小学堂)》(1904 年)、《最新修身教科书(初等小学堂)》(1905 年)、《最新地理教科书(高等小学堂)》(1905 年)、《最新理科教科书(高等小学堂)》(1906 年)、《最新中国历史教科书(高等小学堂)》(1906 年)、《中国历史教科书(本朝史讲义)》3 编(1909 年)、《简明国文教科书(初等小学)》(1912 年)、《共和国教科书新国文(初等小学)》(1912 年,甲、乙两种)、《共和国教科书新国文(高等小学)》(1912 年)、《共和国教科书新历史(高等小学)》(1912 年)、《女子新国文》(1912 年)、《简明中国地理教科书》、《(订正)女子国文教科书》8 册(1912 年)、《共和国教科书修身要义(中学用)》上下卷(1913 年)、《共和国教科书国文读本(中学校用)》4 册(1913 年)、《小学教科书历史课本(高年级)》4 册(1923 年)、《简明中国历史教科书》(1927 年订正 33 版)等。张元济在工作中严于律己,包天笑在《钏影楼回忆录》中就曾记载 1912 年前后张元济在编译所的工作情形,并称其像一个学校里的课堂:“这个编译所规模可大了,一大间屋子,可能有四五十人吧? 远不同我从前所游历过的那些编译所。每人一张写字台,总编辑的那张写字台特别大,有一个供参考用的书库。既不像叶浩吾那个‘启秀编译所’的杂乱无章,又不同蒋观云那个‘珠树园译书处’的闭户著书的形式。虽然这个大厦聚集许多人,却是鸦雀无声,大有肃穆的气象……张菊生似一位老师,端坐在那里,披阅文稿,也难得开口;编译员似许多学生,埋头写作,寂静无哗,真比了课堂,还要

---

① 上海市出版工作者协会《出版史料》编辑部:《出版史料(第 5 辑)》,学林出版社 1986 年版,第 38 页。

② 张元济:《初等小学堂习字帖(第 1 册)》,商务印书馆 1911 年版,第 1 页。

严肃。"①

三、携手有识之士共创中国现代教科书"黄金二十年"

庄俞曾写道:"老夏先生独具眼光,遇见一位张菊生先生,就请他主持编译事务。张先生也独具眼光,最初请了几位留学生翻译东西各国科学书,不久新教育发动,就开始编辑教科书。"②张元济尽最大努力召集了大量可以完成他所不能之事的有识之士,不仅使商务印书馆编辑出版的教科书引领时代发展,而且使民国时期中小学教科书在商务印书馆的强势引领下进入"黄金二十年"。1952 年,86 岁的张元济在《留别商务印书馆同仁》中写道:"昌明教育平生愿,故向书林努力来。此是良田好耕植,有秋收获仗群才。"③

1. 邀请大量学者名士加入商务印书馆的编撰队伍

庄俞在《商务印书馆九十年》中写道:"计自光绪二十七年至民国十年止,我馆为了创编教科书,经张菊生先生领导之下,编译人自数人增加至百数十人,在馆外帮忙的还不计其数,筚路蓝缕,煞费苦心,得成一种辅助教育的新事业。"④如在编撰"最新教科书"时,张元济首先将爱国学社教员蒋维乔、庄俞等请到麾下,又邀请高凤谦、杜亚泉、邝富灼等知名学者加入,还邀请了日本高等师范学院教授长尾槙太郎、日本前文部省图书审查官小谷重,他们作为与商务印书馆合资的日本金港堂方面代表也经常参加集体讨论。后来张元济还将大量的留学生网罗至商务印书馆。周越然曾统计有:"自光绪二十九年正月起,至民国十九年十一月止,当此二十八年中,商务聘用东西留学归国者七十五人,内法国毕业者二人,美国毕业者十八人,日本毕业者四十九人,国名不详者三人。"⑤商务编译所存在的 30 年时间里,人员流动很大,从现存资料看,其中有案可稽的确切数字有:1908 年 63 人,1921 年已增至 160 人左右,1924 年 240 人,1925 年 286 人。⑥

张元济亲手为商务印书馆打造了一流的教科书编撰出版队伍。如"新学制教科书"会聚了 90 余人的庞大编撰与校订队伍,华丽再现大师的风云

---

① 包天笑:《钏影楼回忆录(第 2 辑)》,龙文出版社股份有限公司 1990 年版,第 469 页。

② 商务印书馆:《1897—1987 商务印书馆九十年——我和商务印书馆》,第 62 页。

③ 张学继:《出版巨擘——张元济传》,第 297 页。

④ 同②,第 64 页。

⑤ 周越然:《书与回忆》,辽宁教育出版社 1996 年版,第 258 页。

⑥ 吴相:《从印刷作坊到出版重镇》,广西教育出版社 1999 年版,第 85 页。

际会：陶孟和、胡适、冯友兰、任鸿隽、陈哲衡、竺可桢、周鲠生、周越然、傅运森、凌昌焕、计志中、顾颉刚、叶绍钧、周予同、吕思勉、郑贞文、萧友梅、易韦斋、周玲荪、朱经农、高梦旦、丁晓先、吴研因、杜亚泉、骆师曾、蒋维乔、王云五、张其昀、庄适、陈铎、沈圻、段育华、范祥善、李泽彰、熊翥高、王欣渠、何元、陈捷、程瀚章、顾寿白、万国鼎、李泽彰、魏屏三、何明斋、宗亮寰、王振瑄、汪奠基、陆志韦、张慰慈、瞿世英、郭任远、吴遁生、郑次川、江恒源、胡宪生、王钟麒、何鲁、段子燮、赵修乾、王华隆、张资平、洪式闾、鲍鉴清、俞物恒、杜若城、王守成、刘秉麟、何明斋、杜就田、杜其堡、周宣德、林翥青、刘正经、杜其堡、吴在渊、杨长洲、严济慈、李泰棻、黎锦熙、胡怀琛、缪天绶、万良浚、胡达聪、胡君复、周传儒、周昌寿、陈兼善、谭廉、缪育南、陆光宇、高阳……他们中有教育部特聘教授（常道直、张其昀、何鲁等），有“中央研究院”院士（冯友兰、胡适、竺可桢、周鲠生、顾颉刚等），有留学欧美的博士（胡适、冯友兰、竺可桢、张慰慈、周鲠生、郭任远、萧友梅、陆志伟、瞿世英、严济慈、周传儒等）和硕士（常道直、段育华、任鸿隽、陈衡哲、汪奠基、朱经农、何鲁、赵修乾等），有功勋彪炳的科学家杜亚泉，有史学四大家之一的吕思勉，有中国人文地理学的开山大师张其昀，有中国政治学的开拓者张慰慈，有《共产党宣言》翻译者李泽彰，有参加“火烧赵家楼”的周予同……“新学制教科书”是至今唯一的会聚如此众多社会精英与学界名流的一套教科书。

2. 大胆擢用一些名不见经传的新锐青年

张元济在商务印书馆大力提倡用少年人、进有用之人、退无用之人，而在教科书编撰中所谓的新人，重要的是年富力强且有新知识的人。1919年，胡愈之还是个只有初中二年级学历的毛头小伙子，张元济看过他写的几篇文章后认为是个可培养之人才，遂招收他进商务编译所为练习生。一年后，又升任他为《东方杂志》编辑助理，不久即任编辑。以后，张元济还资助胡愈之留学法国。胡愈之不负张元济所望，后出任《东方杂志》主编。新中国成立后，胡愈之担任国家出版总署第一任署长。茅盾在1916年刚从北大预科班毕业时才20岁，进入商务印书馆后，被张元济分配在英文部批改函授作业。一个月后，张元济收到了茅盾对新出版的《辞源》所提的200余字改进意见，觉得自己对茅盾“用非其材”①，立即批交辞典部编辑人员研阅，并送请编译所所长高凤谦核办。第二天上午就调茅盾与童话专家孙毓修“合作译书”②。在《茅盾回忆录》中，这位年轻人曾感叹地说：“我真想不

①② 丁尔纲：《茅盾：翰墨人生八十秋》，长江文艺出版社2000年版，第34页。

到,这么一封平常的信,引起那样大的注意。”[①]进馆才5个月,茅盾即被破格优待加了薪。《张元济全集·书信》中记有他用新人的观点:“五年前之人才未必宜于今日,则十年前之人才更不宜于今日。即今日最适用之人,五年、十年之后,亦必不能适用也。事实如此,无可抗违。此人物之所以有生死,而时代之所以有新旧也。”[②]1916年前后,张元济就有关进用新人问题与商务印书馆第三任总经理高凤池有过激烈的争论。高凤池认为新人不如旧人可靠,裁汰旧人太令人寒心,双方都不愿妥协。对此,张元济在1920年4月26日给梁启超的信中写道:“即如用人,弟主张求新,而高君则偏于求旧。隐忍五年,今乃爆发。”[③]1920年张元济提出辞职,后经多方劝说,改为张元济与高凤池均辞去现职,双双改任监理。

3.中华书局、世界书局、开明书店的创办者及大量编辑均出自商务印书馆

民国时期仅次于商务印书馆的几个民间书坊的创办者都是出自商务印书馆,如中华书局创办者陆费逵、世界书局的创办者沈知方、开明书店的创办者章锡琛等等,他们不仅早期都在商务印书馆工作,而且他们书坊中的许多编辑也是出自商务印书馆。或许他们后来与张元济在编撰出版理念上有着一定的差异,但都深受张元济严谨工作态度以及独立文化人格影响。特别而又重要的是,商务印书馆教科书的种类、形式、内容等对这些后来者抑或是同期竞争者都有着极大的影响。于是,从1903年商务印书馆推出第一套现代教科书编撰出版到1922年新学制教科书的多样发展,各大书坊在其强势引领下,带着对教育的全新价值预设以及具有历史进步方向性的洞察力,积极地在对时代问题的思考下竞相编撰出版,中国现代教科书发展的热潮一浪高过一浪。从普通教育到女子教育以及社会教育,教科书迅速普及并被推广;从分别学科到综合编制,教科书尝试着门类构建的调整与更新;从黑白到彩色、从静止到连续动作插图,从课前或课后设问到单元出现及专门复习内容安排,教科书注重儿童认知发展的基本特点;从学科知识到生活主题,教科书更注重科学的编排与设计;从文言到白话以及外国语,从新式标点到注音符号,教科书的文化语境不断丰富……中国现代教科书在不断走向成熟与完善的过程中,点燃了轰轰烈烈的、自觉的、有理念的,而且有相当程度组织力的、旨在实现现代意义社会总动员的

① 茅盾:《我走过的路(上)》,人民文学出版社1981年版,第123页。
② 张元济:《张元济书札》,商务印书馆1981年版,第184页。
③ 同上,第62页。

大众启蒙运动，诠释了民国教育改革巅峰的繁华与美景，呈现出一个十分罕见的“黄金二十年”。如今，当人们追怀老清华、老北大以及西南联大，追怀20世纪三四十年代中国高等教育的“黄金时代”时，或许要知道，这都是与当时优良的中小学教科书分不开的。中国现代教科书不断映射出风雨如晦的岁月中编撰出版群体有为的思想样貌，一代知识分子对全新生活的召唤，这在中国政局陷入混乱之时，成功地为民国教育建立了不拔的根基，并在更长远的时间内产生了重大的影响。张元济实为中国现代教科书之父。

承载着新思想、新学说的书本只有成为海量读物或被海量传阅之后，其巨大的影响力才能迸发出来。中国现代教科书以其巨大的受众群体，无疑是儿童从童年走向青年时期影响最大的启蒙读本。据冰心老人回忆说：“我启蒙的第一本书，就是商务印书馆出版的线装的《国文教科书》第一册。我在学认‘天地日月，山水土木’这几个伟大而笔画简单的字。”①全新的教科书给了儿童极大的启蒙，胡适甚至认为商务印书馆是“一个支配几千万儿童的知识思想的机关，当然比北京大学重要多了”②。1948年4月，已是81岁的张元济经民主推选为首批“中研院”院士，足见其在知识界的分量与地位。张元济也是第一位带领着中国现代教科书走上世界大舞台的人。商务印书馆从1911年开始多次参加世界博览会，每次送去的展品中都必有教科书，如1915年在美国旧金山举行的巴拿马太平洋博览会上展示过的教科书就有商务印书馆1906年出版的《中国历史教科书》和1907年出版的《经训教科书教授法》等。张元济以其对文化传承与创新的使命担当和人格魅力，成为中国现代教科书发展史上最为举足轻重的丰碑式人物。

附：张元济编撰及校订教科书概览

《最新国文教科书(初小)》10册，蒋维乔、庄俞编纂，高凤谦、张元济校订，商务印书馆，1904年初版。

《最新笔算教科书(初小)》5册，徐隽编纂，杜亚泉、张元济校订，商务印书馆，1904年初版。

---

① 冰心：《我和商务印书馆》，商务印书馆：《1897—1987商务印书馆九十年——我和商务印书馆》，第312页。

② 胡适之：《高梦旦先生小传》，商务印书馆：《1897—1987商务印书馆九十年——我和商务印书馆》，第51页。

《最新笔算教科书教授法(初小)》5册,徐隽编纂,杜亚泉、张元济校订,商务印书馆,1904年初版。

《最新中学教科书西洋历史地图》1册,[日]小川银次郎著,张元济校订,商务印书馆,1904年初版。

《最新理科教科书(高小)》4册,谢洪赉编纂,杜亚泉、张元济校订,商务印书馆,1904年初版。

《最新修身教科书(初小)》10册,商务印书馆编译所编纂,高凤谦、张元济校订,商务印书馆,1905年初版。

《最新国文教科书(高小)》8册,高凤谦、张元济编纂,商务印书馆,1907年初版。

《(订正)女子国文教科书(国民学校)》8册,戴克敦等编纂,高凤谦、张元济校订,商务印书馆,1907年初版,1912年订正1版。

《(订正)简明国文教科书(初小)》8册,戴克敦等编纂,高凤谦、张元济校订,商务印书馆,1907年初版,1912年订正初版。

《简明国文教科书(初小)》8册,戴克敦等编纂,高凤谦、张元济校订,商务印书馆,1907年初版。

《简明中国历史教科书(初小)》上、下册,蒋维乔编纂,高凤谦、张元济校订,商务印书馆,1908年初版。

《中国历史教科书本朝史讲义(中学)》3编,汪荣宝编,张元济校订,商务印书馆,1909年初版。

《(订正)最新修身教科书(初小)》8册,商务印书馆编译所编纂,高凤谦、张元济校订,商务印书馆,1912年订正1版。

《(订正)最新国文教科书(高小)》8册,高凤谦、张元济、蒋维乔编纂,商务印书馆,1912年订正1版。

《(订正)最新国文教科书(初小)》10册,蒋维乔、庄俞编纂,高凤谦、张元济校订,商务印书馆,1912年订正1版。

《(订正)简明国文教科书(高小)》8册,蒋维乔等编纂,高凤谦、张元济校订,商务印书馆,1912年订正1版。

《共和国教科书新国文(初小春季)》8册,庄俞、沈颐编纂,高凤谦、张元济校订,商务印书馆,1912年初版。

《共和国教科书新历史(高小春季)》6册,傅运森编纂,高凤谦、张元济校订,商务印书馆,1912年初版。

《女子新国文(女子高小)》6册,庄俞等编纂,高凤谦、张元济校订,商务印书馆,1912年初版。

《共和国教科书新国文(初小秋季乙种)》8册,庄俞、沈颐编辑,高凤谦、张元济校订,商务印书馆,1912年初版。

《共和国教科书新国文(高小秋季)》6册,樊炳清、庄俞编纂,高凤谦、张元济校订,商务印书馆,1913年初版。

《共和国教科书新历史(高小秋季)》6册,傅运森编纂,高凤谦、张元济校订,商务印书馆,1913年初版。

《共和国教科书新国文(初小春季甲种)》8册,庄俞、沈颐编纂,高凤谦、张元济校订,商务印书馆,1913年初版。

《共和国教科书新国文(高小春季)》6册,庄俞、沈颐编纂,高凤谦、张元济校订,商务印书馆,1913年初版。

《(订正)女子国文教科书(高小)》4册,庄俞等编纂,高凤谦、张元济校订,商务印书馆,1913年初版。

《共和国教科书修身要义(中学)》上、下卷,樊炳清编纂,张元济等校订,商务印书馆,1913年初版。

《共和国教科书国文读本(中学)》4册,许国英编纂,张元济等校订,商务印书馆,1913年初版。

《(订正)简明中国历史教科书》上、下册,蒋维乔编纂,高凤谦、张元济校订,商务印书馆,1927年4月订正本33版。

第五章 蔡元培:凝重与深厚的奠基者

蔡元培是现代中国知识界的卓越先驱,作为中国教育史上一位里程碑式的杰出人物,他终生致力于教育理论研究和教育改革,涉及基础教育、大学教育、社会教育、职业教育、女子教育等各个领域,并以"学界泰斗,人世楷模"[①]的人格风范影响了各界学人。在联合国教科文组织评出的"影响世界历史百人名单"中,蔡元培排在孔子、孟子、孙中山、毛泽东之后,是中国第五人。[②] 蔡元培不仅积极策划、亲自编撰中小学现代教科书,还针对大动荡、大变革时代中国社会的现实问题,以其特殊的身份地位,确立全新的教育方针,强调培育共和国民健全之人格,成为中国现代教科书史上凝重与深厚的奠基者。

一、倡导并参与中国第一套现代意义教科书

蔡元培(1868—1940)是浙江绍兴人,字鹤卿,又字仲申、民友、孑民,曾化名蔡振、周子余。他六岁入家塾,后在叔父蔡铭恩的培养和熏陶下学习。"孑民有叔父,名铭恩,字茗珊,以廪膳生乡试中式(光绪甲午科中式第十二名举人)。工制艺、门下颇盛,亦治古诗文辞,藏书亦不少。孑民十余岁,即翻阅《史记》《汉书》《困学记闻》《文史通义》《说文通测定音》诸书,皆得余叔父之指导焉。"[③]蔡铭恩给蔡元培取字"鹤卿",希望他日后能出类拔萃。1883年,蔡元培考取秀才,他的试卷"论尤精当,与众不同"[④]。蔡元培考中秀才后,一边做私塾教师,一边研攻经学,他在《我的读书经验》中回忆道:

---

① 毛泽东:《毛泽东唁电》,《新华日报》1940年3月8日。
② 洛秦:《海上回音叙事》,上海音乐学院出版社2010年版,第158页。
③ 王云五:《革新时代教学思想》,台湾商务印书馆1971年版,第280页。
④ 李华兴:《人世楷模蔡元培》,上海人民出版社1988年版,第9页。

“然而以一物不知为耻，种种都读；并且算学书也读，医学书也读。”[①]1889年，蔡元培中举人，第二年中进士，被点为翰林院庶吉士，后授职翰林院编修，成为“声闻当代，朝野争相结纳”[②]的年轻才俊。甲午惨败，蔡元培“痛哭流涕长太息”[③]，于是开始阅读大量的西学译著，潜心研究西方各国的政治、经济、文化教育和设施。“自甲午以后，朝士竟言西学。孑民始涉猎译本书。”[④]他在翰林院生活几乎是“惟有读书声”。对于变革社会寄于重大希望的蔡元培，目睹戊戌变法失败，明确意识到国民素质在社会变革中的重要作用，他指出“康党所以失败，由于不先培养革新之人才，而欲以少数人代取政权，排斥顽旧，不能不情见势绌”[⑤]。1898年秋，蔡元培抛弃世俗所称羡的功名前程，托疾请假南下，直接任教于新式学堂，积极倡导新式教科书的编写。

1. 成立中国教育会，拟集合力量，以编辑适合中国的新式教科书自任

蔡元培返乡后曾先后任绍兴中西学堂监督、剡山书院院长等，苦于自己对西方教育了解的不足，1900年至1901年间，他广泛搜集国内外教育参考资料，对各级学校的课程进行了细致的研究，撰写了《学堂教科论》一书。1901年，他应上海澄衷学堂总理刘树屏的邀请“代理一月”。[⑥]同年8月，被聘为上海南洋公学特班的总教习。在不断的教育实践中，蔡元培非常关注新式教科书的发展，当时，南洋公学、澄衷蒙学堂等已在尝试自编新式教科书。蔡元培认为“清之季世，师欧美各国及日本之制，废科举，立学校，始有教科书之名，为教习者，以授课之暇编纂之，限于日力，不能邃密。书肆诎于资而亟于利，以廉值购稿而印之，慰情胜无而已”[⑦]。为了推进中国现代教科书的发展，“以教育中国男女青年，开发其智识，而推进其国家观念，以为他日恢复国权之基础为目的”[⑧]，1902年4月27日，蔡元培与蒋智由等人在上海发起成立中国教育会并任会长，提出“我国今日学界最缺乏者为教科书，教育会发兴之始，即欲以此自任”[⑨]。学会设立了教育、出版、实业三个部，拟集合力量，以编辑适合我国教科书自任。继因八股方废，人们对新

---

① 蔡元培著，高平叔编：《蔡元培教育论集》，湖南教育出版社1987年版，第569页。

② 罗家伦：《逝者如斯集》，传记文学出版社1981年版，第80页。

③ 蔡元培著，朱鸿召编选：《孑民自述》，江苏人民出版社1993年版，第918页。

④ 高平叔：《蔡元培全集(第3卷)》，中华书局1984年版，第320页。

⑤⑥ 蔡元培：《蔡元培自传》，《蔡元培学术文化随笔》，中国青年出版社1996年版，第282页。

⑦ 蔡元培：《商务印书馆总经理夏君传》，《1897—1987商务印书馆九十年——我和商务印书馆》，第1页。

⑧ 林增平、肖致治、冯祖贻、刘望龄主编：《辛亥革命史(上册)》，人民出版社1980年版，第394页。

⑨ 冯自由：《中国教育会与爱国学社》，《革命逸史初集》，中华书局1981年版，第117页。

名词甚为陌生,乃仿通行教授法,刊行丛报,蔡元培在此期间还首先提出一要排除专制,二要排除外国人在教育中的影响,即自编课本的重要性。

2. 兼任商务印书馆编译所职务,确立商务印书馆编辑教科书的基本方针

当时,各书局盛行翻译书籍,国人因知识之饥荒,多喜购阅,故极畅销。但由于商务印书馆初期购买质量低劣译稿的惨痛教训,经理夏瑞芳求助于时任南洋公学译书院院长的张元济,张元济先是介绍南洋公学译书院中之同事四五人,为之修改译稿,"然苦不易从事,张于是介绍蔡元培为编译所长,以谋改进"①,开启了蔡元培与商务印书馆的不解情缘。此后,蔡元培一直称商务印书馆为"本馆"。蔡元培兼任商务印书馆编译所职务以后,便向夏瑞芳提出,废除科举、兴办学校是大势所趋,编辑新式教科书实为急需,建议商务印书馆由编译转为自编新式教科书。商务印书馆"依蔡之计划,决议改变方针,从事编辑教科书。此商务印书馆编辑教科书之发端也"②。这标志着商务印书馆在出版业上的一大改进,为其编辑教科书提供了根本保障。由于蔡元培不常驻所中,而且"商务编译所规模甚小,虽有编辑教科书之议,亦不主聘专任人员"③,蔡元培于是建议由爱国学社教师编写小学教科书,既能解决商务印书馆书稿,又能解决部分教员经济来源(当时爱国学社经费无着,所有教员均自谋生活来源),而且能完成中国教育会的夙愿。这样,由蔡元培先定国文、历史、地理三种教科书之编纂体例,用包办方法,"蔡就学社教员中选择数人,分任编辑国文、历史、地理等教科书"④。不久,《苏报》案发,蔡元培离沪赴青岛。商务印书馆在张元济的带领下成功推出适应新式教育的第一套现代意义教科书——"最新教科书"。

1903 年,蔡元培虽然离开商务印书馆编译所,但他却一直热情关注商务印书馆新式教科书的编撰工作并参与其中。从 1905 年开始,商务印书馆出版了由商务印书馆编译所编撰,高凤谦、蔡元培、张元济校订的《最新初等小学修身教科书》10 册、《修身教科书教授法》10 册及《修身教科书第一册挂图》20 幅⑤。这套初小修身教科书力求能体现新时代的特色,字里行间彰显独立、平等的先进思想,如《最新初等小学修身教科书(第 3 册)》的《女子宜求学》一课写道:

---

①②③ 蒋维乔:《编辑小学教科书之回忆》,《1897—1987 商务印书馆九十年——我和商务印书馆》,第 57 页。

④ 蒋维乔:《创办初期之商务印书馆与中华书局》,张静庐辑注:《中国现代出版史料》,第 396 页。

⑤ 商务印书馆编译所:《最新修身教科书(初小第 2 册)》,商务印书馆 1907 年 13 版。

我国旧俗，重男轻女。凡为女子者，幽居深闺，不事学问。非特古今大事未之闻知，即作书信、理账目，亦多倚赖他人。今女学渐兴，旧俗渐改，少年女子宜求学，以图自立，庶不为人轻视也。①

二、编撰(译)修身、伦理教科书

1906年，在青岛学了德语的蔡元培闻讯翰林院有“公派”出国留学的机会，撰写《为自费游学德国请学部给予咨文呈》，表达自己赴德留学、学习研究西方教育理论，并回国襄助中国教育的想法。当时孙宝琦出任驻德国的公使，蔡元培请张元济向孙宝琦沟通，表示愿在公使馆兼充一名职员，半工半读。孙宝琦答应每月助银30两，而不要求去使馆担任何种服役。于是，蔡元培便在1907年5月随孙宝琦前往柏林。由于蔡元培夫人及三个子女需要抚养，张元济就代向商务印书馆洽定，特约蔡元培在德国为商务印书馆编书，每月致酬100元，其中一部分汇德补充学费，一部分留供家用。高平叔在《蔡元培与张元济》中写道：“以1910年为例，商务印书馆汇给蔡元培1621马克，合国币900元，付给黄仲玉夫人国币250元，代付购寄书报等费国币46元，连同历年余额尚结存200元。”②蔡元培积极编撰与校订了多种教科书。

1.《中学修身教科书》是蔡元培编撰现代教科书的标志性作品，构建了现代伦理学知识体系

1907年12月，上海商务印书馆出版了蔡元培编写的《中学修身教科书》，③这是蔡元培编撰现代教科书的标志性著作。“本书悉本我国古圣贤道德之原理，旁及东西伦理学大家之学说，斟酌取舍，以求适合于今日之社

---

① 商务印书馆编译所：《最新修身教科书(初小第3册)》，商务印书馆1908年14版，第57页。

② 商务印书馆：《1897—1992商务印书馆九十五年——我和商务印书馆》，第568页。

③ 这套教科书署名为“山阴蔡振”。据汪家熔先生在《1897—1987商务印书馆九十年——我和商务印书馆》第481—482页说明：因为1902年广智书局出版了中岛力造著、麦鼎华译的《中等教育伦理学讲话》，蔡先生为之作序。序文很推崇译述得好。这个译本照译了国家伦理篇，这和我国当时政治制度及政治气候是有所违碍的。张之洞见到后很不以为然。而蔡先生在序中还说“吾愿我国言教育者，亟取而应用之，无徒以《四书》《五经》种种参考书，扰我学子之思想也。”张之洞说“蔡序尤其谬妄”加之后来的《苏报》案，为减少麻烦，此套教科书没有署蔡先生真名。另汪家熔先生说，这部书的第一册是在1907年4月蔡先生在北京等候出国时脱稿，第二、三册是在5月29日离北京之前脱稿，第四、五册就是在德国时所编。

会立说。"[①]《中学修身教科书》约 7 万字，分为上、下两篇，上篇为实践伦理学，下篇是理论伦理学，全书采用最新的"章节"体例编排，开创性地构建了现代伦理学知识体系，力求为中学生提供一种全面、可行、积极、上进、能体现时代和社会发展要求的修身标准，如以体育卫生为本的修身观、本无差等的权利观、非一人之国家观、无高下之职业观等，主张以自由、平等、博爱的原则统率人际关系等等，这些观点出现在清朝统治尚未结束的教科书中，不仅影响了一代人的智识水平和思想意识，而且为进一步的教育改革奠定了精神基础。1911 年辛亥革命爆发，蔡元培在受命回国前修订完毕《中学修身教科书》，在 1912 年 5 月出版。商务印书馆 1912 年刊登广告云："本书为山阴蔡先生留学德国时所著，原本我国古圣贤道德之要旨，参取东西伦理大家最新之学说，熔中外为一冶，说理精透，行文简亮，出版后大受学界欢迎。原书分订五册，今重行修正，合订一册。"[②]修正本"例言"说明："本书分上、下二篇，上篇注重实践，下篇注重理论。修身以实践为要，故上篇较详。"[③]这本书到 1921 年 9 月出至 16 版，最初 5 册的目录如下：

第 1 册共 7 章：修己总论；体育；朋友习惯勤勉；自制；勇敢；修学；修德

第 2 册共 8 章：家族总论；子女；父母；夫妇；兄弟姊妹；族戚及主仆；交友；从师

第 3 册共 6 章：社会总论；生命；财产；名誉；博爱及公益；礼让及威仪

第 4 册共 7 章：国家总论；法律　租税　兵役　教育；爱国；国际及人类；职业总论；佣者及被佣者；官吏　医生　教员　商贾

第 5 册共 6 章：绪论；良心论；理想论；本务论；德论；结论

2. 翻译《妖怪学讲义录》及《伦理学原理》用作学校教科书

1906 年，蔡元培还译述了日本人井上圆了的《妖怪学讲义录》。"妖怪学"即试图从多方面、多角度，分析论述"妖怪"现象产生与发展的心理、哲学、生物学等因素，解说产生这种迷误的原因。此书是井上圆了在哲学馆教授的讲义，全书主要以物理、化学、光学、天文、地质、生物等科学来研究

---

① 蔡振：《中学修身教科书(第 1 册)》，商务印书馆 1910 年 4 版，例言。

② 商务印书馆：《民立报》，1912 年 6 月 22 日。

③ 蔡元培：《(订正)中学修身教科书(第 1 册)》，商务印书馆 1914 年 5 版，第 1 页。

自然界等各种怪异现象。蔡元培指出迷信是一种落后的文化,要反对迷信,既需要有健全的道德,更需要有健全的知识。杜亚泉在《初印总论序》中写道:“此书皇皇巨册,其精思名论,令余钦佩崇拜,不可名状。且余读是书时,学问上之智识已略进,稍知心理学及生物学之门径,自觉宇宙间之名理,汇集胸次,使余心汪洋于其间,而发现一不可思议之真怪,觉哲学上之所谓元,心理学之所为实体,宗教家之所谓天地神佛、真如法性,清谈家、性理家之所称为无名、为无极,无一非此真怪之记号。即物理学之所谓质力,生理学之所谓生命,心理学之所谓心灵,亦无非真怪之一方面之一支脉。而一切所谓物理、生理、心理等之理云者,乃皆此真怪之产物。”①此书译出总论后,就引起了学者们的极大兴趣,影响较大,如商务印书馆1906年初版的《妖怪学讲义总论》,到1918年已有6版发行。

1909年9月商务印书馆出版了蔡元培翻译德国著名伦理学家F. Paulsen的《伦理学原理》,此书曾被大中小学校用作伦理学教科书。杨昌济在湖南第一师范学校教书时曾以此书作为伦理学教科书。当时在校读书的毛泽东,极爱读这本书,曾在这本共约10万字的书上,写下了12100多字的批注,其中有“道德哲学在开放之时代尤要”,“道德非必待人而有,待人而有者客观之道德律,独立所有者主观之道德律。吾人欲自尽其性,自完其心,自有最可宝贵之道德律”,“个人有无上之价值,百般之价值依个人而存,使无个人(或个体)则无宇宙,故谓个人之价值之大于宇宙之价值可也。故凡有压抑个人、违背个性者,罪莫大焉。故吾国之三纲,在所必去,而教会、资本家、君主、国家四者同为天下之恶魔也”,等等②;毛泽东还根据《伦理学原理》一书中的观点,加以发挥和批判,写了一篇《心之力》的文章,被杨昌济先生大加称赞,给他打了100分。③

三、大力支持白话文教科书改革

“白话”是指“汉语书面语的一种。它是唐宋以来在口语的基础上形成的,起初只用于通俗文学作品,如唐代的变文,宋、元、明、清的话本、小说等,及宋元以后的部分学术著作和官方文书”④。清末民初,人们认为用与

① 高平叔:《蔡元培全集(第1卷)》,第246页。

② 中共中央文献研究室、中共湖南省委《毛泽东早期文稿》编辑组:《毛泽东早期文稿》,湖南人民出版社2008年版,第123—125页。

③ 李锐:《毛泽东同志的初期革命活动》,中国青年出版社1957年版,第41页。

④ 罗竹风:《汉语大词典(第8卷)》,汉语大词典出版社1990年版,第203页。

现实生活脱节的文言文表现现代人的生活会有很大的困难与隔膜,于是用通俗文字来开启民智便成为一种现代性诉求。人们希望借助白话文的平民性和大众性,以形成国民文化之普及,塑造国民全新的世界观、价值观,也就是说白话文已成为传播新文化新思想的有效载体。1901 年,蔡元培在《学堂教科论》中表达了对“言文画一”的期待。“凡人类之进化系乎思想,而思想之进步系乎语言。思想如传热,无语言以护之则热度不高;思想如流水,无语言以障之则水平如故。是故语言者,接续思想之记号也,犹不足以垂久远,于是有文字则又语言之记号也。思想如算理,语言如数学,文字则代数也究算理者。不能越数学而径习代数传思想者,岂能越语言而径凭文字乎。秦汉以来,治文字不治语言,文字画一而语言不画一,于是语言与文字离,于是识字之人少而无以促思想之进步。迩者有识之士,为切音断字,为白话报,为白话经解思有以沟通之……”①蔡元培不仅对白话文体表现关注,还在后来创办报刊、宣传革命的启蒙活动中进行了白话写作。1903—1904 年,蔡元培参与《俄事警闻》及《警钟》编辑时,“每日载两篇,一文言,一白话”②。大量尝试用白话文体来写作,“但那时候作白话文的缘故,是专为通俗易理解,可以普及常识,并非取文言而代之”。③

1.晚清时校订《最新官话识字教科书》,民国后发起成立国语研究会

1906 年 6 月,上海会文学社出版了寿潜庐编辑,蔡元培、寿孝天参阅的《最新官话识字教科书》2 集共 16 册,每册 30 课,供初等小学堂第一、二年用(每 1 学年 8 册)。这套教科书影响十分广泛并多次再版,民国后改名为《国民字课图说》,目前所见有 1932 年版本。辛亥革命前后,教育界又再次兴起采用国语教授的呼声之后,担任南京临时政府教育总长的蔡元培在《全国临时教育会议开幕词》中指出新教育发展所面临的一个大问题就是国语统一问题,并肯定采用国语的必要。在新文化运动中,他一直积极支持和倡导白话文,赞成文学革命,反对封建复古主义。当时蔡元培等人认为帝制之所以能够得以复辟,是因为民智落后于国体,尤其是大多数人不能充分运用语言文字这个工具。1916 年 10 月,他与吴稚晖、张一麟、黎锦熙等人在北京发起成立“国语研究会”,在《发起国语研究会请立案呈》中开篇指出“窃谓吾国今日欲图教育之普及,必自改良教科书始。欲改良教科

---

① 蔡元培:《蔡元培全集(第 1 卷)》,第 149 页。
② 蔡元培:《蔡元培全集(第 3 卷)》,第 324 页。
③ 蔡元培:《蔡元培传》,人民出版社 1984 年版,第 130 页。

书，必自改革今日教科书之文体，而专用寻常语言入文始”[①]，强调“夫教育不普及，语言不统一，实吾国今日之大患”[②]。1917 年，蔡元培在国语研究会第一次大会上当选为会长，拟定了《国语研究调查之进行计划书》。1919 年 11 月 17 日，蔡元培在北京女子高等师范学校发表的《国文之将来》的演说中表明：“白话是用今人的话传达今人的意思，是直接的。文言是用古人的话来传达今人的意思，是间接的。”[③]认为白话文明白晓畅，能节约大量的时间，所以“我敢断定，白话派一定占优势。以照我的观察，将来应用文，一定全用白话”[④]。

2. 创办孔德学校，促使其自行编写白话文教科书

1917 年，蔡元培、李石曾、沈尹默、马幼渔、马叔平等北大教授在北京创办孔德学校，并在 1918 年设立新教育研究会，召集胡适、徐悲鸿、钱玄同、沈尹默等人及孔德学校部分教员讨论修改教科书问题。大家在讨论中集中提出了两个问题：一是教育之根本问题。教育对社会进步起一个什么作用，教科书应向受教育者宣扬什么主张，这是大家普遍认为教科书的根本不足。二是教科书之形式问题，尤其是教科书的言文不一致问题。大家普遍认为采用白话文编写教科书已经到了非解决不可的地步。于是，会议决定由孔德学校自行编写白话文教科书，先取油印本。顾石君甚至提出：“今日所译之教科书，决非专为孔德学校，而为全国各学校计。”[⑤]这些问题的提出表明人们对教科书的思考已深入较为实质性的层面，预示着教科书将要跨入一个新的阶段。1918 年，沈尹默、马幼渔、钱玄同、陈大齐等人以“新教育研究会”的名义编出了孔德小学一年级学生用的国语教科书。内容有短语、儿歌、故事等，每个字都有注音，还配有徐悲鸿画的插图。小学一年级国语教科书中先教注音字母，这在当时是一种新的尝试。钱玄同在《新青年》6 卷 6 号中提到：“去年蔡孑民先生在北京办了个孔德学校，先把那国民学校第一年级改用国语教授，由我们几个人编了一本《国语读本》第一册；据教的人说比用坊间出版的国文教科书，学生要容易领会得多了。”[⑥]一年后的暑假，孔德学校接着编辑各年级国语教科书，还是由陈大齐、钱玄同等人编写。他们以商务印书馆出版的教科书为蓝本，从中挑选课文，加以审

---

① 蔡元培：《蔡元培全集(第 3 卷)》，第 255—256 页。

② 同上，第 256 页。

③ 蔡元培：《国文之将来》，《新教育》1919 年第 2 卷第 2 期。

④ 同①，第 358 页。

⑤ 同上，第 166 页。

⑥ 钱基博：《语体文范》，锡成印刷公司印刷，无锡县公署三科发行 1920 年版，第 25 页。

订，并用白话重写，加标点注音，然后油印成活页讲义发给学生用。1920 年 10 月，周作人又向学校建议，让小学生读有文学趣味的白话作品。此后孔德学校的国文教科书就由周作人、钱玄同、沈尹默主持，从刚出的书报杂志中选择，有童话、故事、小说、散文、短剧、论述文等。教科书是活页，每年都有变更，不断增添新文章。孔德学校不用书局出版的国语教科书有将近 20 年的历史，直到 1937 年“七七”事变后，才用书坊教科书。

3. 致函教育部，推动白话教科书的研究与实施

1920 年 1 月 8 日，由蔡元培任会长的国语研究会致函教育部，说他们搜集国语书籍已有几十种，“山西全省国民学校都已改用国语教科书，即使用白话课本。江苏、浙江、湖南等各省小学校亦多有于国文教科书改用或兼用国语者。而本届省教育会联合会，有各省设立国语研究会之议，是国语教育问题已日益迫切，则关于国语之材料需用自当益广。本会有鉴于此，爰将所得书籍择其无背大部教育宗旨者若干种，开列清单，送请鉴核。并附清单二百份，请分咨各省教育机关及学校研究”[①]，教育部当即即行咨发。1920 年 1 月 12 日，北洋政府教育部明令改“国文”为“国语”，并通令全国各国民学校先将一、二年级的“国文”改为语体文（即白话文），同年 4 月，又通令全国各地从 1922 年以后，凡国民小学各种教科书一律改为白话文。1920 年，商务印书馆推出“新法教科书”，“全书用新方法、新标点，采纳新教材，除国文一种偏重文体外，其余通用语体编纂，精神面目焕然一新，曾经教育部审定，洵为初期小学最良好的教科书”[②]。不久，商务印书馆又出版《中学白话文范》和《白话本国史》等。1921 年，中华书局开始发行“新教育教科书”，全用语体文编写，国语读本有注音字母。同时，中华书局亦有“新教材教科书”出版。此后，小学国语教科书大增。据历届国语统一会审查工作的报告，仅 1920 年就审定了 173 册国语教科书，1921 年又审定了 118 册。[③] 白话文教科书的大量编撰出版及其在中小学的正式使用，标志着中国现代意义教科书发展进入一个新的阶段。

1923 年 1 月，蔡元培辞去北京大学校长职务，准备第二次赴欧研究和学习，但他仍一直关注中小学教科书的发展，“4 月 17 日，与商务印书馆商定，为该馆编简易师范《哲学纲要》一种、编高中或师范《美学概论》与《哲学概论》各一种、译现代教育名著一种或两种，取得稿费，以作赴欧及居欧费

① 汪家熔：《民族魂——教科书变迁》，商务印书馆 2008 年版，第 149 页。

② 庄适、吴研因、沈圻：《新学制国语教科书（初小第 2 册）》，商务印书馆 1923 年 15 版，封 3。

③ 费锦昌：《中国语文现代化百年记事 1892—1995》，语文出版社 1997 年版，第 34 页。

用。……1924年3月15日，他编著的《简易哲学纲要》完稿。8月。商务印书馆正式出版该书，作为'现代师范教科书'之一"[①]。1928年，他校订了胡怀琛、陈宾龢、汤彬华编撰的《新时代国语教科书(初级中学用)》，1930年校订了陶百川编的《初中党义教本》、张弓编著的《初中国文教本》，1932年校订了的周颐甫编的《基本教科书国文教本(初级中学用)》，等等。

中国现代教科书发展史上的许多关键事件都与蔡元培的倾力投入是分不开的。蔡元培从出掌南京临时政府教育总长积极制定全新的教育方针，强调养成共和国民健全之人格，"给教育立一个统一的智慧的百年大计"[②]。他从指导思想和制度层面为中国现代教科书的发展奠定了一个全新的基础。唯愿新时代的教科书引领新的生活，一如1923年初版的《新学制初级中学教科书国语(第1册)》中选用蔡元培的《我的新生活观》所言：越来越好。

"什么叫新生活？是丰富的、进步的。旧生活的人，是一部分不做工，又不求学的，终日把吃喝嫖赌作消遣。物质上一点也没有生产，精神上也一点没有长进。又有一部分是整日做苦工，没有机会求学，身体上疲乏得了不得，所做的工作是事倍功半，精神上得过且过……不做工的人，体力是逐渐消退了；不求学的人，心里又逐渐萎靡了；一代传一代，更衰退，更萎靡，岂不全是退化吗？新生活是每一个人，每日有一定的工作，又有一定的时候要求学……而且有一种学问，虽然与工作没有直接的联系，但是学了以后，眼光一日一日地远大起来，心地一日一日地平和起来，生活上无形中增进许多幸福。这还不是日日进步的吗？要是有一个人，肯日日做工，日日求学，便是一个新生活的人；有一个团里的人，都是日日做工，日日求学，便是一个新生活的团体。全世界的人都是日日做工，日日求学，那就是新生活的世界了。[③]"

附：蔡元培编撰及校订教科书概览

《中学修身教科书》5册，蔡振编，商务印书馆，1906年初版。

《新时代国语教科书(初小)》8册，胡贞惠著，新时代教育社编，蔡元培

① 王玉生：《蔡元培普通教育思想论纲》，中国社会科学出版社2009年版，第265页。

② 蔡元培：《邀范源濂任教育部次长的谈话》，《蔡元培全集(第2卷)》，第159页。

③ 吴研因、范善祥、周予同：《新学制教科书国语(初中第1册)》，商务印书馆1926年92版，第6—7页。

校阅,商务印书馆,1927年初版。

《新时代国语教科书(初中)》6册,胡怀琛等编辑,蔡元培校订,商务印书馆,1928年初版。

《新时代国语教科书》8册,胡贞惠编著,丰子恺书面设计,蔡元培、王云五校订,商务印书馆,1929年初版。

《初中国文教本》6册,张弓编著,蔡元培、江恒源校订,大东书局,1930年初版。

《基本教科书国语(初小)》8册,沈百英编纂,蔡元培、吴研因校订,商务印书馆,1931年初版。

《基本教科书国文教本(初中)》6册,周颐甫编纂,蔡元培校订,商务印书馆,1932年初版。

《初中党义教本(初中)》6册,陶百川编著,蔡元培校订,大东书局,1935年2月11版。

《全国学校国文成绩新文库乙编初集》,中央图书局编辑部编,蔡元培鉴定,中央编译局印行,时间不详。

第六章 杜亚泉:“为国家谋文化上之建设”

杜亚泉是中国近现代史上传播科学、普及科学知识的标志性人物,一位百科全书式的学者,蔡元培称其“脑力特锐,所攻之学,无坚不破,所发之论,无奥不宣”①。他早年创办的亚泉学馆是“后来私立大学的滥觞”②,由他创刊的《亚泉杂志》是中国最早的科学刊物,主编的《植物学大辞典》《动物学大辞典》分别成为学科的第一部大辞典,且“尤为科学界空前巨著”③,主编的《东方杂志》是中国杂志中“创刊最早而又养积最久之刊物”④。他从1898年开始投身教育教学实践,北大校长蒋梦麟、近代出版家章锡琛、《申报》主编张梓生都曾是他的学生。杜亚泉从1901年开始编撰出版中小学教科书,1904年应邀进入商务印书馆任编译所理化部主任后,以“为国家谋文化上之建设”⑤为宗旨而“朝夕编摩”⑥,即使在“全馆被毁,先生始蒙难而出,退休珂里,然犹任馆外编辑事,至病中不辍”⑦。他从1901年开始编辑从国文到自然科学乃至人生哲学等诸多学科教科书,是20世纪中国教科书史上编辑教科书种类与数目最多之人,并形成了丰富的教科书思想。

---

① 蔡元培:《杜亚泉君传》,汪家熔辑注:《中国出版史料(近代部分)第3卷》,湖北教育出版社2004年版,第463页。

② 袁翰青:《自学有成的科学编译者杜亚泉先生》,《袁翰青文集》,科学技术文献出版社1995年版,第221页。

③ 《东方杂志》编辑部:《追悼杜亚泉先生》,《东方杂志》1934年第1期,第303—304页。

④ 肖伊绯:《孤云独去闲:民国闲人那些事》,浙江大学出版社2012年版,第167页。

⑤ 杜亚泉:《记鲍成昌先生》,商务印书馆编:《1897—1987商务印书馆九十年——我和商务印书馆》,第10页。

⑥⑦ 张元济:《杜亚泉先生诔辞》,许纪霖、田建业:《一溪集:杜亚泉的生平与思想》,生活·读书·新知三联书店1999年版,第5页。

一、编撰(译)教科书最多的学者

杜亚泉(1873—1933)原名炜孙,字秋帆,笔名伧父、高劳,出生于绍兴伧塘的一个商人家。他16岁中秀才,18岁时乡试落榜,觉得"帖括非所学"[①],转而研习训诂学,致力攻读许氏《说文解字》。1894年,21岁的杜亚泉赴杭州求学,第二年参加岁试,在经学考试中获全郡第一。但他因甲午战败而震惊,"于是叹考据词章之汩人心性,而科举之误人身世也。翻然改志购译书读之,得制造局所译化学若干种而倾心焉,以谓天下万物之原理在是矣"[②],开始自学李善兰、华蘅芳编译的西学书籍。1898年,杜亚泉应绍兴中西学堂监督蔡元培之聘任该校数理教习,蔡元培认为"盖先生治学,自数学入手,而自修物理、化学及矿、植、动物诸科学也"[③],且十分敬佩,"虽无师,能自觅门径,得理化学之要领。与学堂同事研究东文文法,亦不久能直译东籍而无阻"[④]。杜亚泉与蔡元培一起提倡民权、女权、进化论等,"每提出一问题,先生与余往往偏于革新方面"[⑤]。1900年,杜亚泉在蔡元培辞去学堂监督职务时与之同时离开,前往上海。1901年开始编辑(译)、校订教科书,初步统计有87种225册。

1.1901—1902年,杜亚泉在普通学书室主持出版的"普通"系列是中国第一套中学堂教科书

1900年秋,杜亚泉到上海后自号为"亚泉",并创建亚泉学馆,招收学生学习理化、博物方面的知识。1901年,清政府新政兴学。杜亚泉在上海棋盘街创设普通学书室,"陆续编译《普通数学》《普通化学》《普通质学》《普通矿物学》《普通植物学》《普通动物学》《普通生物学》《普通英文典》等中等学堂教科书"[⑥]。当时,京师大学堂、南洋公学译书院及留日学生开始编译中等程度教科书,但较为零散,且并未统一冠名。这套落款为亚泉学馆编译、普通学书室出版的"普通"系列成为第一套专为中学堂编译的新式教科书。后普通学书室并入商务印书馆,这套教科书转由商务印书馆出版。如1901年6月,普通学书室初版发行亚泉学馆编译的《普通矿物学》,后增补为商

① 蔡元培:《杜亚泉君传》,《新社会》1934年第6卷第2号。
② 高力克:《调适的智慧——杜亚泉思想研究》,浙江人民出版社1998年版,第204页。
③ 蔡元培:《书杜亚泉先生遗事》,《新社会》1934年第6卷第2号。
④ 蔡元培:《杜亚泉君传》,《新社会》1934年第6卷第2号。
⑤ 蔡元培:《书杜亚泉先生遗事》,《新社会》1934年第6卷第2号。
⑥ 叶再生:《出版史研究(第2辑)》,中国书籍出版社1994年版,第231页。

务印书馆的《最新中学教科书矿物学》。《普通新历史》于1902年2月初版，1913年11月订增初版，1917年8月28版。普通学书室还发行有出洋学生编译所编著的《世界大事年表》等教学参考资料。

2.1902—1903年，杜亚泉在亚泉学馆编辑的《(绘图)文学初阶》是中国第一套按"字、词、句、段、篇"编排的语文教科书

1902年夏，浙江南浔庞氏浔溪公学发生学潮，杜亚泉应邀赴任该校校长，不久还创办越郡公学及三所小学。他认为"蒙学一事，不但为学生一身德行知识之基础，实为全国人民盛衰文野之根源，所关甚巨。近年来，有识之士见我国训蒙之法未臻妥善，亟思整顿。编辑蒙学之书者已若干家，体段粗具"①，强调"吾辈人入学堂读书，第一须能自己看书，明白书中之义。第二须思将来立世为人之法，若随班习课，心无所得，则徒费光阴耳，时不再来，吾辈宜刻刻用心也"②，于是编辑《(绘图)文学初阶》(6册)供蒙学堂三年教学使用。这套教科书卷1、卷2内容为"字"与"词"，卷3、卷4内容为"句"，卷5、卷6内容为"短篇"。汪家熔认为"新式教育提倡多年，课本建设摸索多年，至此，才大致走上正道"③。《(绘图)文学初阶》卷1"叙言"上写有"光绪二十八年荷月亚泉学馆编辑"④，版权页上则有"光绪二十九年岁次癸卯十月第一版、光绪三十二年岁次丙午年四月十五版"⑤，即1902年开始编辑，第1册正式出版发行1903年10月。

3.1904—1924年，杜亚泉在商务印书馆编撰出版百余种中小学自然科学教科书

教科书编辑的过程是教科书编辑者生命力彰显的过程，杜亚泉深刻地认识到普及知识的重要，"夫小学教育，每与国家以伟大之影响，时或收意外之殊绩者，非徒使识字人数增多，浅近知识普及而已，为其有无形之教旨，深入于人民之脑中，使之其趋于一致也"⑥。1904年，杜亚泉应邀进入商务印书馆任编译所理化部主任，他协助张元济组织编译人才、置备图书、拟定出版规划，迅速成为商务印书馆挑大梁的中坚力量。杜亚泉进入商务印书馆之后迅速编写了《最新格致教科书》《最新笔算教科书》《最新中学教科

---

① 杜亚泉:《(绘图)文学初阶(卷1)》,商务印书馆1906年15版,第1页。

② 杜亚泉:《(绘图)文学初阶(卷4)》,商务印书馆1906年11版,第32页。

③ 汪家熔:《商务印书馆史及其他——汪家熔出版史研究文集》,中国书籍出版社1998年版,第339页。

④ 同①,第1页。

⑤ 同②,封3。

⑥ 杜亚泉:《国民共同之概念》,《东方杂志》1915年第12卷第11号。

书植物学》等"最新教科书"。此后,他编译与编撰的教科书范围从初小到高中以及师范学校,涵盖动物、植物、矿物、数学、物理、化学、生理及农业等门类。初步统计他编纂(译)、校(译)订的教科书有:《普通矿物学》(署名为"亚泉学馆编",1903年)、《中学新撰植物学教科书》(1903年)、《最新中学教科书植物学》(亚泉学馆编译,1903年)、《最新笔算教科书》(1904年初版)、《最新高等小学理科教科书》(1904年)、《最新高等小学笔算教科书》(1905年)、《最新高等小学笔算教科书教授法》(1905年)、《化学新教科书》(1905年)、《理化示教》(1906年改正初版)、《简易格致课本》(1906年)、《最新初等小学格致教科书》(1906年)、《最新初等小学格致教科书教授法》(1906年)、《中学教科书矿物学》(署名为"亚泉学馆编",1906年)、《最新中学教科书用器画》(1906年)、《生理卫生新教科书》(1907年)、《物理学新教科书》(1907年)、《实验化学教科书》(1908年)、《中学动物学教科书》(1908年)、《矿物学讲义》(1912年)、《单级算术教科书》(1913年)、《新撰自然教科书(高等小学)》(1924年)、《共和国教科书新理科(高等小学秋季始业用)》(1912年)、《共和国教科书新理科教授法(高等小学)》(1912年)、《共和国教科书生理学(中学)》(1914年)、《普通教科书新理科(高等小学春季始业)》(1915年)、《共和国教科书植物学(中学)》(1913年)、《共和国教科书矿物学(中学)》(1916年)、《新时代民众学校自然课本》(1920年)、《新法理科教科书(高等小学秋季始业)》(1921年)、《新法理科教科书(新学制小学后期用)》(1922年)、《新学制自然教科书(初等小学)》(1923年)、《新学制自然教科书(高等小学)》(1923年)、《新学制自然科学教科书(初级中学)》(1923年)、《实用理科教科书》(1923年8版)、《新标准初中教本动物学》(1934年)、《中等学校教科书有机化学》(1924年)、《动物学讲义》(时间不详)等。王云五在杜亚泉著《小学自然科词书》序中称,杜氏"三四十年来编著关于自然科学的书百数十种"。[①] 章锡琛在《杜亚泉传略》中指出"馆中出版博物理化教科参考图籍,什九皆出君手"[②];又据杜亚泉的接任者胡愈之以《东方杂志》编辑部之名发表的《追悼杜亚泉先生》指出,"初期所出理科教科书及科学书籍,大半出于先生手笔"。[③]

---

① 王云五:《序》,见杜亚泉等:《小学自然科词书》,商务印书馆1934年版,第1页。

② 章锡琛:《杜亚泉传略》,见许纪霖、田建业:《一溪集:杜亚泉的生平与思想》,第16页。

③ 《东方杂志》编辑部:《追悼杜亚泉先生》,《东方杂志》1934年第31卷第1号。

4.1924—1929年，在新中华学院授课编成《人生哲学》，"尤为君精力之所萃云"

1924年，杜亚泉在上海自费创办新中华学院，为开发青年思想，开设人生哲学课。"鄙人在二三年前，曾一度任中等学校教职，与学生同居宿舍；工作余暇，常在宿舍中与青年学生为长时间的谈话，觉此等青年的思想，除为其日常习处的父兄师友所熏染外，大都从报张杂志上吸收。而现时报章杂志上所揭载，概为断片的常识，没有明确的系统和坚实的根据。所以青年学生，于社会上事物，往往不能为严切密致的批判；于自己的立身处世上，也就往往为时俗的见解所左右，不能自由的建设一理想，以为进取的目的；有时在西籍中节取片词隻语，不问其时代与地方的关系，亦不考求其赞成与反对各方面的批评，辄盲从轻信，为其奴隶；甚至政治党派上或国际策略上所宣传的标语口号，亦容易受其暗示而被其利用。"[①]于是"鄙人因此曾就近人编译书籍中，选其足以开发青年思想者数种，劝学生阅读；又就生物学、心理学、社会学、哲学、伦理学等科学中，搜辑其新颖警切的理论，每周为学生讲述一次。……惜逾年以后，学校以款绌停止。鄙人乃取搜集的材料，加以扩充与整理，编为此书，名《人生哲学》"[②]。蔡元培评价《人生哲学》时说："全书以科学方法探求哲理，对于各种学说，往往执两端而取其中，如唯物主义与唯心主义，个人与社会，欧化与国粹，国粹中之汉学与宋学，动机论与功利论，乐天观与厌世观，种种相对之主张，无不以折中之方法，兼取其长而调和。"[③]章锡琛认为《人生哲学》"尤为君精力之所萃云"[④]。

二、孜孜以求科学理性启蒙的教科书

科学(science)一词源于拉丁语词 scientia，即学问或知识，主要对追求客观事物规律性的认识，回答"是什么"和"为什么"等本质问题。科学作为人类认识世界(包括自身)、探索未知的一种实践和精神活动方式及其成果，是人类文化的重要部分。自19世纪以来，科学被定义为一种系统化的知识，被人们视为关于自然界、社会和思维的知识体系，现代意义学科门类逐渐形成。科学理性是科学主体特有的一种精神或认识能力，它促使科学主体从一定的本体观和理由出发去探索科学客体并按一定的规则进行推

---

①② 杜亚泉：《人生哲学》，商务印书馆1929年初版，1934年国难后第一版，第3页。

③ 蔡元培：《书杜亚泉先生遗事》，《新社会》1934年第6卷第2号。

④ 章锡琛：《杜亚泉传略》，见许纪霖、田建业：《一溪集：杜亚泉的生平与思想》，第17页。

理得出合乎逻辑的结论。科学理性不仅是人们认识自然和改造自然的强大精神武器,而且是人们完善自身和改良社会的巨大法宝。人们普遍认为社会生活的各个领域,人类文化的各个层面,都将在科学理性的引导与规范下,变得更加文明和进步。杜亚泉虽然是旧式科举出身,但他一直力图揭示各种矛盾缠绕的中国近现代历史的困境。他作为敏于感知中国社会之现状、深窥社会之病诟的知识分子,明确指出"是故吾人之天职,在实现吾人之理想生活,即以科学的手段,实现吾人经济的目的;以力行的精神,实现吾人理性的道德"①。杜亚泉孜孜以求于科学理性启蒙,在教科书编辑实践中形成了丰富的教科书编辑思想。

1. 教科书编辑的责任是"将世界之学,消化之而为我国之学",理想是"为国家谋文化上之建设"

教科书不是一般的文本,"虽然在某一阶段上明显体现了统治阶级的意识形态,但更多的是文化选择与文明进化的结果"②。杜亚泉深知小小的教科书承载着的文化使命,在受邀至商务印书馆时就已经明确教科书编辑理想是为国家文化建设,"时张菊生、蔡鹤卿诸先生,及其他维新同志,皆以编译书报为开发中国急务,而海上各印刷业皆滥恶相沿,无可与谋者,于是咸踵于商务印书馆,扩大其事业,为国家谋文化上之建设"③。为此,"先生始终没有放弃科学的立场,其对于人生观和社会观,始终以理智支配欲望为最高的理想,以使西方科学与东方传统文化结合为最后的目标"④。1905年,杜亚泉在纂译《化学新教科书》中,开篇明确"有一国独有之学,有世界公有之学。历史、地理、国文、政治、法律等,各国各有其性质。此一国独有之学也。自然界之学,原理之学,世界公有之学也。然世界公有之学中,亦有一国独有之学。如言博物则详于本国之所产,言理化则详于本国之艺术物品,以本国之材料佐证之,以本国之文字记载之,适于其国人之性质。如是,则虽世界公有之学,而实为一国独有之学……窃谓今日学者,欲将世界之学,消化之而为我国之学,则其责任有二,一曰输入,一曰精制。输入者,求新知识于他国以为材料。精致者,取外国之新理新法而考订之"⑤。杜亚

---

① 伧父:《战后东西文明之调和》,《东方杂志》,1917年第14卷第4号。

② 吴小鸥:《教科书,本质特性何在?——基于中国百年教科书的几点思考》,《课程·教材·教法》2012年第2期,第62—68页。

③ 杜亚泉:《记鲍成昌先生》,商务印书馆编:《1897—1987商务印书馆九十年——我和商务印书馆》,第10页。

④ 《东方杂志》编辑部:《追悼杜亚泉先生》,《东方杂志》1934年第31卷第1号。

⑤ 杜亚泉:《化学新教科书》,商务印书馆1905年初版,1906年4版,第1—2页。

泉以其学养、眼界追随新知，“于是为教科以普及之于国民，又搜罗本国之材料以充实之。至于使斯学中有所新发明，以贡献于世界，而后斯学乃为吾国之学。……苟吾国学人，各负其责任，则吾之所言，当得于吾身亲言之”①。杜亚泉编辑(译)教科书十分强调根据中国的实际情况以及中国学生的生活经验进行“精制”，如“凡教科书欲其适于本国教科之用，殆非以新意编纂不可。仅用译本，则其材料之排列，叙述之先后，未必全无窒碍。譬诸一物质，在彼国为习见者，可提出之，而由此以推出种种之新材料。若在此国，此物未必习见，则其次序即不能强同，又如文字名目之间，亦与教科之次序有关系。但在今日，尚为嚆矢之时，岂易遽言及此。惟有于他国之教科书中，就其窒碍之甚者，稍为改窜而已。此书大旨，虽悉从原书，而间有增补改窜之处”② 杜亚泉以开放心态、辩证分析和理性思考进行编撰，以引领新教育的进步。他甚至在极为清贫的时候仍然执着编辑中小学教科书，坚守文化担当的使命感和文化建设的理想。

2. 教科书取材强调“致用”“务实”，遵循“总以毕业后可供实际应用的为主”

经世致用是明清之际主张做学问有益于国计民生的学术思想。鸦片战争后，学习西学是经世致用在当时的现实展现。甲午战败后，杜亚泉希望通过激发民众对科学的兴趣，普及科学技术知识，实现救国的理想。他指出“普通学者，如经学、史学、文学、算学、格致之类，五伦将来欲习何业，皆有用处”③，所以在编辑教科书时，杜亚泉十分强调“取材处处注重实用”④。为了明确如何通过教科书讲求实学以济世救民，杜亚泉特别强调理科教科书中取材要关注人生、科学、生态等方面的条件要求，“教授理科，首在选择教材。选择教材之条件，(一)为对于人生之关系较为重要者。(二)为在科学上可以为模范者。(三)当注重于生态一方面，必其生活之理法，易于明显者。四、为易于采得实物者”⑤。为此，杜亚泉明确提出教科书取材要以学生在毕业之后实际应用为重要标准，“本书取材以下列三项为标准：(一)习见的事物为吾人所当理解的；(二)于个人生活有重要关系的；(三)于吾人思想上或社会生活上有重要关系的——总以毕业后可供实际

---

①② 杜亚泉：《化学新教科书》，商务印书馆 1905 年初版，1906 年 4 版，第 1—2 页。

③ 杜亚泉：《(绘图)文学初阶(卷 5)》，商务印书馆 1903 年 1 版，第 75 页。

④ 凌昌焕、杜亚泉：《新法理科教科书(新学制小学后期第 1 册)》，商务印书馆 1923 年 21 版，第 1 页。

⑤ 杜亚泉、杜就田：《共和国教科书新理科(高小第 1 册)》，商务印书馆 1912 年 4 版，第 1 页。

应用的为主"[①]。杜亚泉还强调教科书的材料要简单明了,密切联系生活,如"此书非为习医者计,乃供生徒研究之用,一切力求简明,切近凡奥衍难记,艰深无用者一概不及,所以省脑,力求实用也。此书论生理处,旁及卫生之大意,庶学者可略知治疗感冒等症之梗概,以为日用所必需。卷末更附食物分析表,以供参考之用"[②]。由于20世纪初西方现代科学迅猛发展,杜亚泉在选择教科书的材料时注重不断补充更新,让学生了解最新的科学技术发明及其应用,如"本书教材,较之旧时中学教科书,间有略加扩充之处,以应实势的要求。如本册中关于电学的教材,约增十之二三。以现时都市中电气事业日益兴盛;机械日益新颖。中等学校学生,对于电学的知识,不能不随同进步"[③]。"理化一方面,依现时之趋势,加入新颖之教材;例如蒸汽涡轮、爆发机关之类。"[④]教科书取材得当与否直接影响到教科书能否为学生提供智慧资源,杜亚泉强调实用,贯通人生、科学、生态之意义并不断拓展,真是"尽了当时最大的任务"[⑤]。1930年,杜亚泉专门发表《自然科教材的选择》一文,提出"至何方面最为重要,何方面可以简略,尤为选择教材的先决问题。……选择教材须就儿童的知力与情意两方,斟酌难易"[⑥]。进一步明确教科书取材中的一些问题。

3. 教科书编排必须遵从"顺序""关系",眉目清晰地建构知识,小学"逐课提示、随时联络",中学"不可不为系统的叙述"

教科书是一种赋予教学意义的结构化存在,"学生的认知结构与系统的教材知识结构有着密切的关系"[⑦]。杜亚泉有着丰富的教学实践经验,明确提出教科书编排要科学地组成一个合理的结构序列。"教材之排列,必从时节之顺序,而科学上之关系及生态上之关系,前后次序,尤不可不注意,是为兹编排列教材之意趣。"[⑧]从教育的阶段而言,小学与中学是不同的教育层次,所以"小学教科之教材,逐课提示,随时联络。而中学教材,不可

① 杜亚泉:《新学制自然教科书(第1册)》,商务印书馆,1932年国难后1版,1932年国难后3版,第1页。

② 杜亚泉、杜就田:《中学生理学教科书》,商务印书馆1922年17版,第1页。

③ 杜亚泉:《新学制教科书自然科学(初中第4册)》,商务印书馆1926年10版,第2页。

④ 杜亚泉:《新撰自然科教科书(高小第1册)》,商务印书馆1924年初版,第1页。

⑤ 《东方杂志》编辑部:《追悼杜亚泉先生》,《东方杂志》1934年第31卷第1号。

⑥ 杜亚泉:《自然科教材的选择》,《自然界》1930年第5期,第1页。

⑦ 陈侠:《学校课程编订和实施中应处理好的十大关系》,课程教材研究所编:《课程教材研究十年》,人民教育出版社1993年版,第49页。

⑧ 杜亚泉、杜就田:《共和国教科书新理科(高小第1册)》,第1页。

不为系统的叙述。盖系统明了，则学者易于汇通，便于记忆”[①]。从不同学科的角度而言，要考虑不同学科知识以及同一学科知识的出现的科学性，遵循儿童心理发展及学习心理的基本规律，如“故全书首列绪论，次述消化、循环、呼吸、排泄、神经、骨骼、筋肉、皮肤、五官，末为结论，共分十一篇，以示斯学之概略。各章之中又分节，以清眉目者。至章节之下，复统刮大要，列为一表，俾得引端索绪，一览瞭然。……又因此科先物理化学而教授，故凡与物理化学相关者，不敢稍涉艰深致蹈躐等之弊”[②]。教科书编排不仅注重从直观到抽象、从简单到复杂逐渐建构的顺序，而且强调在按照编、章、节、课的多层级编排时，要注重归纳提炼，通过纲举目张清晰明了地将知识系统化。如“各编分章分节，节下或更分项目；于混合中仍分析清楚，务使学生理解明瞭。每章或每节后，更将讲授事项，作表汇列；随时示学生以归纳的方法，并引起学生对于系统的研究”[③]，“本书前后各课有联络或比较处，以及每课中有十分重要处，特提出作成一表，附在课文的后面”[④]。教科书是用于教学活动的文本，杜亚泉在教科书编排时将教授目的及其步骤的预设计等事项明确指示，如小学阶段“教授理科，不在记忆其文字，而在洞澈其事理。教授时宜先指示实物，按教授法之次序讲演。名词之指点，要项之提揭，随时示文字图画于黑板。讲演毕，然后授以教科书之文字。分数时数教授者，即可分数段讲演。全课毕后，揭教科之要点，令学生笔记，以助其记忆”[⑤]。为体现教育教学的科学性，他在教授法中进一步强调说明“教授理科，以观察实物为最要，实物难得，始以标本或图画代之。凡有为学生所宜知者，已图入教科书内。准备材料，为预备中一重要之事。教师宜在校地四周，时时寻览，以观书中所需教材。在本地上有无生产，能否于授课之期日，采取应用，如万不能得，即宜择取相当之品物置换之，其有宜率学生为野外实验者，亦应预先相定其所在，庶费时少而收效多矣”[⑥]。为达到科学启蒙的目的，杜亚泉十分注重让学生通过观察、实验等获得大量的直接经验后提炼为间接经验的编排和教授事项，如“本书教授事项，先后互相联络贯串；诸事项的提示，必以已经教授的或学生已知的事项为基

---

① 杜亚泉：《（增订）共和国教科书植物学（中学）》，商务印书馆 1921 年 27 版，第 1 页。

② 杜亚泉、凌昌焕：《共和国教科书生理学》，商务印书馆 1916 年 3 版，第 1 页。

③ 杜亚泉：《新学制教科书自然科学（初中第 1 册）》，商务印书馆 1932 年国难后 1 版，1932 年国难后第 3 版，第 1 页。

④ 凌昌焕、杜亚泉：《新法理科教科书（新学制小学后期第 1 册）》，第 1 页。

⑤ 杜亚泉、杜就田：《共和国教科书新理科（高小第 1 册）》，第 1 页。

⑥ 杜亚泉、杜就田：《新理科教授法（高小第 1 册）》，商务印书馆 1912 年初版，第 1—2 页。

础,循序渐进。……本书前三册教授事项,多系具体的、现实的、比较简单的;至抽象的、理论的、繁杂的事项,概入第四册中”[①]。杜亚泉在教科书编辑时探寻科学知识结构、教科书逻辑结构、学生认知结构三者的有效契合,以体现科学启蒙自身的科学性。

4.教科书问题设计的功能、内容、形式等都要引导学生多角度探究,提升教学时效

杜亚泉1898年进入教育实践领域,1901年开始有针对性地进行教科书编辑,深知“教育的革新,不是单就理想上说的;必须把理想表现于事实纔行。但是理想愈进,实行愈难;这也是一个定理”[②]。他十分注重问题对儿童思维训练的诱导和多方位思考的功能,在编辑《(绘图)文学初阶》时就设计大量开放式问题,并在问题中选入大量自然科学知识等,这些都是前所未有的成就,使得语文教科书由传统的玄妙笼统的教化型渐渐向讲究科学系列的能力型,为其后的现代教科书的编写提供了一种全新的范式。如《(绘图)文学初阶》课文中的问题以“法问”命名,卷1、卷2形式有填空、比较、问答等,如卷1第106课内容为“高于山、快于马、疾于电、贤于我”,其“法问”为“明于〇、红于〇、〇于冰”[③]。卷1第51课内容为“买进、卖出、收进、付出”,其“法问”为“买与卖何别?”[④]巧妙地运用了迁移、类比等学习心理规律。此外,“法问”部分还有指导教师如何教学的方法,还有的是问题与答案同时呈现,甚至还编排了一点白话文内容,如卷1第119课为“花开矣,月出矣。他来矣,吾往矣”。其“法问”为“花开矣,三字俗语如何说法?答,花开了”[⑤]。卷3、卷4“法问”,形式有问答、论证、续写等。为了提高学生的阅读理解能力,杜亚泉十分注重突出中心,引导学生进一步思考。如卷4第3课内容为:“一株大树,有红花开于其上,花落之后,能结桃子,吾等可採而食之。”其“法问”为:“汝等知桃子如何结成?有开红花而不结桃子者乎?”[⑥]卷4第58课内容为:“一童子放纸鸢,二女抛线球,纸鸢之线,忽挂在树枝上,不能牵动,其一女孩,为之取竿拔下。”其“法问”为“课末试再须

---

① 杜亚泉:《新学制教科书自然科学(初中第1册)》,商务印书馆1932年国难后1版,1932年国难后3版,第2页。

② 杜亚泉:《小学自然科教学法》,商务印书馆1931年初版,第1—4页。

③ 杜亚泉:《(绘图)文学初阶(卷1)》,商务印书馆1906年15版,第28页。

④ 同上,第16页。

⑤ 同上,第31页。

⑥ 杜亚泉:《(绘图)文学初阶(卷4)》,商务印书馆1906年11版,第2页。

一二句”[①]。杜亚泉在“法问”中“试”字的大量使用,是对学生大胆想象的鼓励。卷5、卷6是短“篇”学习,课后无“法问”。在各类理科教科书中,杜亚泉问题设计更是丰富多彩,基本是问题引领教学与思维,如他用混合编制编辑的《新学制自然科学教科书(初级中学)》第1册“以动植矿物为主,他科为辅”,设计问题134个。第2册“以物理为主,他科为辅”[②],“主课为力、热、音、光、诸现象;辅课为气象和生物的重要生态”[③],设计问题139个。第3册“以化学为主,他科为辅”[④],“主课为理论化学、无机化学、有机化学及工业化学,辅课为磁学和矿物学”[⑤],设计问题211个。第4册“以理化为主,他科为辅”[⑥],“主课为电学及放射元素;辅课为地质及生物学”[⑦],设计问题232个。问题随着年级的增长呈上升趋势,而且形式与内容也多样化,如第1册“并于问题中加入计算问题,使学生经过演算后,对于提示的现象和结论”[⑧]。杜亚泉积极实地教学,以使更了解师生的需求和教学的发展变化,通过精心设计问题,希望学生养成探究学习的习惯与能力,提升教学的时效,“是故吾人之天职,在实现吾人之理想生活,即以科学的手段,实现吾人经济的目的;以力行的精神,实现吾人理性的道德”[⑨]。

5.教科书参考书目“殆不可少”,名词术语“多附英文”,以预备研究及应用

杜亚泉认为编辑教科书应该在博采众长后进行创新,明确提出“教材之参考书,殆不可少”[⑩]。他注重将最新的中外教科书及学术著作广泛参考后,将同类内容进行比较而取其最佳,如“此书系日本理学博士三好学原著,译述之时,更参考三好氏所著之中等教育植物学教科书、植物中教科书及高桥、丹波、柴田诸氏合译之普通植物学,白井光太郎所著之中等植物教科书,互相比较,其间序次详略互异之处,斟酌而从其宜。故译本与原书不

① 杜亚泉:《(绘图)文学初阶(卷4)》,商务印书馆1906年11版,第18页。

②③ 杜亚泉:《新学制教科书自然科学(初中第2册)》,商务印书馆1932年国难后1版,1932年国难后3版,第1页。

④ 杜亚泉:《新学制教科书自然科学(初中第3册)》,商务印书馆1932年国难后1版,1932年国难后2版,第1页。

⑤ 杜亚泉:《新学制教科书自然科学(初中第3册)》,商务印书馆1925年初版,1932年国难后1版,1932年国难后2版,第1页。

⑥⑦ 杜亚泉:《新学制教科书自然科学(初中第4册)》,商务印书馆1926年10版,第1页。

⑧ 杜亚泉:《新学制自然教科书(第1册)》,商务印书馆1923年4版,第1页。

⑨ 伧父:《战后东西文明之调和》,《东方杂志》1917年第14卷第4号。

⑩ 徐善祥、杜亚泉、杜就田:《共和国教科书动物学》,商务印书馆1923年15版,第1—2页。

同之处,约百之三四。然皆有所折衷,非敢妄自窜易”①。为方便学生和教师一一查找,同时尊重其他研究者,杜亚泉常常将主要的参考书目在教科书中一一列举,如《共和国教科书动物学》列举有中文、英文参考书目:国文《动物新论》(杜就田译)、《民国教科书动物学》(丁文江编)、《动物新教科书》(王季烈译)、日本文《中等动物学教科书二卷》(五岛清太郎著)、《新撰动物学二卷》(会田龙雄著)、《动物学讲义上卷》(石川千代松著)、《海之动物研究》(神野浅治著)、《最近昆虫学》(松村松年著),英文 *Anatomy of vertebrated animal*、*Anatomy of iuvertebrated animal*、*Text-book of zoology*、*The natural history of animals*。② 《人生哲学》参考书目有樊炳清编《哲学词典》,唐敬杲编《新文化辞书》,日本冈村周谛著、汤尔和译《生物学精义》,H. E. Cushnan 著、瞿世英译《西洋哲学史》,黄忏华编《西洋哲学史》,日本新潮社著、过耀根译《近代思想》,日本十时弥编《心理学纲要》、日本中岛德茂编《伦理学要领》,日本三浦藤作编《心理学大集成》《伦理学大集成》,日本高田保马编、杜辉孙译(发刊中)《社会学概论》,日本小山东助编、杜辉孙译(发刊中)《社会进化论》,李石岑著《人生哲学》③。杜亚泉是一位严谨的学者,为了便于学生的学习及应用,还十分注重在各科教科书中将学术名词附上外文原词,如《共和国教科书植物学》,“本于术语之下,附记英文,植物科目之下,附记腊丁名。植物名称之自西文转译者,亦附记学名。为学者研究欧文植物学之预备”④。《共和国教科书生理学》“于术语名称之下,多附记英文,为学者研究英文生理学之预备”⑤。《新学制初级中学教科书自然科学》“名词、术语,重要的附注英文;以便毕业后研究英文书籍,或在工商业事业上应用”⑥,博采众长的视域是杜亚泉编辑教科书的创新源泉。

三、商务印书馆的“绍兴帮”

浙江人乡土观念较重,较为注重亲邻相帮、团结协作,有着强烈的群体

---

① 杜亚泉:《中学新撰植物学教科书》,商务印书馆 1913 年 17 版,第 2 页。

② 徐善祥、杜亚泉、杜就田:《共和国教科书动物学》,第 1—2 页。

③ 杜亚泉:《人生哲学》,第 1—5 页。

④ 杜亚泉:《共和国教科书植物学》,商务印书馆 1917 年 14 版,第 1—2 页。

⑤ 杜亚泉、凌昌焕:《共和国教科书生理学》,第 2 页。

⑥ 杜亚泉:《新学制教科书自然科学(初中第 1 册)》,商务印书馆 1923 年初版,1932 年国难后 1 版,1932 年国难后 3 版,第 2 页。

意识和合作精神，客观存在的同乡、同年、同事关系，以及师生、朋友、亲属情谊，交织成一个巨大的群体网络，以相互支持、相互帮助、相互合作的形式不断地发生互动。晚清时期的浙江绍兴，思想激越，人才辈出。杜亚泉生长于斯，因其才华出众，在同乡中威信较高。1902 年前后，他任绍兴七县同乡会议长。1903 年绍兴同乡会在上海议决设绍兴教育会，推举蔡元培、杜亚泉为庶务。绍兴乡人之间互相帮助、互相提携是增强他们凝聚力的重要因素，但绝不仅仅止于此，志同道合无疑更为重要。如 1903 年春，蔡元培、杜亚泉、寿孝天、杜山佳、杜海生等 23 人在绍兴和畅堂附近大能仁寺创办越郡公学。虽然越郡公学不到一年停办，但他们都认识到教育启蒙之重要。杜亚泉进入商务印书馆任理化部主任之后，引进杜山佳、杜山次、杜就田、寿孝天、骆师曾、章锡琛、杜其堡等绍兴籍知识分子，亲自在商务印书馆培育了中国第一个自然科学教科书编辑团队。其中，杜山佳是杜亚泉的族叔，“1891 年，杜氏应乡试落第，始弃呫括之学而转从族叔杜山佳治训诂学，攻读许氏《说文》”[①]。杜山次是杜亚泉的叔叔、杜海生的哥哥，杜就田是杜亚泉的堂弟，杜其堡(字若城)是杜就田的侄子、杜亚泉的堂侄。

当时杜亚泉在同乡之间的引荐原则是唯才是用。如杜其堡少时就随杜亚泉到上海，先后就读于上海华童公学和圣方济中学。中学时代就掌握了英、德、法三门外语，并积累了很多自然科学知识，1916 年考入天津北洋大学采矿科，潜心攻读地质学、矿物学的专门知识。1920 年毕业后，到商务印书馆编译所任理化部编辑，1923 年编辑中学教科书《矿物学》，经翁文灏、任鸿隽校订。1926 年，又新编初中《矿物学》，署名杜若城。1926 年起用四年的时间独立完成《地质矿物学大词典》的编纂，这“是我国第一部地质矿物学辞典”[②]，翁文灏为之作序。

商务印书馆编译所理化部成为 20 世纪初期中国最有影响的普及和传播近代科学知识的机构，培养了大量的编辑出版人才。如章锡琛经杜亚泉的叔叔杜海生介绍到商务印书馆的第一件事就是翻译日文杂志上一篇居里夫人的传记，因杜亚泉了解到章锡琛在绍兴东文传习所学过一段时间的日文。但章锡琛实际上只学过几个月，懂得不多，可贵的是他凭借自己的韧劲，用两天时间借助字典把它译出来，登在第 8 卷第 11 号的《东方杂志》上。章锡琛后来成为开明书店创始人，会集夏丏尊、叶圣陶、丰子恺、林语

---

① 高力克:《调适的智慧:杜亚泉思想研究》,第 8 页。

② 潘云唐:《杜氏三杰:我国科技术语工作的先驱》,《科学术语研究》2003 年第 3 期,第 47—48 页。

堂、朱自清等一大批新锐知识分子，大力推进教科书改革，推出了《开明国语课本》《开明英文文法》《国文百八课》等影响极大的中小学教科书，并直接影响到新中国教科书的建设。

茅盾曾说："理化部是绍兴帮，除校对之类也许不是绍兴人。"[①]杜亚泉在编辑人员之间做了大致的分工，他自己从事植物矿物编辑，引进杜就田负责动物学，寿孝天、骆师曾负责编辑数学，章锡琛等负责搜集资料编辑教科书。他们精诚团结，分工合作，"编辑时同志三四人，就东西书籍中，分任搜集，商定节目，易稿四五次，写定稿"[②]。后来，周建人、竺可桢等绍兴籍知识分子也一度致力于自然科学教科书的编写，竺可桢在王云五主持编译所期间曾受聘为编译所史地部主任，负责史地教科书的出版，推动地理科学知识的普及。

杜亚泉在负责商务印书馆自然科学教科书的组织、计划、编辑、校对等工作的过程中，协同商务印书馆"绍兴帮"共同创造了 20 世纪中小学理科教科书编撰史上的最辉煌篇章。对于团队合作，杜亚泉在 1917 年 7 月《东方杂志》14 卷 7 号发表的《未来之世局》中还指出："同一团体中，互相协作。未尽知地力，悉开发之；羡余之人力，悉利用之。"[③]现将杜亚泉及商务印书馆"绍兴帮"编辑（译、纂）、校（译）订的教科书初步统计如下：

《化学定性分析》1 册，[日]平野一贯、河村汪合著，杜亚泉翻译，蔡元培撰写序文，普通学书室汇编，1901 年初版。

《支那文明史论》1 册，[日]中西牛郎著，普通学书室翻译出版，1901 年初版。

《普通新历史（高小）》1 册，普通学书室编，1902 年初版。

《普通矿物学》第 1 卷，亚泉学馆编，普通学书室出版，1903 年初版。

《普通植物学教科书》1 册，亚泉学馆编，普通学书室出版，1903 年初版。

《（绘图）文学初阶》6 卷，杜亚泉编辑，商务印书馆，1903 年初版。

《理化示教（高小）》1 册，杜亚泉编译，1903 年普通学书室初

① 茅盾：《茅盾全集（34）：回忆录一集》，人民文学出版社 1997 年版，第 121 页。

② 徐善祥、杜亚泉、杜就田：《共和国教科书动物学》，第 1 页。

③ 杜亚泉：《未来之世局》，《东方杂志》1917 年第 7 期，第 2—6 页。

版，1906 年商务印书馆改正出版。

《博物示教》1 册，杜就田编译。

《新撰植物学教科书》1 册，[日]三好学著，杜亚泉译述，商务印书馆，1903 年初版。

《最新中学教科书植物学》1 册，亚泉学馆编译，商务印书馆，1903 年初版。“此书由杜亚泉‘迻译并增补’”。

《中学新撰植物学教科书》1 册，杜亚泉编纂，商务印书馆，1903 年初版。

《最新笔算教科书》5 册，徐隽编纂，杜亚泉、张元济校订，商务印书馆，1904 年初版。

《最新笔算教科书教授法(初小)》5 册，徐隽编纂，杜亚泉、张元济校订，商务印书馆，1904 年初版。

《最新高等小学理科教科书》4 册，谢洪赉编纂，杜亚泉、张元济校订，商务印书馆，1904 年初版。

《最新高等小学笔算教科书》4 册，王兆枬、杜亚泉编纂，商务印书馆，1905 年初版。

《最新高等小学笔算教科书教授法(高小)》4 册，王兆枬、杜亚泉编纂，商务印书馆，1905 年初版。(第 3 册为寿孝天、杜亚泉编纂)

《中学化学新教科书》1 册，[日]吉田彦六郎著，杜亚泉译，商务印书馆，1905 年初版。

《简易数学课本》上、下编，寿孝天编辑，商务印书馆，1906 年初版。

《化学新教科书》1 册，杜亚泉纂译、杜就田参订，商务印书馆，1905 年初版。

《简易格致课本》1 册，杜亚泉编纂，商务印书馆，1906 年初版。

《最新初等小学格致教科书》3 册，杜亚泉编辑，商务印书馆，1906 年初版。

《最新初等小学格致教科书教授法》3 册，杜亚泉编辑，商务印书馆，1906 年初版。

《高等小学算术教本》见第 4 册，寿孝天编辑，杜亚泉校订，商务印书馆，1906 年初版。

《中学教科书矿物学》1 册，亚泉学馆编译，商务印书馆，1906

年初版。

《最新中学教科书矿物学》1册,杜亚泉编译,商务印书馆,1906年初版。

《最新中学教科书用器画》1册,孙钺编辑,杜亚泉校订,商务印书馆,1906年初版。

《中学生理学教科书》1册,[日]坪井次郎著,杜亚泉、杜就田编译,商务印书馆,1907年初版。

《中学植物学教科书》1册,[日]松村任三、齐田功太郎著,杜亚泉、杜就田译订,寿芝荪翻译,商务印书馆,1907年初版。

《(修订)生理卫生新教科书(中学及师范)》1册,[日]三岛通良著,孙佐编译,杜亚泉、杜就田校订,商务印书馆,1907年初版。

《中学物理学新教科书》1册,[日]中村清二著,杜亚泉编译,商务印书馆,1907年初版。

《新撰植物学教科书》1册,[日]三好学著,杜亚泉编译,商务印书馆,1907年初版。

《初等矿物学教科书》1册,[日]横山又次郎著,杜亚泉、杜就田合译,商务印书馆,1907年初版。

《格致课本》2册,杜亚泉编纂,商务印书馆,1907年初版。

《格致课本教授法》2册,杜亚泉编纂,商务印书馆,1907年初版。

《算术教本(珠算部)》见第1、2册,孝天编纂,张延华校订,商务印书馆,1907年初版。

《中学算术教科书(中学及师范)》,徐光连编,黄元吉、寿孝天校,商务印书馆,1907年初版。

《中学新撰动物学教科书》1册,凌昌焕、许家庆编译,杜亚泉、杜就田校订,商务印书馆,1908年初版。

《实验化学教科书》1册,杜就田编辑,杜亚泉校订,商务印书馆,1908年初版。

《(改订)中学动物学教科书》1册,杜就田、孙佐同编译,杜亚泉校,商务印书馆,1908年初版。

《博物学教授指南》1册,[日]山内繁雄等著,杜亚泉译,商务印书馆,1908年初版。

《实用几何学初步(中学及师范)》,[日]森外三郎原译,华凤章译述,寿孝天、骆师曾校订,商务印书馆,1908年初版。

《蓋氏对数表(附用法)》1册,[德]盖氏(F. G. Gauss)著,[日]宫本藤吉原译,杜亚泉、寿孝天重译,商务印书馆,1909年初版。

《高等小学算术书》,王家葵等编,寿孝天等校,商务印书馆,1909年初版。

《动物新论》1册,[日]箕作佳吉著,杜就田、许家庆译述,杜亚泉校订,商务印书馆,1910年初版。

《师范学堂生理卫生学》册数不详,杜亚泉编纂,商务印书馆,1910年以前。

《初级师范学校动物学教科书》册数不详,杜亚泉编纂,商务印书馆,1910年初版。

《高等小学农业教科书》册数不详,杜亚泉、严保成合编,商务印书馆,1910年以前出版。

《汉译温德华士高中代数学》1册,[美]温德华士(G. A. Wentworth)著,屠坤华译述,寿孝天、骆师曾校订,商务印书馆,1910年初版。

《汉译温氏高中三角法》1册,[美]温特沃思(G. A. Wentworth)著,顾裕魁译述,寿孝天、骆师曾校订,商务印书馆,1911年初版。

《实验植物学教科书》1册,[日]三好学著,杜亚泉编译,商务印书馆,1911年初版。

《球面三角法新教科书》1册,沈秉焯编译,寿孝天、骆师曾校订,商务印书馆,1911年初版。

《中等平三角教科书》,[英]托德罕忒(Todhunter)著,[日]中失德译,崔朝庆重译,赵秉良、寿孝天校订,商务印书馆,1911年初版。

《中学植物学教科书》1册,[日]松村任三、齐田功太郎著,杜亚泉、杜就田译,商务印书馆,1912年8月6版。

《矿物学讲义(师范讲习社)》1册,杜亚泉编纂,商务印书馆,1912年初版。

《动物学讲义(师范讲习社)》1册,杜亚泉、杜就田述,商务印书馆,1912年初版。

《博物学初步讲义(师范讲习社)》1册,杜亚泉、杜就田编纂,商务印书馆,1912年初版。

《(订正)最新笔算教科书(高小)》4册,王兆枬、杜亚泉编纂,商务印书馆,1912年初版。

《(订正)最新格致教科书(初小)》3册,杜亚泉编辑,商务印书馆,1912年初版。

《共和国教科书新算术(初小)(珠算)》2册,寿孝天编,商务印书馆,1912年初版。

《共和国教科书新算术(初小春季)(笔算)》8册,寿孝天编纂,商务印书馆编译所校订,商务印书馆,1912年初版。

《共和国教科书新算术教授法(初小春季)(笔算)》8册,寿孝天编纂,商务印书馆编译所校订,商务印书馆,1912年初版。

《共和国教科书新算术(高小春季)(笔算)》6册,骆师曾编纂,寿孝天校订,商务印书馆,1912年初版。

《共和国教科书新算术教授法(初小秋季)(笔算)》8册,寿孝天编纂,商务印书馆,1912年初版。

《汉译温德华士几何学》1册,张彝译述,寿孝天等校订,骆师曾参订,商务印书馆,1912年初版。

《普通教育代数教科书》1册,顾澄著,寿孝天、骆师曾校订,商务印书馆,1912年初版。

《平面几何学新教科书》1册,[日]菊池大麓著,黄元吉译述,寿孝天校订,商务印书馆,1912年9版。

《中学几何学初步教科书》1册,[日]长泽龟之助著,萧屏译,寿孝天、骆师曾校订,商务印书馆,1912年初版。

《共和国教科书新理科(高小春季)》6册,杜亚泉、杜就田编纂,商务印书馆,1912年初版。

《共和国教科书新理科教授法(高小春季)》6册,杜亚泉、杜就田编纂,商务印书馆,1912年初版。

《共和国教科书新理科教授法(高小春季)》6册,杜亚泉、杜就田编纂,商务印书馆,1912年初版。

《单级算术教科书(初小)》12册,寿孝天、邓庆澜编纂,陈宝泉、杜亚泉校订,商务印书馆,1913年初版。

《(订正)算书教本(高小)(笔算)》4册,寿孝天编纂,杜亚泉、骆师曾校订,第2册1913年9版。

《(订正)算书教本(高小)(笔算)》4册,寿孝天编纂,杜亚泉、骆师曾校订,第2册1913年9月3版。

《共和国教科书新算术(初小秋季)(乙种笔算)》8册,寿孝天编纂，商务印书馆编译所校订，商务印书馆，1913 年初版。

《共和国教科书新算术教授法（初小秋季）（乙种笔算）》8 册，寿孝天编纂，商务印书馆，1913 年初版。

《共和国教科书新算术（高小秋季）（笔算）》6 册，骆师曾编纂，寿孝天校订，商务印书馆，1913 年初版。

《共和国教科书新算术（高小）（珠算）》3 册，骆师曾编纂，寿孝天校订，商务印书馆，1913 年初版。

《共和国教科书代数学（初中）》上、下卷，骆师曾编，寿孝天校，商务印书馆，1913 年初版。

《共和国教科书算术（中学）》1 册，寿孝天编，骆师曾校订，商务印书馆，1913 年初版。

《共和国教科书中学用器书图式》1 册，黄元吉编著，寿孝天、骆师曾校订，商务印书馆，1913 年初版。

《共和国教科书平三角大要（中学）》1 册，黄元吉编纂，寿孝天、骆师曾校订，商务印书馆，1913 年初版。

《单级算术教科书（初小）》12 册，寿孝天、邓庆澜编纂，陈宝泉、杜亚泉校订，商务印书馆，1913 年初版。

《共和国教科书新理科（高小秋季）》6 册，杜亚泉、凌昌焕、杜就田编纂，商务印书馆，1913 年初版。

《共和国教科书新理科教授法（高小秋季）》6 册，杜亚泉等编纂，商务印书馆，1913 年初版。

《共和国教科书新理科教授法（高小秋季）》6 册，杜亚泉、杜就田编纂，商务印书馆，1913 年初版。

《共和国教科书植物学（中学）》1 册，杜亚泉编纂，王兼善、杜就田校订，商务印书馆，1913 年初版。（此书所见有增订本，1913 年初版，1921 年 27 版）

《几何学讲义立体部》1 册，[日]上野清著，张廷华译述，骆师曾等校订，商务印书馆，1913 年初版。

《共和国教科书生理学（中学）》1 册，杜亚泉、凌昌焕编纂，商务印书馆，1914 年初版。

《共和国教科书矿物学（中学）》1 册，杜亚泉编纂，商务印书馆，1914 年初版。

《算术教科书（半日学校）》6 册，寿孝天、骆师曾编纂，商务印书馆，1914 年初版。

《共和国教科书立体几何(中学)》1册,黄元吉编纂,寿孝天校订,商务印书馆,1915年初版。

《共和国教科书动物学(中学)》1册,徐善祥、杜亚泉、杜就田编纂,商务印书馆,1915年初版。

《普通教科书新理科(高小春季)》6册,杜亚泉、杜就田编纂,商务印书馆,1915年初版。

《(订正)算书教本(笔算)(高小)》4册,寿孝天编纂,杜亚泉、骆师曾校订,商务印书馆,第2册1913年9月3版。

《新编植物学教科书》1册,杜亚泉编纂,商务印书馆,1915年增订版。

《(增订)最新中学教科书植物学》见第1册,[美]甘惠德著,杜亚泉校订,商务印书馆,1915年初版。

《共和国教科书新算术教案(国民学校春季)》8册,骆师曾编纂,寿孝天校订,商务印书馆,1917年初版。

《民国新教科书几何学问题详解(中学及师范)》1册,崔朝庆编,寿孝天校订,商务印书馆,1918年初版。

《平面三角法讲义》1册,匡文涛编纂,寿孝天校订,商务印书馆,1919年初版。

《民国新教科书三角学问题详解(中学及师范)》1册,崔朝庆编,寿孝天校订,商务印书馆,1919年初版。

《民国新教科书算术问题详解》1册,崔朝庆编,寿孝天、刘远尘校订,商务印书馆,1919年初版。

《新时代民众学校自然课本》1册,凌昌焕编纂、杜亚泉校订,商务印书馆,1920年初版。

《新法算术教科书(高小)(珠算)》6册,徐增编纂,寿孝天、骆师曾校订,商务印书馆,1920年初版。

《汉译何鲁陶三氏代数学》上、下册,[美]Hawkes、Luly、Touton著,唐楩献、贺延年译述,寿孝天、刘远尘校订,商务印书馆,1920年初版。(书名原文:*First Course in Algebra*)

《新法算术教授案(国民学校)》8册,寿孝天编纂,骆师曾校订,商务印书馆,1920年初版。

《新法算术教授书(高小)》6册,樊平章等编纂,杨嘉椿、寿孝天校订,商务印书馆,1920年初版。

《新法算术自习书(高小)》6册,樊平章等编纂,杨嘉椿、寿孝天校订，商务印书馆，1920 年初版。

《新法算术教科书(高小)》6 册，樊平章等编纂，杨嘉椿、寿孝天校订，商务印书馆，1920 年初版。

《新法理科教科书(高小秋季)》6 册，凌昌焕编纂，杜亚泉、吴家煦校订，商务印书馆，1920 年初版。

《新法理科教科书(高小春季)》6 册，凌昌焕编纂，杜亚泉、吴家煦校订，商务印书馆，1921 年初版。

《新法算术教科书(国民学校)》8 册，寿孝天、骆师曾编校，寿孝天、骆师曾编校，商务印书馆，1921 年初版。

《新法理科教科书(小学后期)》4 册，凌昌焕、杜亚泉编纂，商务印书馆，1922 年初版。

《新法笔算教科书(小学后期)》4 册，寿孝天编纂，骆师曾校订，商务印书馆，1922 年初版。

《实用理科教科书(高小)》6 册，北京教育图书社编纂，陈宝泉、杜亚泉、凌昌焕校订，商务印书馆，第 5 册 1923 年 8 版。

《新学制自然教科书(初小)》8 册，凌昌焕编，杜亚泉、王岫庐校订，商务印书馆，1923 年初版。

《新学制算术教科书(初小)》8 册，骆师曾编，王岫庐、段育华校订，商务印书馆，1923 年初版。

《新学制自然教科书(高小)》4 册，凌昌焕编纂，王云五、杜亚泉校订，商务印书馆，1923 年初版。

《新学制初级中学教科书自然科学》4 册，杜亚泉编辑，商务印书馆，1923 年初版。

《新学制算术教授书(初小)》8 册，骆师曾、沈百英编纂，商务印书馆，1923 年初版。

《(订正)新学制算术教科书(初小)》8 册，骆师曾编纂，王云五、段育华校订，商务印书馆，1923 年初版。

《新学制算术教科书(高小)》4 册，骆师曾编纂，段育华等校订，商务印书馆，1924 年初版。

《(订正)新学制自然教科书(高小)》4 册，凌昌焕编纂，王云五、杜亚泉校订，商务印书馆，1924 年初版。

《中等学校教科书有机化学》1 册，杜亚泉、郑贞文编，商务印书馆，1924 年初版。

《新撰自然科教科书(高小)》4 册，杜亚泉编纂，商务印书馆，

1924年初版。

《新撰自然科教授书(高小)》4册,许心芸编纂,杜亚泉校订,商务印书馆,1924年初版。

《新撰算术教科书(高小)》4册,骆师曾、胡达聪编纂,段育华等校订,商务印书馆,1924年初版。

《新学制算术教授书(高小)》4册,骆师曾编纂,段育华、陈文校订,商务印书馆,1924年初版。

《(订正)新学制珠算课本教科书(高小)》4册,骆师曾编纂,段育华校订,商务印书馆,1925年初版。

《中学动物学教科书》1册,杜亚泉编纂,商务印书馆,1927年以前。

《(订正)新学制自然教科书(初小)》8册,凌昌焕编,杜亚泉、王岫庐校订,商务印书馆,1928年初版。

《人生哲学》1册,杜亚泉编纂,商务印书馆,1929年初版。

《小学自然科教学法》1册,杜亚泉编纂、蔡元培校,商务印书馆,1931年初版。

《新时代高中教科书岩石学》1册,杜若城编,杜亚泉校订,商务印书馆,1931年初版。

《基本教科书算术(初小)》8册,骆师曾编辑,段育华、周颂久校订,商务印书馆,1931年初版。

《基本教科书初小算术教学法》8册,董涤尘等编,骆师曾校订,商务印书馆,1931年初版。

《基本教科书(高小)》4册,吴伯匡等编,骆师曾校订,商务印书馆,1931年初版。

《复兴初级中学教科书算术》(册数不详),骆师曾编著,段育华校订,商务印书馆,1933年初版。

《初小算术教学法(新课程标准教科书教员)》8册,张匡编辑,骆师曾校订,世界书局,1933年初版。

《新课程标准教科书世界第一种算术课本(初小)》8册,张匡、骆师曾编辑,龚昂云校订,世界书局,1933年初版。

《骆氏初中算术(新课程标准世界中学教本)》上、下册,骆师曾编著,世界书局,1933年初版。

《薛氏初中代数(新课程标准世界中学教本)》上、下册,薛天游编著,王刚森、骆师曾校订,世界书局,1933年7月初版。

《何氏初中几何(附数值三角)》上、下册,何时慧编著,骆师曾校订,世界书局,1933年初版。

《骆氏初中算术指导书》上、下册,骆师曾编,世界书局,1934年初版。

《新标准初中教本动物学》上、下册,周建人著,杜亚泉校,开明书店,1934年初版。

《黄氏初中几何(新课程标准世界中学教本)》上下册,黄泰编著,王刚森、骆师曾校订,世界书局,1934年初版。

《高小新算术(新课程标准世界教科书)》4册,骆师曾编,世界书局,1937年初版。

《傅氏高中三角法(新课程标准世界中学教本)》1册,傅溥编著,骆师曾校订,世界书局,1937年初版。

《算术(初中补习考试》1册,骆师曾编,世界书局,1937年6月2版。

《复兴初级中学教科书算术》上、下册,骆师曾编著,段育华校订,商务印书馆1937年7月初审核定本1版。

《初中新算术(修正课程标准适用)》上、下册,蔡泽安编著,骆师曾校订,世界书局,1937年初版。

《三S立体几何学》,[美]舒尔茨(Schultze)等著,骆承绪译,骆师曾校订,广文社,1939年初版。

《高中新解析几何(新课程标准世界中学教本)(乙组用)》1册,徐渭泉编著,骆师曾校订,世界书局,1939年初版。

《初中新几何(修正课程标准适用)》上、下册,俞鹏、石超编著,骆师曾校订,世界书局,1939年修正。

《初中几何教本(修正课程标准适用)》上、下册,骆师曾编,开明书店,1939年初版。

《高中教本范式大代数》1册,[美]范因(H. B. Fine)著,骆师曾、吴维一译,庄礼深校订,世界书局,1940年3版。

《基本数学(中学活用课本)》1册,骆师曾编著,世界书局,1940年初版。

《中学代数菁华(自修、补习、考试、升学)》1册,骆师曾编著,世界书局,1941年初版。

《中学平面几何学菁华(自修、补习、考试、升学)》1册,骆师曾编著,世界书局,1942年初版。

《中学平面三角法菁华(自修、补习、考试、升学)》1册,骆师曾编著,世界书局,1943年初版。

《SSS平面几何学》1册,[美]舒尔茨(Schultze)等著,骆承绪译,骆师曾校订,世界书局,1944年新5版。

《三角(初中补习考试)》1册,骆师曾编,世界书局,1944年初版。

《代数(初中补习考试)》1册,骆师曾编辑,世界书局,1947年初版。

《几何(初中补习考试)》1册,骆师曾编辑,世界书局,1947年2版。

《几何(初中临时教材)》上、下册,骆师曾编著,长春东北书店,1949年初版。

文化普遍作用于人类社会,是人类生活的重要表征,“在全世界许多国家的学校课堂上,正是教科书为教学提供了大量的物质条件,也正是教科书确定了什么才是值得传承下去的精华和合法的文化”[①]。教科书是民族文化、社会进步和科学发展的集中反映,是对读者影响最为深远持久的文本,很大程度上代表一个国家的文化及水平。教科书“确立的文化标准不单纯是普遍接受的常识或被动的经验,而是一系列主动的介入”[②]。杜亚泉一生以谋国家文化建设为宏愿,敏于感知、注重实干、坚守创新,试图在传统文化与西方文化的交融中寻找一条救国自强之路。“现时代之新思想,对于固有文明乃主张科学的刷新,并不主张顽固的保守;对于西洋文明,亦主张相当的吸收,惟不主张完全的仿效而已。”[③]他一生独立不倚、卓尔不群,以编辑教科书的实在努力,进行着“世界公有之学”到“一国独有之学”的文化传承与创新。杜亚泉是动荡时代的清醒智者,倾其一生探寻沉沦中的国家最缺乏什么,最需要什么。他希望用中华文化之精神以统整紊乱无序的思想界,主张中西文化调和,发表《迷乱的现代人心》《今日中国之政治问题》《何谓新思想》等文章,卷入与陈独秀、蒋梦麟、余云岫、李石岑、朱光潜等人的笔墨论战,后被迫辞去《东方杂志》主编职务。1932年淞沪战役

① [美]M.阿普尔、L.克丽斯蒂安-史密斯主编:《教科书政治学》,侯定凯译,华东师范大学出版社2005年版,第95页。

② 吴小鸥:《教科书:本质特性何在?——基于中国百年教科书的几点思考》,《课程·教材·教法》2012年第2期。

③ 许纪霖、田建业:《杜亚泉文存》,上海教育出版社2003年版,第402页。

中，杜亚泉的寓所与商务印书馆俱被焚毁，因商务印书馆停业并解雇职工，杜亚泉率全家避难回乡。杜亚泉在乡间自费创办出版社，将商务印书馆发的四百余元遣散费用于购买参考书，编撰出 70 余万字的《小学自然科词书》，收录小学自然科学教科书所必须的词汇 2000 余条，同一时期还每周去绍兴为稽山中学义务讲课。1933 年 12 月，杜亚泉病笃时无钱医治，死后借棺入殓。杜亚泉被誉为"中国启蒙时期的一个典型学者"[①]，他的"思路之开阔，立论之坚实，见解之深邃，往往难为后人所超迈"[②]。

文化是民族国家的认同基础，"能建设中国文化，才能谈到复兴民族"[③]。"九一八"事变后，社会各界认识文化危机是更本质、更深刻的民族危机，民族复兴从"恢复自信力"做起。[④] 商务印书馆在被迫停业半年之后，发出"为国难而牺牲，为文化而奋斗"[⑤]的呐喊，从 1933 年 5 月开始推出气势磅礴的"复兴教科书"，主张从中华传统文化中寻求民族的前途与希望，注重以开放包容的精神接纳或吸取西方先进文化，以求融会贯通后创新，明确走上了本土化与西化交融调适的道路。如高小历史教科书选材标准强调"足以表现我国固有的文明的"[⑥]，高小公民教科书取材"处处顾到'利用本地社会环境'和'从本地出发'的教学要点。……全书四册，又从本身本地出发，推及社会国家，前后有自然的联络"[⑦]，初中图画教科书"表扬中华民族固有之文化，并采用欧西绘画之技术与原理，合乎世界潮流，贯通时代思想"[⑧]。"复兴教科书"明确中华传统文化是使中华民族的精神生命和意义世界完整统一的必要条件，在吸纳西方科学文化的过程中积极构建中国本土文化。这些恰如杜亚泉所言，"统整吾国固有之文明，其本有系统者则明了之，其间有错出者则修整之。一面尽力输入西洋学说，使其融合于吾固有文明之中"[⑨]。虽然杜亚泉于 1933 年 12 月在贫困交加中溘然长逝，但他的文化思想已在 1933 年商务印书馆推出的"复兴教科书"中全面开

---

① 许纪霖、田建业：《一溪集：杜亚泉的生平与思想》，第 11 页。

② 王元化：《序》，见田建业、姚铭尧、任元彪编：《杜亚泉文选》，华东师范大学出版社 1993 年版，序。

③ 陈立夫：《民族复兴的原动力》，《海外月刊》1932 年第 1 期，第 3 页。

④ 沈碧涛：《国人的危机》，《大公报》1931 年第 11 期。

⑤ 王云五：《王云五文集·岫庐八十自述（上）》，第 223 页。

⑥ 郁树敏、饶祝华：《复兴历史教学法（高小第 1 册）》，商务印书馆 1933 年初版，第 3 页。

⑦ 吕金録、宗亮寰、赵景源：《（遵照修正课程标准编辑）复兴公民教科书（高小第 1 册）》，商务印书馆 1937 年 1 版，封 3。

⑧ 王济远：《复兴图画教科书（初中第 3 册）》，商务印书馆 1933 年初版，第 1 页。

⑨ 伧父：《迷乱之现代人心》，《东方杂志》1918 年第 4 期，第 4 页。

启。“先生虽然没有替遗属留下物质的遗产,却已替社会留下无数精神的遗产了。”[①]杜亚泉数十年如一日,一心为文化建设呕心沥血,潜心编辑中小学教科书,并说“鞠躬尽瘁寻常事,动植犹然而况人”[②]。他在人生的悲欢离合中执着前行,在成功与失败中历经艰难却依旧有不肯更改的坚持,执着而坚定地通过教科书的编辑实践及思想,表现出对国家、社会深切关怀的积极介入,让我们深深感受到“科学不仅是智力的努力,而且也是道德的努力”[③]。杜亚泉从文化建设的高度体现出来的精神立场,展现了一代教科书编撰者先锋的使命感和启蒙情怀,其教科书编辑思想成为中国近代教科书编撰思想形成的标志。

---

① 《东方杂志》编辑部:《追悼杜亚泉先生》,《东方杂志》1934年第31卷第1号。

② 许纪霖、田建业:《杜亚泉文存》,第493页。

③ J. Ben-David: *Scientific Growth. Essays on the Social Organization and Ethos of Science*, University of California Press, 1991, 341—342.

第七章　陆费逵：应时而上的“教科书革命”

1912 年是中国历史上最重要的年份之一，其伟大意义在于中国建立了第一个民主共和的新政权。就在 1912 年 1 月 1 日中华民国临时政府成立之日，陆费逵在上海创办中华书局，以超凡的胆略和气魄提出“教科书革命”①的响亮口号。这位被誉为“智察千里而外，虑用百年之远”②的出版界奇才，带领中华书局成为民国时期中国第二大教科书出版机构，开创了中小学教科书编撰出版新天地。

一、“教科书革命”的酝酿

陆费逵（1886—1941）原籍是浙江桐乡，曾祖陆费墀为清朝翰林院编修，曾任《四库全书》总校官。少年陆费逵不仅对曾祖父所从事的事业十分向往，而且心怀大志。“十三四岁时，好为高远之理想，忽欲为商，则以大富豪自命；忽欲研究文学，则以大文章家自命，忽欲为美术家，忽欲为教育家……”③他母亲是李鸿章的侄女，自幼熟诵诗书，思想新派，“在母亲教导下启蒙五年，父亲教导一年，师教一年半，我一生只付过十二元的学费……那时随侍在南昌，有一个阅书报社开办，我隔日去一次，午前九时去，午后五时出来。带一点大饼馒头作午餐。初时尚有阅者二三十人，后来常常只剩我一人，管理员也熟了，他便将钥匙交给我，五大间的藏书，好像是我的了。这三年中，把当时新出的书籍杂志，差不多完全看过，旧书也看了许多”④。他学习勤勉，后来还到熊氏英文学塾附设的日文专修科学习日文，

---

① 《中华书局宣言书》，《申报》1912 年 2 月 23 日。

② 郑士德：《中国图书发行史》，中国时代经济出版社 2009 年版，第 327 页。

③ 陆费逵：《我之童子时代》，俞筱尧、刘彦捷：《陆费逵与中华书局》，中华书局 2002 年版，第 495 页。

④ 陆费逵：《我的青年时代》，《新中华》1934 年第 6 期，第 45 页。

受到日文教师吕烈煌(1896 年中国首批十三位留日学生之一)的赏识。

1. 尝试创办学堂与书店,具有敏锐的革命意识

1902 年,陆费逵与朋友在南昌合办正蒙学堂,自任堂长兼教师,因经济无以为继,八个月后停办。因吕烈煌赴武昌任中学教员,陆费逵应其邀至武昌,任吕家塾师。当时武昌等地革命思想大盛,陆费逵敏锐意识到传播新思想的报刊书籍有极大市场,1904 年与友人集股创办新学界书店并任经理,销售《警世钟》《猛回头》《革命军》等进步书籍。1905 年,陆费逵和刘静庵等发起组织日知会,开始从事革命活动。同年夏,他与日知会会员张汉杰、冯特民等接办《楚报》并任主笔,纵论国内外政治,持论颇激昂。如他在《楚报》发表社论《论改革当从社会始》一文写道:“治国者……必先谋夫教也,生计教育得道,则人心必变而善,人心变而善,则社会之风俗习惯良,而国家而立矣。”①后《楚报》因揭露和反对粤汉铁路借款密约被查封,张汉杰被捕后,陆费逵避走上海。

2. 从昌明公司到文明书局再到商务印书馆,成为出版界奇才

陆费逵到上海后,因经费问题未能去日本留学,遂任昌明公司上海支店经理兼编辑员。他不仅发起成立上海新书业商会,还发表《著作家之宗旨》《中国书业发达预算表》《同业注意》等文章,强调出版者重大责任及教科书独立编撰出版的重要性。1906 年冬,他应俞复之邀改就文明书局,襄助经理办事并兼编辑员,还任文明小学校长,“编辑、印刷、发行件件都管……每日工作常至十余小时,增加经验不少”②。其间,他还主编上海新书业商会所办《图书月报》并任该会主办的“学徒补习所”教务长。因出众才华,1908 年秋陆费逵被商务印书馆厚金邀请入馆。“在商务印书馆办事三年半,前半年任编辑员,后三年任出版部长兼交通部长,《教育杂志》主任,师范讲义主任。总之我不怕多办事,职务尽管加重,我还是悠然自得的,知我者恭维我喜调度,不知者,说我不做事,自己看报谈天指挥助手,像煞有介事。”③此时陆费逵已迅速成长为一个思想先进的出版业奇才。

3. 以大胆的变革意识创办中华书局,追求“教科书革命”

1911 年,有着变革意识的陆费逵预计革命将会成功,于是在商务印书馆决定 1912 年重印旧教科书时,开始自己组织力量编印新教科书。1912

---

① 陆费逵:《论改革当从社会始》,《楚报》1905 年 9 月 6 日。

② 陆费逵:《我的青年时代》,《新中华》1934 年第 6 期,第 46 页。

③ 晋阳学刊编辑部:《中国现代社会科学家传略(第 4 辑)》,山西人民出版社 1983 年版,第 366 页。

年1月1日，陆费逵、戴克敦、陈寅筹备的“中华书局”也选择这一天在上海宣告成立，并在各大报刊发表《中华书局宣言书》：“兹将本局宗旨四大纲列左：一、养成中华共和国国民。二、并采人道主义、政治主义、军国民主义。三、注重实际教育。四、融和国粹欧化。”[①]接着发表《教科书革命》一文，指出：“清帝退位，民国统一，政治革命，功已成矣。今日最急者则教育革命也。本局自客秋以来，努力进行，小学用书今已出版。本最新之学说，遵教育部之通令，以独立、自尊、自由、平等之精神，采人道、实业、政治、军国民之主义。程度适合，内容完善，期养成完全共和国民，以植我民国基础。”[②]可见，陆费逵大胆创建中华书局是为了追求“教科书革命”。

二、“教科书革命”的实施

“革命”的解释之一是“根本改革，如思想革命、技术革命、产业革命等”[③]。教科书作为教学内容的重要组成部分、现代课程实施的载体、拥有全国最大受众市场的读本，从本质特性上说，是按照一定的目的，以文化信息为基本载体，有意识地确立文化标准的文本。[④] 1912年1月南京临时政府成立，蔡元培担任教育总长，陆费逵在1912年1月10日的《教育杂志》发表《敬告民国教育总长》，建议“速宣布教育方针“颁普通学校暂行简章”组织高等教育会议“规定行政权限”[⑤]等。蔡元培即请陆费逵与蒋维乔代教育部拟定《普通教育暂行办法通令》14条，于1月19日由教育部通令公布。其中涉及教科书的规定有：“凡各种教科书，务合乎共和国民宗旨。清学部颁行之教科书，一律禁用。”凡民间通行之教科书，其中如有尊崇清廷及旧时官制、军制等课程，并避讳、抬头字样，应由各书局自行修改，呈送样本于本部及本省民政司、教育总会存查。”[⑥]这些规定，本是出自陆费逵之手笔。他非常知晓此规定一出，中华书局从1911年底开始秘密编撰的“中华教科书”将得以乘势出击。

---

① 《中华书局宣言书》，《申报》1912年2月23日。

② 《教科书革命》，《申报》1912年2月26日。

③ 中国社会科学院语言研究所：《现代汉语词典》，商务印书馆1995年版，第371页。

④ 《教科书：本质特性何在？——基于中国百年教科书的几点思考》，《人大报刊复印资料·教育学》2012年第6期。

⑤ 璩鑫圭、唐良炎：《中国近代教育史资料汇编：学制演变》，上海教育出版社1991年版，第618—619页。

⑥ 朱有瓛：《1912年1月19日教育部公布普通教育暂行办法通令》，《中国近代学制史料(第3辑·上册)》，华东师范大学出版社1990年版，第1页。

1.推出民国第一套教科书,中华书局在激烈教科书市场中脱颖而出

1912年1月,中华书局以迅雷不及掩耳之势推出民国第一套教科书,其第一次刊登教科书广告,有"国文八册,国文教授书八册,算术八册,算术教授书八册,中华共和国民读本二册,中华高等小学修身四册、国文八册、算术四册、算术教授书四册、历史四册、地理四册、理科四册、理科教授书四册、英文四册"等。① 据1913年5月《中华初等小学国文教科书》第4册封二广告,"中华教科书"统计出版有小学教科书18种,计74册;小学教授书10种47册。此外,中华中学教科书有修身、国文、英文、英文会话、历史、地理、算术、代数、物理、化学、动物、植物、生理、经济、法制等15种。"中华教科书"从内容到形式紧贴社会变革的步伐,如《中华初等小学国文教科书》第1册第1课开篇大写"人""手"。② 第2册第25课课文写道:"我国旗,分五色,红黄蓝白黑,我等爱中华,即当敬国旗。"③此外,教科书插图人物也是新式装扮,如学生装、西服等,完全看不见黄袍、长辫等旧式装扮。"中华教科书"几乎独占了1912年春季全国教科书市场。陆费逵在《中华书局二十年之回顾》中写道:"草创之时,以少数资本,少数人力,冒昧经营,初未计及其将来如何。开业之后,各省函电纷驰,门前顾客坐索,供不应求,左支右绌,应付之难,机会之失,殆非语言所能形容。"④1915年,中华书局改为股份有限公司,自办印刷所,增设发行所,陆续盘入文明书局、民立图书公司等,迅速成为民国第二大出版机构。

2.开创教科书编撰出版新天地,成为民国时期领军者之一

晚清,商务印书馆、文明书局、中国图书公司、彪蒙书室、会文学社等是中小学教科书编撰出版大户。商务印书馆因1903年成功推出"第一套现代意义教科书"⑤成为教科书出版龙头。中华书局自诞生之日起,就与商务印书馆形成竞争之势,而且尽量避免重复雷同,努力做到别具匠心,开创新意。

1912年9月,民国教育部将春季始业改为秋季始业,一学年分为三学期。1912年12月中华书局开始推出20世纪教科书史上唯一一套适应三

---

① 《教科书革命》,《申报》1912年2月26日。

② 华鸿年、何振武:《中华国文教科书(初小第1册)》,中华书局1912年再版,第1页。

③ 华鸿年、何振武:《中华国文教科书(初小第2册)》,中华书局1913年62版,第13页。

④ 陆费逵:《中华书局二十年之回顾》,中华书局编辑部编:《回忆中华书局(上编)》,中华书局1987年版,第225页。

⑤ 石鸥:《开现代教科书之先河的〈最新教科书〉》,《湖南师范大学教育科学学报》2008年第3期。

学期的"新制中华教科书"。至1913年3月,小学用"新制中华教科书"出版30种248册,至1922年,中学用"新制中学教本"出版28种51册。[①] 当时初等小学男女同校,高等小学女子教育也蔚然成风。1913年,中华书局推出"中华女子高等小学教科书"修身、国文、算术、家事4种计14册,"务使女子修得生活上所必须知知识技能"。[②] 而且"家事采用日本家事大要教本,参酌我国社会情形与实际生活问题最有关系且与它科学亦互相联络,俾得正确之智识"[③],倡导女子读书学习、自主发展、参与社会进步等等。[④]

由于民国时期政治风云突转,文化气候变迁,教育改革实施,教科书也频繁出版与修改。中华书局从1915年12月开始推出"新式教科书",特别突出"各科教授书皆采最新之方式"[⑤]这一原则,如"近人盛倡实用主义、自学辅导主义。本书认清是旨,务贯彻国民教育之真正目的"[⑥]。在国语运动影响下,中华书局国文教科书大胆变革。如教育部在对"新式国文教科书"的批词中写道:"查该书最新颖处,在每册后各附四课,其附课系用官话演呈,间有与本册各课相对者。将来学校添设国语,此可为其先导,开通风气,于教育前途殊有裨益。至各册所用文句,其次序大致均与口语相同。令教员易于讲授,儿童易于领悟。在最近教科书中洵推善本[⑦]。"1920年3月中华书局出版国民学校用《新教材教科书国语读本》8册及《新教材国语读本说明书》8册,1921年开始编辑出版"新教育教科书",国民学校用书全用语体文编写(有注音字母),高等小学用书则是语体和文言互用。

1922年新学制改革,陆费逵更是汇集戴克敦、沈颐、朱文叔、黎锦熙、钱基博、穆济波、黎锦晖、吴在渊、胡敦复、胡明复、王宠惠、刘传厚、李廷翰、陆依言、蒋镜芙、傅仲孙、郑昶、董文、陆仲贤、朱麟、陈醉云、金兆梓、洪鋆、张相、朱开乾、邓庆澜、徐增、柴辅文、丁鹤、糜赞治、钟衡臧、赵荣光、舒新城、冯顺伯、沈星一、沈彬、马润卿、李直、丁瞀盦、谢彬、程廷熙、张鹏飞、华襄治、秦汾、钟衡臧、宋崇义、陆费执、郦福畴、张念恃、俞宗振、张起焕、陈映璜、王烈、储劲、顾复、鲍映奎、杨卿鸿等60余人及国语专修学校大量教员,从1923年1月开始推出"新小(中)学教科书"64种237册。1927年南京国

① 《中国近代教科书的启蒙价值》,福建教育出版社2011年版,第34页。

②③ 沈颐、范源濂、杨喆:《女子国文教科书(高小第1册)》,中华书局1915年2版,广告页。

④ 李想等:《赋权女性:晚清民国女子教科书的启蒙诉求》,《华东师范大学学报(教育科学版)》2014年第1期。

⑤ 《新式教科书编纂总案》,《中华教育界》1916年第2期。

⑥ 《中华书局新式小学教科书出版预告》,《中华教育界》1915年第10期。

⑦ 教育部:《教育部关于〈新式国文教科书〉批词》,《中华教育界》1916年第1期。

民政府成立后，中华书局邀请陈立夫、叶楚伧、吴稚晖等编撰校订，同年推出“新中华教科书”。随着1929年《中小学课程暂行标准》、1932年《中小学课程标准》、1936年《修正课程标准》颁布，中华书局陆续推出“新课程标准适用课本”(1933)、“修正课程标准适用·新编教科书”(1936)等。中华书局老职工吴铁声曾在《我所知道的中华人》一文中回忆，“为了抢占市场，时间至关紧要，编辑人员往往夜以继日赶编课本，陆费逵也不时打电话向张先生(即张相，主管教科书部)询问，知道某书尚未完成，陆费逵就哈哈大笑，挂上电话。[①] 中华书局编写出版的教科书学科门类广、层次多，受到教育界的称道，如1935年还出版了一套“小学各科副课本”，分初级、中级和高级三种，各100册，共300册，在1936年全部出齐，就各科教科书有关知识做了进一步分析介绍，对教学工作进行辅导。

三、“教科书革命”的思考

陆费逵在大动荡大变革时代创办中华书局，追求“教科书革命”，创造了令人追慕称羡的辉煌，成为中外历史上极为罕见的横空出世的教科书编撰出版奇迹，带给我们极大的启示。

1. 呼吁教科书独立，以教科书——教育——立国的新锐思想引领“教科书革命”方向

陆费逵一生汲汲于各类新知，在关注新式教育的发展及新式教科书的编撰出版过程中，深知教科书作为特殊商品，实现自由竞争不仅能给出版者带来重大的利润，更为重要的是优良的教科书能直接影响到教育变革及国家发展。他从一开始就敏锐地感知到国家统编教科书存在着极大的弊端，1906年初，在昌明公司任职的陆费逵就针对1905年12月成立的学部试图统编教科书一事在《图书月报》第3期上发表《同业注意》一文，指出：“学部编辑之教科书，将次出版矣。今虽未知其详细，然其将来销数必有可观也。闻学部亦照日本国定教科书办法，许民间翻刻，吾同业诸君，其速谋之。或公同组织一贩卖所，或有资本者独立翻刻，利源所在，主权所在，勿逡巡却顾，坐失权利也。”[②]在同一期发表的《论国定教科书》中，陆费逵首先论述了教科书、教育、国家之间的重要关系：“近数年来，我国教育，渐形发达，教科用书，虽有多种，然求一适用之本，卒不可得，此教育界极危险之

① 吴铁声：《我所知道的中华人》，中华书局编辑部编：《回忆中华书局(上编)》，第28页。

② 陆伯鸿：《同业注意》，《图书月报》1906年第3期。

事，而亦吾国之耻也。……教科书之于教育，犹锄犁之于耕。无炮械不可言战，无教科书不可言教育，此人人之所知也。我国教育之不振，由于教科书之未完善，又人人之所知也。”[①]然后明确反对国定教科书之举：“近闻学部有编纂教科书之举，且将颁行国定教科书之举。吾始闻而喜，继而疑，终乃戚然大惧，惧以此阻我全国教育之进步耳。……天演公理，有竞争而后有进步。教科书果为国定，绝人销售。又谁肯虚掷财力心力以经营之？以全国四万万人之教育而委之学部数十人之手，一成不变，其必无良果可想而知。”[②]针对学部编纂之国文、修身两科第一册出版后资行各省提学使任人翻印，陆费逵更是奋笔疾书，在1907年5月14日、22日的《南方报》分上下两部分发表了《论学部编纂之教科书》一文，指出学部编纂国文、修身二书之不当处，且引用课文实例加以证明。如初小国文教科书“所谓教材多不合儿童心理者”，[③]列举第1册“第五十三课《一唱忠君，再唱爱国》，六岁儿童，其能解此而实践之乎”[④]，言之凿凿、意而切切，竭力呼吁教科书的自由竞争。对此，直到1925年12月，在《与舒新城论中国教科书史书》中，陆费逵还专门提及自己当时的努力：“学部组织图书局，所出教科书，大半仿商务、文明体例，且加入许多不合儿童心理的古董材料，外间很有批评，《南方报》曾登一篇专论学部国文的，是我的大作。”[⑤]

陆费逵对于教科书独立、自由竞争的思想非常执着，并从多种角度论证。1910年他撰写《论各国教科书制度》一文，强调“吾国自变法以来，每举一事，动曰外国如何；而所谓外国者，大率皆指日本，一若外国仅一日本者。又若欧美诸国，皆与日本相同者，何其陋也。……世界文化最高之国，无过于英、法、德、美、奥者”[⑥]，详细分析了英格兰、法兰西、德意志、奥地利、日本等诸国的教科书制度之利弊，以使国人择善而从。陆费逵主持商务印书馆《教育杂志》，陆续发表《缩短在学年限》《普通教育当利用俗体字》《减少授课时间》《小学堂章程改正私议》《论今日学堂之通弊》《商业指南》《改用阳历》《采用全日二部教授》《男女共学问题》等文章，阐发教育与国家之间的重要关系，如《缩短在学年限》中明确提出普及“义务教育”[⑦]的设想；《论今日学堂之通弊》又进一步指出：“教育得道，则其国强盛；教育不得道，则其

---

①② 陆伯鸿：《论国定教科书》，《图书月报》1906年第3期。

③④ 陆费逵：《论学部编纂之教科书》，《南方报》1907年5月14日。

⑤ 陆费逵：《与舒新城论中国教科书史书》，原载《近代中国教育史料》第2册，中华书局1928年版。

⑥ 陆费逵：《论各国教科书制度》，《教育杂志》1910年第6期。

⑦ 陆费逵：《缩短在学年限》，《教育杂志》1909年第1期。

国衰弱而灭亡。此一定之理也。盖教育得道，则民智开，民德进，民体强，而国势隆盛矣。教育不得道，则民智塞，民德退，民体弱，而国势衰亡矣。然则欲救危亡而期强盛，无他，亦求教育得道而已。”[①]陆费逵陆续阐明“教科书——教育——立国”的新锐思想，积蓄待发，最终在1912年的《中华书局宣言书》中明确“立国根本，在乎教育。教育根本，实在教科书。教育不革命，国基终无由巩固。教科书不革命，教育目的终不能达也”[②]，并用这一新锐思想引领中华书局教科书创新。

2.敏锐感知变革机缘，明确教科书与革命胜利的关系，以超越凡俗的决策捕捉“教科书革命”契机

清末民初，时局动荡不安，中小学教科书实施审定制，故教科书市场基本是一个完全开放的市场，销量大、利润高，上海的大小书店都各显其能，争先恐后出版教科书。在历史重大变革前夕，商务印书馆的决策偏差是历史赐予中华书局的重要机缘。因为在1911年8月之前，商务印书馆的一次业务会上，大家就曾讨论过第二年是否另行编写新课本的问题。据蒋维乔在《民元前后见闻录》中记录：“是时革命声势，日增月盛，商务同人有远见者，均劝菊生，应预备一套通用于革命后之教科书。菊生向来精明强干，一切措施，罔不中肯。但圣人千虑，必有一失，彼本有保皇党臭味，提及革命，总是摇首，遂肯定地下断语，以为革命必不能成功，教科书不必改。而伯鸿却暗中预备全套适用之教科书，秘密组织书局。于民国元年，中华书局突然宣告成立，中华民国之各种教科书，同时出版。商务措手不及，其教科书仅适用于帝制时代者，遂被一律打倒。伯鸿亦脱离商务，一跃而为中华书局总经理。商务则亡羊补牢，汲汲将各书修改，时逾半载，方能勉强出版，而上风已为中华所占。”[③]陆费逵不仅敏锐捕捉到这一契机，而且以非凡的魄力积极准备。如他在《中华书局宣言书》中写道：“幸逢武汉起义，各省响应。知人心思汉，吾道不孤。民国成立即在目前，非有适宜之教科书，则革命最后之胜利仍不可得。爰集同志，从事编辑。半载以来，稍有成就。小学用书业已蒇事。中学、师范正在进行。从此民约之说，弥漫昌明，自由之花，矞皇灿烂。俾禹域日进于文明，华族获葆其幸福，是则同人所馨香祷祝者也。”[④]对此中华书局创办人之一的陈寅在《中华书局一年之回顾》写道：

① 陆费逵：《论今日学堂之通弊》，《教育杂志》1910年第1期。

② 《中华书局宣言书》，《申报》1912年2月23日。

③ 蒋维乔：《创办初期之商务印书馆与中华书局》，宋原放主编：《中国出版史料（近代部分）第3卷》，第195页。

④ 《中华书局宣言书》，《申报》1912年2月23日。

“客岁革命起义，全国响应，阴历九月十三日，上海光复，而苏杭粤相继下。余于九月十六日，与同志辈共议组织中华书局。良以政体改革，旧日教科书胥不适用，战争扰攘之际，未遑文事，势所必然，若以光复而令子弟失教，殊非民国前途之福也。协商数日，遂定议，一面编辑稿本，一面经营印刷发行事宜。其时困苦万端，余等皆出以坚忍。汉阳失守，群起沮之，余等不为动也。民国元年一月一日，临时政府成立，吾局适于是时规画粗定，余等遂确定以是时为吾局成立之期，将来，遇民国成立纪念，即吾局成立之纪念也。”[①]陆费逵以其魄力紧紧地抓住了历史的机遇，而且创造条件使自己的计划实施，如前述，1912 年 1 月 10 日陆费逵发表《敬告民国教育总长》，旋即受邀代教育部拟定《普通教育暂行办法通令》14 条；1 月 19 日；教育部通令公布后其他书局的教科书无法使用，中华书局教科书横空出世且独占鳌头。

陆费逵深知教科书编撰出版者的重要性，“伯鸿于商务发行、编辑两方面，且招致多人，入中华书局，以厚其力”[②]。中华书局迅速扩大编辑部，聘请曾积极参与和推动了南京临时政府的教育改革，先后担任过教育部次长、总长的范源廉为编辑部长。一时间中华书局群英荟萃，新风蔚然。如 1912 年 3 月，陆费逵在《中华教育界》发表《新学制之要求》一文，其中专门就女子教育提出了自己的看法；1913 年推出范源廉参编的“中华女子教科书”，影响极大。在晚清民初白话文运动中，陆费逵敏锐感受到时代的发展导致语境变化，从而也影响到语言的理解，于是很早就关注语言的变革，曾参与推动国语统一运动。1913 年，他受教育部委托赴北京主持“读音统一会”的工作。1914 年 12 月中华书局推出的“新式教科书”中就有创新地以“附课”形式编入的白话课文，影响极大。或许是北方彪悍的民风和灼热的黄土，让有着江南血脉的陆费逵，在日后的教科书编撰出版中，骁勇善战，一往无前。

---

① 陈寅：《中华书局一年之回顾》，《中华教育界》1913 年第 1 期。

② 蒋维乔：《创办初期之商务印书馆与中华书局》，宋原放主编：《中国出版史料（近代部分）第 3 卷》，第 195 页。

3. 亲自参与编撰出版,熟知新式教科书发展变化历史,多样创新追求“教科书革命”的实现

作为中华书局的第一掌门人,陆费逵从晚清开始就亲自编写教科书。1906 年 8 月,他编纂的《本国地理教科书》就由昌明公司出版。1907 年冬,他与俞复、丁福宝等人一起编纂有初等小学国文、算术、修身教科书和教授书,但因文明书局资本不足,未能出齐。1908 年他还编纂有《算术新教科书(中学校及师范用书)》上下卷。在商务印书馆任职期间,他编纂有《最新商业教科书(高等小学堂)》(1908)、《简明修身教科书(初等小学堂)》(1909)等中小学教科书以及《最新商业修身讲义》《伦理学讲义》《学校管理法讲义》等专为师范讲习社编撰的讲义。当时,他所编著的《最新商业教科书(高等小学堂)》出版后风行全国,不到一年即再版多次,其封三印有学部审定批语:“是书大致显明,可作为高等小学堂加授商科及初等商业学堂商事要项科教科之用。”[①]民国之后,陆费逵参与编写有《新制中华国文教科书(初等小学校用)》(1912)、《新制中华修身教科书(初等小学校用)》(1913)、《新制中华修身教科书(高等小学校用)》(1913)、《新编中华修身教科书(高等小学校用)》(1913)、《新小学教科书国语读本(小学初级用)》(1923)、《南洋华侨国语读本(小学高级用)》(1932)等,此外还参与阅(校)有修身、地理、国文、算术、历史、理科、农业、商业、公民、自然、常识、社会、国语、卫生、国语文学等教科书及教授书四十余种,并在 1924 年为《新中学教科书人生哲学》作序并校订。他在工作中审慎不苟,每一次从开始策划到最后定稿,必亲自过问,务求编写质量、印刷装订等尽善尽美。1925 年 12 月,陆费逵在《与舒新成论中国教科书史书》中提到新式教科书的历史时说“十之八九是我经过的”,他认为在民国成立前,最占势力者“为商务之最新教科书,学部之教科书两种”,民国成立初期几年,不仅“至今犹以共和及‘新式’为巨擘”,而且“小书肆经营教科书者,均忽兴忽灭,现存者如新学会社、会文堂,改方针偏重老书,在教科书上毫无势力”。[②]

正是由于对新式教科书编撰出版了如指掌,陆费逵十分注重教科书对儿童身心发展规律及教育教学规律的遵循,并汇聚多方力量,探索教科书多样创新,如《新小学教科书国语读本(初级小学)》8 册是黎锦晖和陆费逵编辑,黎锦熙计划,戴克敦、刘傅厚、邓庆澜、张相、李廷翰、陆依言校阅,国

---

① 晋阳学刊编辑部:《中国现代社会科学家传略(第 4 辑)》,第 367 页。

② 陆费逵:《与舒新城论中国教科书史书》,李桂林、戚名琇、钱曼倩:《普通教育》,上海教育出版社 1995 年版,第 189 页。

语专修学校及附小同人、各学校校长教员、中华书局国语部同人撰述。该教科书不仅内容新颖，语言活泼，并且在编排中加入了游戏、谜语、表演等，如后来广为流传的《老虎叫门》一课写道：

> (老虎唱)小孩子乖乖，把门儿开开。快点儿开开，我要进来。
> (小孩唱)不开，不开，不能开。母亲不回来，谁也不能开。
> (老虎唱)小兔子乖乖，把门儿开开。快点儿开开，我要进来。
> (小兔唱)不开，不开，不能开。母亲不回来，谁也不能开。
> (老虎唱)小羊儿乖乖，把门儿开开。快点儿开开，我要进来。
> (小羊唱)不开，不开，不能开。母亲不回来，谁也不能开。
> (老虎唱)小螃蟹乖乖，把门儿开开。快点儿开开，我要进来。
> (小螃蟹唱)就开，就开，我就开。
> (小孩唱)可怜的小螃蟹，从此不回来。①

又如《初级混合理科》分为三编，"第一编以生理卫生为中心，第二编以动植矿物为中心，第三编以理化为中心。但与以往教科书编次不同的是，本书教材之先后编次注重归纳法，例如第二编第五章所列地质统系，其各岩石各化石之种名及形性，皆先散见于前数章，以免教者繁证之困难，及学者领受之隔阂。……本书以编次之体例出自新创，其间容有不合之处，尚望明达有以匡正之"②。

陆费逵十分重视在教科书广告中宣传教科书创新之处，如在1923年3月出版新中学教科书(新制初级中学适用)《植物学》(全1册)、《动物学》(全1册)、《生理卫生学》(全1册)、《矿物学》(全1册)的广告上写道：

> 浙江第四中学校长上虞宋崇义先生，久执中学教鞭。以中学博物教科用书，非过于繁重，即多所漏略；乃就研究所得，益以多年经验，编成上列四书。综其特色，凡有四端：程度浅，适与小学六年衔接，一也。说理明，无艰深晦涩之病，二也。学说新，无承袭旧说之弊，三也。编制善，有衔接联络之长，四也。复经美国佛诺利达大学农学硕士、北京农业高等专门高等师范教授陆费执先

---

① 黎锦晖、陆费逵：《新小学教科书国语读本(初小第3册)》，中华书局1924年24版，第2—5页。

② 钟衡藏：《新中学教科书初级混合理科(第1册)》，中华书局1925年6版，第2页。

生（植物），美国哈佛大学医学博士、美国本薛文尼大学卫生学博士、北京协和大学高等师范教授谢恩增先生（动物生活），德国勿兰堡大学地质学士、北京大学高等师范教授王烈先生（矿物）悉心校阅。用上等西洋纸精印，字迹清楚，图画明晰；（并有五彩图）布面精装，坚固美丽。实最新出最适用之中学博物教科书。①

目前，我国中小学教科书编撰出版虽然形成了多元竞争的格局，但“教材多样化变为多本化，同一学科的几套教材个性不突出，无特色，教材编排方式出现新的趋同”②。可见，多样创新仍是教科书编纂出版的追求。

陆费逵出生于陕西汉中，成长于沿江城市江西南昌，起步于革命的发祥地湖北武昌，而最终成就于教科书出版重镇上海，一生关注教育目的、教育作用、教育方针、学制改革、职业教育、女子教育、语言文字教育……这些都体现在中华书局教科书的编纂出版中。他在1924年的《上海市书业商会20周年纪念册》序言中说：“我们希望国家社会进步，不能不希望教育进步；我们希望教育进步，不能不希望书业进步。我们书业虽然是较小的行业，但是与国家社会的关系却比任何行业大些。”③正是基于对这种关系的深刻理解，陆费逵感到“教科书革命”之责任重大，中华书局在民国时期“共计编辑出版各科各级教科书四百余种”。④ 中华书局原总编辑李侃在《陆费逵创办中华书局概况》中写道：“现在，这些教科书早已陈旧过时，成为图书馆和博物馆的藏品了，但是在当时却是广大青少年学生的‘启蒙’之书。现在五六十岁以上的知识分子，他们之中的很多人就是在中、小学时代，从中华书局出版的各种教科书中，得到文化科学基础知识的。”⑤陆费逵带领中华书局创造了“教科书革命”辉煌业绩。

附：陆费逵编撰及校订教科书概览

《新编初等小学修身教授书》第1、2卷，陆费逵编，文明书局，1907年初版。

---

① 秦汾：《新中学教科书代数学（中学）》，中华书局1923年再版，广告页。

② 凯歌：《教材多样化不能变成多本化——对当前中小学教材多样化的思考与体会》，《中国教育报》2009年11月12日。

③ 俞筱尧、刘彦捷：《陆费逵与中华书局》，第440页。

④ 肖东发、于文：《中外出版史》，中国人民大学出版社2010年版，第124页。

⑤ 同③，第88页。

《初等小学修身书》第2卷，陆费逵编，文明书局，1908年初版。

《伦理学大意讲义》1册，陆费逵编纂，商务印书馆，1908年初版。

《算术新教科书（中学及师范）》上、下卷，陆费逵编纂，文明书局，1908年初版。

《本国地理》，陆费逵纂辑，昌明公司，1908年初版。

《最新商业教科书（高小）》，陆费逵编，商务印书馆，1908年初版。

《简明修身教科书》8册，陆费逵等编纂，高凤谦校订，商务印书馆，1909年初版。

《修身讲义（师范）》，陆费逵编，商务印书馆，1912年初版。

《中华地理教授书（高小）》4册，徐增编，陆费逵等阅，中华书局，1912年初版。

《（订正）新制国文教科书（国民学校秋季）》12册，陆费逵等编，中华书局，1912年初版。

《中华论理学教科书（师范）》，顾公毅编译，陆费逵等阅，中华书局，1912年初版。

《世界地理教科书（师范）》，史礼绶编辑，陆费逵等阅，中华书局，1913年初版。

《算术教科书（师范）》，顾树森编辑，陆费逵等阅，中华书局，1914年初版。

《公民读本（国民学校）》2册，方浏生编辑，王宠惠、陆费逵校阅，中华书局，1917年初版。

《新教育教科书国文教案（高小）》6册，赵骧等编辑，陆费逵等校阅，中华书局，1921年初版。

《新小学教科书历史课本（高小）》4册，金兆梓、洪鋆编，陆费逵等校，中华书局，1923年初版。

《新小学教科书地理课本（高小）》4册，朱文叔、郑昶编，陆费逵等校，中华书局，1923年初版。

《新中学教科书初级本国地理（初中）》上、下册，丁謍盦编，陆费逵等校，中华书局，1923年初版。

《新小学教科书理科课本（高小）》4册，钟衡臧等编，戴克敦、陆费逵校，中华书局，1923年初版。

《新小学教科书公民课本教授书（初小）》8册，董文编，陆费逵等校，中华书局，1923年初版。

《新小学教科书公民课本（高小）》4册，朱文叔编，陆费逵等校，中华书局,1923年初版。

《新小学教科书国语读本(初小)》8册,黎锦晖、陆费逵编辑,戴克敦校阅,中华书局,1923年初版。

《新小学教科书常识课本(初小)》8册,吕伯攸等编,陆费逵等校阅,中华书局,1923年初版。

《新中华教科书初级公民课本(初中)》3册,舒新城编,陆费逵校,中华书局,1923年初版。

《新中学公民课本(初中)》3册,舒新城编,冯顺伯重编,陆费逵校,中华书局,1923年初版。

《新小学教科书自然课本(初小)》8册,陆衣言、蒋镜芙编,陆费逵、戴克敦校,中华书局,1923年初版。

《新小学教科书社会课本教授书(初小)》8册,陆衣言、蒋镜芙编,陆费逵、戴克敦校,中华书局,1924年初版。

《新小学教科书国文读本(高小)》4册,褚东郊等编,陆费逵等校,中华书局,1924年初版。

《新小学教科书自然课本教授书(初小)》8册,陆衣言、蒋镜芙编,陆费逵、戴克敦校,中华书局,1924年初版。

《新小学教科书卫生课本(高小)》4册,赵光荣编,陆费逵、戴克敦校,中华书局,1924年初版。

《新小学教科书社会课本(初小)》8册,陆衣言、蒋镜芙编,陆费逵、戴克敦校,中华书局,1924年初版。

《新小学教科书国文读本教授书(高小)》4册,洪鋆等编,陆费逵等校,中华书局,1924年初版。

《新中学教科书初级世界地理》上、下卷,丁詧盦编,谢彬、陆费逵校,中华书局,1924年初版。

《新中学世界地理》上、下卷,丁詧盦编,谢彬、陆费逵校,中华书局,1924年初版。

《新中学教科书人生哲学》,舒新城编,陆费逵校,中华书局,1924年初版。

《新小学教科书卫生课本教授书(高小)》4册,赵光荣编,陆费逵、戴克敦校,中华书局,1925年初版。

《新小学教科书国语文学读本(初小)》8册,李步青编,陆费逵、戴克敦校,中华书局,1925年初版。

《新小学国语文学读本(初小)》8册,李步青编,陆费逵、戴克敦校,中华书局,1927年初版。

《新小学国语读本(初小)》8册,黎锦晖、陆费逵编,戴克敦等校阅,中华书局,1932年5月64版。

《南洋华侨国语读本(高小)》4册,陆费逵编,张国基校阅,中华书局,1932年初版。

《小学国语读本(初小)》8册,朱文叔等编纂,陆费逵等校阅,中华书局,1933年初版。

《初中国文读本》6册,朱文叔编,舒新城、陆费逵校,中华书局,1933年初版。

《初中国文读本(普及本)》6册,朱文叔编,舒新城、陆费逵校,中华书局,1933年初版。

《新课程标准小学国语读本(南洋华侨初小)》8册,朱文叔等编,陆费逵等校,中华书局,1934年初版。

《新课程标准小学常识课本(南洋华侨初小)》8册,蒋镜芙等编,陆费逵、张相校,中华书局,1934年初版。版权页题:罗良铸编。

《新课程标准小学国语读本(南洋华侨高小)》4册,朱文叔等编,陆费逵等校,中华书局,1934年初版。

《新课程标准初中国文读本(增注本)》6册,朱文叔、宋文翰编,张文治等注,舒新城、陆费逵校,中华书局,1935年初版。

《(修正课程标准适用)新编高小国语读本》4册,吕伯攸等编,陆费逵校,中华书局,1937年初版。

第八章　周建人:“花鸟鱼虫”教科书

周建人是现代著名的社会活动家、生物学家、鲁迅研究家、妇女解放运动的先驱者之一、中国民主促进会创始人之一。1948 年 4 月加入中国共产党,历任中央人民政府出版总署副署长、高等教育部副部长、浙江省人民政府副主席、浙江省省长、全国人大常委会副委员长、全国政协副主席、中国民族促进会主席。1921 年 10 月,自学成才的周建人进入商务印书馆编译所工作,从 20 世纪 30 年代开始编写卫生、自然、动物、植物等中小学及师范教科书。他是继杜亚泉之后“绍兴帮”编纂自然科学教科书的重要延续者,编撰了大量通俗易懂的中小学生读本及青年课外辅助读本,拓展了科学常识的普及范围。1949 年 4 月,周建人任华北人民政府教育部教科书编审委员会副主任,编纂出版新中国自然科学教科书,为中小学教育做出了重要的贡献。

一、自学成才的教科书编辑

周建人(1888—1984),初名松寿,乳名阿松,后改名建人,字乔峰,笔名高山、克士、松山等。周家是绍兴的大户人家,周建人的祖父周福清是清末翰林,在京城做官,父亲是秀才,闲居在家。[①] 周家三兄弟,大哥周树人(鲁迅)、二哥周作人(启明)。周建人年幼时,祖父守丧在家,教他写字;五岁时,因周家突遭变故,陷入困顿和败落。

1. 小学毕业后任教员

周建人的开蒙教育依照祖训,“不读《三字经》《千字文》《百家姓》《神童诗》等书文,而读《鉴略》”[②]。1897 年,周建人进入新建的会稽县学堂读书,校训是“德、智、体”,开设修身、算术、汉文、英文、历史、地理、体操、唱歌等

---

① 谢德铣:《周建人评传》,重庆出版社 1991 年版,第 3 页。

② 同上,第 12 页。

课程。[①] 1902年，王子余接任校长[②]，大胆改革教育教学，其从严治校的精神极大影响了周建人。1905年，周建人毕业后，因迟到未能参加升入绍兴府学堂的考试。

1906年，绍兴僧教育会小学创办，经人向杜海生推荐，周建人担任绍兴僧立小学的教师、校长，与张梓生[③]同事。周建人注重教育教学改革，如教学中先提问题让学生思考、争论、激发兴趣，组织学生去野外观察自然现象等等。他积极参加各种教育学术研究，如1910年4月《山会教育会》报告第一号记载"山会师范学堂联合两邑各校，开教务讨论会"，[④]其中杜海生为山会教育会会长，周建人、寿朋更等68人为会员。

1912年，周建人与鲁迅一起撰写《维持小学之意见》一文指出，"今之所急，唯在能造成人民，为国柱石，即小学及通俗之教育是也。……顾教育一端，甚关国民前途。……即组织区学，简任高明，速日开学，造福地方"[⑤]，明确普通教育对于共和国之重要性。1912年春，周建人到水神庙小学任校长；不久，应聘为浙江省教育部门"小学教师养成所"教员，主讲博物学。1913年春，周建人应邀加入绍兴学术团体叒社。1913年10月，周作人主编《绍兴县教育会月刊》，周建人在其刊物上发表《物种论导言》《论生物外缘之影响》等文章。1915年，周作人任绍兴教育会会长，周建人、张梓生、张月楼、李士铭等为成员。同年，周建人到绍兴明道女中(后改为绍兴县立女子师范)教书，并在成章女校兼课。

2.鲁迅指引与帮助周建人自学之路

周建人从小就对植物感兴趣，常在百草园观察花草。后来，父亲去世，哥哥外出求学，他负责养护百草园的花草，并常常翻阅鲁迅在三味书屋看的《南方草木状》《释虫小记》《释草小记》等书。小学毕业后，周建人在鲁迅的指引下开始自修植物学，他在回忆时说："老大、老二都到外面念书去了，我只好留在家里照顾年老的母亲。但是，学习却是我的强烈愿望，没有机

---

① 谢德铣：《周建人评传》，第15页。

② 王子余是个重视文化教育的人，后与杜亚泉等人组织越郡公学，还创办《绍兴白话报》，筹组"难童教养所"，编修《绍兴县志》等。

③ 张梓生(1892—1967)，字君朔，浙江绍兴人。与章锡琛在山会师范学堂同学。绍兴光复后，鲁迅任山会师范学堂监督，张梓生也到该校工作，两人关系较好。1919年鲁迅移家北京时曾将部分藏书存放其处。1922年就职于商务印书馆，先做排字工人，后任《东方杂志》校对、编辑。1931年入《申报》馆，主编《申报年鉴》兼《申报》社评记者。1934年5月，接手编辑《申报·自由谈》。1935年到南京，任开明书店南京分店经理，后一直在开明书店工作。

④ 同①，第61页。

⑤ 周树人、周建人：《维持小学之意见》，《越铎日报》1912年1月19日。

会读大学,只好自己学习。那时鲁迅在日本,鼓励我自学植物学。因为他说,学习别的科学,都需要一定的实验设备,自学是比较困难的。但植物随处都有,可以自己采集标本,进行分类研究。他先后寄给我四本书:一本是德国 Strusborger 等四人合著的《植物学》,这是世界上最有名的第一本植物学,他寄给我的是英译本;另一本是英国人(著者名字已忘了)写的《野花时节》,是一本精装本,图文并茂,印刷得很精致;第三本是 Jackson 编的《植物学辞典》;第四本是《植物的故事》。还寄给我一架解剖显微镜。从此,我就开始学习起植物学来。”①周建人与鲁迅等人多次到会稽山采集植物,到镇塘殿观潮等。1912 年他在《越社丛刊》发表《会稽山采物记》和《镇塘前观潮记》,合称《辛亥游录》,署名“会稽周建人乔峰”。一位周氏长辈对周建人的勤学精神十分佩服,曾说:“阿松识得路边三百种草。他常常会一边走一边指出这是什么草,有什么用。”②鲁迅长期支持周建人的学习和研究,如 1916 年从北京寄给周建人《矿物学》《物种变化论》《自然史》等新书,1930 年从上海函购日本大型生物学丛书《生物学讲座》一套 100 多册给周建人研究。

3. 达尔文伟大贡献和自传确立他的科学信仰

周建人在自学过程中接触到达尔文的著作,看到他的自传,非常感动。特别是达尔文在自传的最后写道:“作为一个科学家来说,我的成功,不管有多大,我认为是决定于我的复杂的和种种不同的精神能力和精神状态的。关于这些智力,最主要的是:爱科学——在长期思索任何问题上的无限耐心——在观察和搜集事实上的勤勉——相当的发明能力和常识。凭着这点平庸的能力,我竟会在某些重要之点上相当地影响了科学家们的信仰。”周建人开始明确要学习生物学,他指出“达尔文对科学的伟大贡献,他的学说和他谦虚朴实的自传,都深深地感动了我,这就是我早年为什么学起生物学来的一个原因”。③ 1919 年,周建人随母赴京。1920 年,他到北京大学旁听自然科学总论和哲学等课程,陆续在《新青年》上发表《绍兴的结婚风俗》(第七卷第五号)、《生存竞争与互助》(第八卷第二号)、《达尔文主义》(第八卷第五号)等文章。周建人一生勤于笔耕,还发表《教育与性教育》(1922)、《旧妇女的任务是什么》(1922)、《权利是要自己争来的》

---

① 周建人:《达尔文进化论是怎样吸引着我的?——早年学科学追忆》,中国民主促进会中央宣传部编《周建人文选》,中国文史出版社 1988 年版,第 370 页。

② 谢德铣:《周建人评传》,第 72 页。

③ 同①,第 371 页。

(1923)、《科学和道德》(1926)、《科学信仰与迷信》(1926)、《性与文明》(1926)、《生物学和我们》(1931)、《科学的由来和它在中国不发达的原因》(1932)、《达尔文的〈种的起源〉》(1935)、《遗传与变异》(1935)、《我们反对内战》(1935)、《关于科学的方法》(1946)、《生物变化的原因》(1946)等文章，翻译了唐凯司德的《遗传论》(1922)、约翰·科尔诺斯等著的《梭罗古勃》(与郑振铎合译，1925)、《性与人生》(妇女问题研究会丛书，1927)、固特拉区的《生物进化论》(1929)、E. 朋司选辑的《新哲学手册》(1948)、达尔文著的《物种起源》(与叶笃庄、方宗熙合译，1954)、凯尔著的《性与遗传》(1928)等书；著有《进化论与善种学》(与陈长蘅合著，1923)、《性教育》(师范小丛书，万有文库，1929)、《进化与退化》(1930)、《生物进化浅说》(1948)、《论优生学与种族歧视》(1948)、《田野的杂草》(1949)、《科学杂谈》(1962)、《回忆鲁迅》(1976)等；编有《人体的机构》(1930)；校订《(医学小丛书)性之生理》(S. Hebert 著，朱建霞译，1928)、《博物知识》(彭庆昭编著，1949)、《生物科学状况》(李森科，1949)等。

二、编著中小学及师范学校教科书

1921 年 9 月，周建人经鲁迅等人荐介，到上海任商务印书馆编译所编辑，先后达 23 年之久。初到商务印书馆，他协助章锡琛编《妇女杂志》。1923 年经沈雁冰介绍认识瞿秋白，兼到上海大学任教。1925 年 1 月，章锡琛、周建人在《妇女杂志》第十一卷第一号发表关于性道德问题的文章。北京大学陈大齐教授在《现代评论》上进行指责，章锡琛发表《恋爱自由与一夫多妻》，周建人发表《新性道德与多妻》等答辩文。商务馆深感事由重大，此后即对杂志稿件严加审查。没过多久，章锡琛提请辞职，自己创办开明书店。周建人则任商务印书馆 1926 年 1 月创刊的《自然界》编辑，1932 年 1 月 28 日，日军进攻上海，商务印书馆惨遭轰炸、焚烧后被迫停业，杜亚泉、周建人等被解雇。

1. 编著“复兴教科书”系列的卫生、自然、动物教科书

1932 年 8 月，商务印书馆在被迫停业后，经过半年艰苦工作得以复业，“本服务文化之奋斗精神，特编复兴教科书一套，以为本馆复兴之纪念”[①]。鲁迅通过许寿裳转托蔡元培向王云五说情，周建人得以复职，成为 1933 年商务印书馆推出的“复兴教科书”的重要编撰者。“复兴教科书”出版后，随

---

① 商务印书馆：《商务印书馆图书目录(1897—1949)》，商务印书馆 1981 年版，附录。

着课程标准的变化一次又一次修订,部分使用至新中国成立初期,如周建人编著的《复兴教科书动物学(初中)》,至1950年7月253版。初步统计,周建人编撰的“复兴教科书”如下:

《(新课程标准)复兴自然教科书(初小)》8册,周建人等编著,王云五、黄绍绪校订,商务印书馆,1933年初版。

《(新课程标准)复兴自然教科书(高小)》4册,周建人等编著,王云五、黄绍绪校订,商务印书馆,1933年初版。

《复兴自然教学法(高小)》4册,徐允昭、黄坚白编著,周建人校订,商务印书馆,1933年初版。

《(修订课程标准)复兴自然教科书(高小)》4册,周建人、周颂久编校,1937年初版。

《(新课程标准)复兴自然课本(高小春季)》4册,周建人、周昌寿编校,商务印书馆,1935年初版。

《(新课程标准)复兴卫生课本(初小春季)》8册,宗亮寰、周建人编校,商务印书馆,1935年初版。

《复兴初级中学教科书动物学》上、下册,周建人编著,商务印书馆,1933年初版。

《(修订课程标准)复兴初级中学教科书动物学》上、下册,周建人编著,商务印书馆,1937年改编本1版。

《复兴初级中学教科书植物学》上、下册,童致棱原编,周建人改编,胡先骕校订,商务印书馆,1937年改编本1版(1937年教育部初审核定本)。

《复兴初级中学教科书动物学》,上、下册,周建人编著,商务印书馆,1937年改编本1版。

《(修正课程标准)复兴自然教科书(高小)》4册,周建人、周颂久编校,1940年12月审定本1版,1947年审定本288版。

周建人注重科学知识的普及和科学启蒙的规律,在教科书的编辑目的、内容选择、形式体例等方面都希望遵循科学的规律,现将《(新课程标准)复兴卫生课本(初小春季)》的“编辑大意”抄录如下:

(一)本书遵照教育部颁布的小学卫生课程标准编辑。全书八册,供初级小学四学年之用。

(二)本书编辑目的,在养成儿童有良好的卫生习惯,并增进其改善个人卫生及公共卫生的知能,以期成为健康的国民。

(三)本书材料,悉依儿童生活环境及知识程度,妥为排列;并与自然、社会两科互相联络。凡春季始业之学级,均可採用。

(四)本书对于实际的活动,极为注意。凡校内外各种卫生运动,均尽量加入,使儿童可以参加活动,增进效力社会的热忱。

(五)本书排列,前后均有联络,用作设计教学,最为便利。

(六)本书第一、二册一图画尾注,略用文字说明;第三四册,图画文字并重;第五册至第八册,以文字为主,仍尽量利用插图。课文前后,均有想和做的问题,以便儿童自动研究学习。

(七)本书另编指导法一套,详载各单元各课的指导方法和参考材料,以供教师应用。①

周建人强调书本知识与实际生活的密切关联,尤其注重活动对于儿童学习的意义,强调学生自主学习的习惯养成和能力培养。教科书形式设计有“想”和“做”两部分,如《复兴卫生课本(初小春季)》第5册第1课《早操的好处》前面有“想:(1)早操有甚么好处?(2)早操应该注意些甚么?”;课文后面有“做每天早操十五分钟”。② 周建人在内容选择时注重科学常识的普及,希望儿童在日常生活养成科学生活习惯,如这一册第五单元是“口腔内的卫生”,编排有《牙齿的种类的构造》《怎样保护牙齿》《舌头的功用和保护法》《口腔的卫生》《冷饮品有害处吗》五课。周建人在编撰小学阶段的教科书中,一直非常强调自主学习和研究,如《复兴自然教科书》共计12册(小学校初级用8册、高级用4册)在“编辑大意”中指出:“本书的编制,分四个阶级:第一、二册,以图画为主;第三、四册,图画和文字互相参照;第五册至八册,在课文及插图外,另加‘想’和‘做’的题目,使儿童注意思考和实验;高级各册,以课文为主,注重儿童的自动研究和实习。”③在编写中学阶段的教科书时,周建人更多的是强调科学知识与人生、人类的重要关系,取材以常见为主,强调常识要随时灌输。如在《(新课程标准)复兴初级中学教科书动物学》中指出,“本书取材以本国常见及与人生最有关系之动物为主,

---

① 宗亮寰、周建人:《(新课程标准)复兴卫生课本(初小春季第1册)》,商务印书馆1935年初版,封3。

② 同上,第1页。

③ 周建人、宗亮寰、沈百英:《(新课程标准)复兴自然教科书(高小第1册)》,商务印书馆1933年版,第1页。

对于动物之适应,及与人类利害关系等均有详细说明。此外如保护有益动物及驱除有害动物之常识,亦随时灌输”①。由于周建人自身有丰富的教学实践经验,而且对我国的情况十分了解,所以在编辑教科书时,明确强调如果教师在教学中,发现教科书上有与时令不符的情况时,可以灵活机动地调整。“教材均依分类次序排列,由常见之高等动物起,渐及于下等动物,使学者易于领悟。其中动物,有出现时期与教学时期不相合者,教师可预先采集,保存。遇必要时,不妨把教材提前或移后”②。周建人关注教科书插图的作用:“本书插图力求明了正确,配置亦求繁简适宜,解剖图中间有注释较繁者,以便作参考之用”。教科书的各章或各节末有练习题目,书后“更附汉英对照表,以便检查”。③

周建人的科普作品也被广泛收入中小学教科书中,如《(新课程标准)复兴国语(高小)》第2册选入《昆虫是什么》④,分为连续三课让学生学习。

2. 编著及校订中小学及师范学校教科书

周建人因为与开明书店私交甚好,所以一些他校订、编辑的教科书由开明书店出版,如他在1931年就校订了自己夫人王蕴如编著的《开明植物学教本(初中)》,1934年编写的《新标准初中教本动物学》上、下册。因为周建人有着教师教育教学的经历,所以他还编写有师范学校教科书。除了参与编写“复兴教科书”,周建人还编写、校订有:

《开明植物学教本(初中)》,王蕴如编著,周建人校,开明书店,1931年初版。

《新标准初中教本动物学》上、下册,周建人编,杜亚泉校,开明书店,1934年初版。

《生物学(师范)》上、下册,周建人著,商务印书馆,1935年初版。

《简易师范学校教科书植物学》上、下册,周建人编,商务印书馆,1935年初版。

《(中学各科要览)动物学》,周建人、刘纪编,商务印书馆,1937年初版。

---

①②③ 周建人:《(新课程标准)复兴初级中学教科书动物学(上册)》,商务印书馆1933年初版,第1页。

④ 沈百英、宗亮寰、丁毂音:《(新课程标准)复兴国语课本(高小春季第2册)》,商务印书馆1935年20版,目次。

《初级中学动物学课本》上、下册，周建人编，李沧、于观文助编，人民教育出版社，1950年8月新华书店原版，1951年2月北京9版。

《高级小学课本自然》4册，1964年新编，人民教育出版社，1964年1版1印。第2册封底有："参与本书编辑工作的有刘默根、李培实等。本书蒙周建人、高士其、彭庆昭等同志审阅"。

《新标准初中教本动物学》也是按照1932年新课程标准颁布，但周建人在这套教科书编写中较为强调"范例"的作用，如教科书"以最常见而经济关系最重要的为主，除足以为某一门类的代表动物外，概不滥入"①。编辑方法"先取每类的代表动物，详述其形态、生理、生态和经济关系，随后分论同类中重要的种类，并附分类简表，演绎和归纳同时并用，使学习者得融会贯通。"②教科书同样注重用插图增加儿童学习兴趣，以补充文字之不足。教科书不仅为参考起见对每一种动物及术语都附有学名及英文，而且"本书中各种名词，都采最通行证，凡有俗名的动物，必附记其俗名放后，使读者容易理会"。③可见同样是根据1932年课程标准进行编著，与《复兴初级中学教科书动物学》不同的是，周建人在这套教科书中更为注重简洁、通俗、实用等特征。周建人编写的教科书生动活泼、图文并茂，曾长时间为全国中小学所采用。

1948年4月，周建人加入中国共产党。这年秋天，他从上海辗转到达河北省平山县。1949年4月，他被任命为华北人民政府教育部教科书编审委员会副主任，兼任自然组组长，积极准备新中国教科书。他编写有《初级中学动物学课本》上下册，1950年开始由新华书店出版。因华北人民政府教育部教科书编审委员会的工作全部归入出版总署编审局，周建人任出版总署副署长，协助胡愈之署长主持新中国的出版事业。"我的职务是管出版，计划出版些于思想有益、于生产有用的书"④。此后，周建人审阅过一些中小学教科书，如人民教育出版社1964年新编的《高级小学课本自然》封底，印有"参与本书编辑工作的有刘默根、李培实等。本书蒙周建人、高士其、彭庆昭等同志审阅"⑤。

---

①②③ 周建人：《新标准初中教本动物学(上册)》，开明书店1934年版，第1页。

④ 谢德铣：《周建人评传》，第200页。

⑤ 人民教育出版社：《高级小学课本自然(第2册)》，人民教育出版社1964年版，封底。

三、种类繁多的教学辅助读本

周建人是著名的社会活动家，早在 1932 年 12 月就参加宋庆龄、蔡元培、杨杏佛、鲁迅等人发起成立的中国民权保障同盟筹备会，并被推选为调查委员。1945 年 12 月，周建人与马叙伦、王绍鏊、许广平、林汉达、赵朴初、雷洁琼等人在上海发起成立了中国民主促进会，同时他还担任生活书店、新知书店编辑。[①] 周建人总觉得中国的问题是人民大众的文化素质太低，不懂科学，不讲科学，封建迷信思想还普遍存在。于是，他在编辑出版教科书的同时，还编辑与校订了大量的科普小册子，即作为中小学课外辅助读本，也是通俗的大众科学启蒙读本。如周建人编《无脊椎动物图说》中的“编辑大意”说明：“本书编辑的目的，系供普通学生，初学生物学者，及一般爱好自然研究者阅览之用。对于学绘画的人，多少也有用处。”[②]所以，这类读本内容明了，通俗易懂，十分注重生活常识的普及。如《鱼类生活》(新小学文库第一集五年级自然科)目次为“鱼的构造和分类、鱼的生理、鱼的食性、鱼的住所及生育、鱼的生活、著名的鱼、药用及卫生用的鱼、有毒的鱼”[③]。周建人编著及校订的教学辅助读本初步统计如下：

《性教育》(师范小丛书)，周建人著，商务印书馆，1929 年初版。

《性教育》(万有文库第一集一千种)，周建人著，商务印书馆，1929 年初版。

《植物标本的採集和制作》(小学生文库第一集劳作类)，周建人著，商务印书馆，1933 年初版。

《人类的祖先》(小学生文库第一集生物类)，周建人著，商务印书馆，1933 年初版。

《昆虫标本的採集和制作》(小学生文库第一集劳作类)，周建人、徐应昶编，商务印书馆，1934 年初版。

《鸟》(小学生文库第一集动物类)，李宗法著、周建人、徐应昶校，商务印书馆，1933 年初版。

---

① 新华社:《周建人同志生平》,《人民日报》,1984 年 8 月 7 日。

② 周建人:《无脊椎动物图说》,商务印书馆 1950 年 3 版,第 1 页。

③ 周建人:《(新小学文库第一集五年级自然科)鱼类生活》,商务印书馆 1947 年版,目次。

《昆虫记》(小学生文库第一集动物类),王大文译,周建人校,商务印书馆,1934年初版。

《蜜蜂》(小学生文库第一集动物类),凌鸿瑶著,周建人、徐应昶校,商务印书馆,1933年初版。

《儿童化学实验法》(小学生文库第一集化学类),吴道良编,周建人校,商务印书馆,1934年初版。

《燃烧》(小学生文库第一集物理类),周建人著,商务印书馆,1934年初版。

《鸟类生活》(新小学文库第一集五年级自然科),周建人编译,商务印书馆,1947年初版。

《鱼类生活》(新小学文库第一集五年级自然科),周建人编著,商务印书馆,1947年初版。

《有趣的天象问题》(新小学文库第一集六年级自然科),周建人编译,商务印书馆,1947年初版。

《有趣的理化问题》(新小学文库第一集六年级自然科),周建人编译,商务印书馆,1947年初版。

《有趣的动物问题》(新小学文库第一集六年级自然科),周建人编译,商务印书馆,1947年初版。

《有趣的植物问题》(新小学文库第一集六年级自然科),周建人编译,商务印书馆,1947年初版。

《哺乳动物图谱》(中学生自然研究丛书),周建人编,商务印书馆,1936年初版。

《生物学讲话》(中学生自然研究丛书),陈一百等编译,王云五、周建人主编,商务印书馆,1936年初版。

《生物进化浅说》(青年自学丛书),周建人著,生活书店,1947年初版。

《论优生学与种族歧视》(青年自学丛书),周建人著,光华书店,1948年初版。

《吸血节足动物》(百科小丛书),周建人、尤其伟编译,商务印书馆,1933年初版。

《田野的杂草》(新中国百科小丛书),周建人著,生活·读书·新知三联书店,1949年初版。

新中国成立后,虽然周建人更多地关注哲学的研究和思想革命的研究,但他仍然极为关注国民的科学启蒙。“文革”期间,对于“停课闹革命”,他曾气愤地说:“不要教育、科学、文化,不要知识分子,不让学生读书,中国非灭亡不可。”[①]针对“读书无用”等轻视知识的言论,周建人指出:“现在知识不是无用,也不是多了,而是知识太贫乏,与社会发展不相适应,与社会需要距离很大,需要大力加强。”[②]1978 年,他给全国科学大会写了贺信《科学是历史的有力杠杆》,以后又写了《达尔文进化论是怎样吸引着我的》《普及科学、厉行节育》《计划生育与传宗接代》《思想科学初探》《思想问题随录》等。

周建人自学成才,不仅知识渊博,而且有着丰富的教育教学实践经验,“特别是他严谨的治学态度和追求真理的执着,更令人感动”[③]。周建人非常强调小学启蒙教育的重要性,认为“只有基础打好了,中学和大学才能有高质量的毕业生”[④]。他明确指出:“千万不要把孩子困在书斋里读死书,要让他们在广阔的天地自由翱翔,在各种各样的活动中培养他们的求知欲、事业心和责任心,使他们的身心得到充分的发展。”[⑤]他以坚定的科学信仰和孜孜以求的教育启蒙精神,从 20 世纪 30 年代开始编辑出版中小学自然科学教科书以及教学辅助读本,以使广大国民“要具有科学的头脑,必须学习科学”[⑥]。他编写的教科书从内容选择到形式体例,都力求以满足儿童生命成长与生活实际需要为主,让学生明了环绕四周的花鸟鱼虫就是教科书上的动物植物,教科书上的知识活生生存在于现实生活中。他编写的教科书不仅符合儿童身心发展的特点,体现了教育教学的规律,而且理念新颖、文笔流畅、悦人耳目,具有科学的美感,是继杜亚泉之后商务印书馆“绍兴帮”的主力军和佼佼者。

---

① 谢德铣:《周建人评传》,第 272 页。

② 同上,第 270 页。

③ 周建人:《选编后记》,顾明远选编:《花鸟虫鱼及其他》,湖南教育出版社 1999 年版,第 186 页。

④⑤ 周建人:《从小培养学生的求知欲、事业心、责任心》,《周建人文选》,第 365 页。

⑥ 周建人:《科学知识与“科学头脑”》,顾明远选编:《花鸟虫鱼及其他》,第 145 页。

第九章　丰子恺:绘画呈现“儿童相”

丰子恺是我国近现代著名文艺大师和教育家,以中西融合画法创作漫画以及散文创作而著名,他的创作始终贯穿着对儿童的热爱与呵护,洋溢着童心。日本汉学家吉川幸次郎曾说:“我觉得,著者丰子恺,是现代中国最像艺术家的艺术家。这并不是因为他多才多艺,会弹钢琴、做漫画、写随笔的缘故,我所喜欢的,乃是他的像艺术家的直率,对于万物的丰富发爱,和他的气品、气骨。如果在现在要想找寻陶渊明、王维那样的人物,那么,就是他了吧!”[①]1926年,丰子恺为开明书店成立设计店徽商标,1928年在开明书店改组为股份有限公司时成为股东之一,1929年开始任开明书店编辑(1930年辞去教职)。丰子恺一头扎进了一个“纯真”的儿童世界,为叶圣陶、林语堂等编写的教科书绘制封面及插图,并编写有图画、音乐教科书。1946年,丰子恺在《漫画创作二十年》中首次提出“儿童相”的概念:“今日回顾这二十多年的历史,自己觉得,约略可分为四个时期:第一是描写古诗的时代,第二是描写儿童相的时代,第三是描写社会相的时代,第四是描写自然相的时代。”[②]丰子恺以简约书法笔意诠释自己对儿童“如此这般存在”[③]的理解以及对儿童生命存在本质性的追问。

一、丰子恺与开明书店

丰子恺(1898—1975)是浙江桐乡人,原名为丰润,小名慈玉。丰家祖上开设小染坊,他的父亲中末届科举杭州乡试第八十七名举人,但因母谢世,居丧三年,未出仕。后科举废,遂在家守拙度日。丰子恺“七岁入塾即

---

① [日]吉川幸次郎:《〈缘缘堂随笔〉译后记》,日本创元社1940年1版,第259页。

② 丰子恺:《漫画创作二十年》,《率真集》,万叶书店1946年版,第118页。

③ Hermann Schmitz: *Der unerschöpfliche Gegenstand*, *Grundzüge der Philosophie*. Bonn. Bouvier, 2007, pp. 277—278.

擅长丹青。课余常摹古人笔意,写人物图,以为游戏"[①]。

1. 毕业于浙江省立第一师范,留学日本攻读绘画和音乐

1914年,丰子恺毕业于崇德县立第三小学,考入浙江省立第一师范学校学习,校长为经亨颐,李叔同教图画、音乐,夏丏尊教国文。丰子恺课余向李叔同学习日文,并常陪李叔同的日本画家朋友在西湖写生。丰子恺曾说:"弘一法师是我学艺术的教师,又是我信宗教的导师。"[②]1919年9月,丰子恺毕业后与刘质平、吴梦非(皆李叔同的学生)在上海开办上海专科师范学校,丰子恺任教美术,后兼在城东女校教画。1921年初,丰子恺赴日留学,在洋画研究会、音乐研究会、外国语学校学习。他十分喜爱日本画家竹久梦二的作品,以后创作漫画时颇受其影响。因在日经费紧张,他仅在日本学习十个月。

2. 在上海专科师范学校、在中国公学中学部、春晖中学等多处任教

1922年,丰子恺开始在多处任教兼课。他一方面仍在上海专科师范学校任教(与陈望道等同事),同时还在吴淞中国公学中学部(与舒新城、朱光潜、匡互生、孙俍工等同事)及宁波四中兼课。同年,经夏丏尊介绍,到浙江上虞白马湖春晖中学教授音乐与图画(与夏丏尊、朱自清、朱光潜、匡互生、刘薰宇等同事)。1923年,丰子恺在春晖中学开始用毛笔创作漫画,先从古诗词意境练习,后集中描绘儿童生活,受到同事们的赏识。1924年7月,丰子恺的第一幅漫画作品《人散后,一钩新月天如水》发表在朱自清、俞平伯合编的《我们的七月》;同年8月为朱自清诗集《踪迹》创作封面,为俞平伯散文集《忆》创作插图;后春晖中学教师因与校长经亨颐意见不合,带着一部分学生在上海创办立达学园,年底丰子恺也辞职到上海。1925年12月,丰子恺的第一本画集《子恺漫画》由文学周报社出版。1926年1月,《子恺漫画》由开明书店印行,为此画集作序文的有郑振铎、夏丏尊、朱自清、俞平伯、方光焘、丁衍庸、刘薰宇等。抗战之后,丰子恺又到广西桂林师范任教。

3. 支持创办开明书店,不仅设计店徽,还是股东和编辑

1926年1月,商务印书馆《妇女杂志》刊出《新性道德专号》,提倡妇女解放和婚姻自由,引发公开论战,商务印书馆撤换主编章锡琛。胡愈之、丰子恺、郑振铎等人支持章锡琛,于1926年创办《新女性》杂志,商务印书馆得知后辞退了章锡琛。1926年8月,章锡琛在夏丏尊、刘叔琴、丰子恺等人的支持下创办书店,孙伏园取"开宗明义"之意,取名"开明书店",并书写招

---

① 丰子恺:《学画回忆》,《良友》1935年第103期。

② 丰子恺:《我与弘一法师》,《丰子恺研究资料》,宁夏人民出版社1988年版,第95页。

牌，丰子恺设计了店徽。1928 年，由刘叔琴、杜海生、丰子恺、胡仲持、吴仲盐等人发起，改组为股份有限公司，丰子恺积极入股为股东，被选为董事，后又任监事。丰子恺 1929 年开始任开明书店编辑，为《开明国语课本》12 册（叶圣陶编纂，1932 年）及《开明英文读本》（林语堂著）、《开明常识课本（初小春季）》8 册（傅彬然编纂，1935 年）、《初中英语教本》（王国华编著，1941 年）、《普益国语课本》9 册（叶圣陶编纂，1942 年）、《幼童国语读本》4 册（叶圣陶编著，1949 年）等绘制封面及插图。1933 年，开明书店开办函授学校，丰子恺担任图画、音乐讲师，编有《开明音乐讲义》（1933 年）、《（开明中学讲义）开明图画讲义》（1934 年）、《开明音乐教本》6 册（与裘梦痕合编，1935 年），校订有《小学音乐课本（初小）》12 册（陈恭则、陈宗秀选编，丰子恺、钱君匋校订，上海万叶书店 1940 年版），著有《基本知识丛书音乐初阶》（文光书店 1943 年版）。

丰子恺与"开明"情谊深厚，他有一支"开明"书店赠送的橘红色派克金笔，丰子恺用这支笔写了许多稿子。他曾风趣地说："缘缘堂就是从这支派克金笔里一点一点流出来的！"[①]而且，开明书店很多畅销书的封面和插图都是丰子恺设计和绘制的，如夏丏尊翻译的《爱的教育》等。朱光潜曾说："在开明书店办起来之后，许多书籍插图都是由丰先生亲手木刻出来的。"[②]在抗战的艰苦岁月中，1942 年 6 月，成都成立了"开明书店编译所成都办事处"，叶圣陶为主任，丰子恺、金仲华、傅彬然、宋云彬、贾祖璋等被聘为编译委员。丰子恺还介绍族侄丰沧祥、丰乾阳等人进开明书店工作。

---

① 王青：《开明书店的编辑们——为纪念开明书店创建八十五周年而作（续一）》，《编辑之友》2011 年第 6 期，第 124 页。

② 毕克官：《关于拓展丰子恺研究领域的思考》，《论丰子恺——2005 年丰子恺研究国际学术会议论文集》，天马出版有限公司 2005 年版，第 3 页。

二、《开明国语课本》插图[①]的身体现象

1932—1934 年间，丰子恺先生为《开明国语课本》12 册（叶圣陶编纂）书画了 384 幅插图[②]（含彩色插图 9 幅）。这些插图有情节性插图、肖像性插图、说明性插图和装饰性插图。[②] 其中，情节性插图有 204 幅，占全部插图的 73.91%，内容多为儿童日常生活，有饮食、卫生、劳动等特定场景及身体动作表现；说明性插图 51 幅，占全部插图的 18.48%，如图示科技知识、仪器、植物、交通工具、国旗等；肖像性插图 10 幅，占全部插图的 3.62%，如孙中山、鲁滨孙、达尔文等特定的人物或角色造像；装饰性插图 11 幅，占全部插图的 3.99%，如用白菜、荷花、树枝、菊花等组合成程式化的图案，用来做课文或目录的边界等。《开明国语课本》插图中人物共有 1116 个，其中成人有 640 个[③]，儿童有 476 个，另有拟人化动物 52 个（拟人化的动物第一次出现在中国的教科书中）。丰子恺非常重视解放儿童的身心，他认为："孩子们尚保有天赋的健全的身手与真朴活跃的元气，岂像我们的穷屈？揖让、进退、规行、矩步等在大人们的礼貌，犹如刑具，都是戕贼这天赋的健

---

① 统计依据：

丰子恺：《开明国语课本（初小第 1 册）》，叶圣陶编纂开明书店，1933 年 11 版。

丰子恺：《开明国语课本（初小第 2 册）》，叶圣陶编纂开明书店，1932 年再版。

丰子恺：《开明国语课本（初小第 3 册）》，叶圣陶编纂开明书店，1932 年再版。

丰子恺：《开明国语课本（初小第 4 册）》，叶圣陶编纂开明书店，1932 年 3 版。

丰子恺：《开明国语课本（初小第 5 册）》，叶圣陶编纂开明书店，1932 年 3 版。

丰子恺：《开明国语课本（初小第 6 册）》，叶圣陶编纂开明书店，1935 年 29 版。

丰子恺：《开明国语课本（初小第 7 册）》，叶圣陶编纂开明书店，1933 年 12 版。

丰子恺：《开明国语课本（初小第 8 册）》，叶圣陶编纂开明书店，1933 年 14 版。

丰子恺：《开明国语课本（高小第 1 册）》，叶圣陶编纂开明书店，1934 年初版。

丰子恺：《开明国语课本（高小第 2 册）》，叶圣陶编纂，开明书店，1934 年初版。

丰子恺：《开明国语课本（高小第 3 册）》，叶圣陶编纂开明书店，1934 年初版。

丰子恺：《开明国语课本（高小第 1 册）》，叶圣陶编纂开明书店，1934 年初版。

②在统计插图时，未将课本的封面图归入统计范围之内，但是课本的目录和练习插图都包含在内。如果在课本的两面纸上出现一整幅插图，同时描绘两篇课文的情况，算作两幅插图，如果出现在课本两面纸上一整幅插图是描绘一篇课文的内容，算作一幅插图。在练习中的插图不论再小只要是与其他插图无明显联系都算作一幅插图。

③在统计人数时，将每一幅插图中出现的人数都计算在内，其中因为个别插图较模糊，无法清除判断人数，有小学初级学生用第四册第 14 课《人山》大约是 247 个成人，小学高级学生用书第四册第 17 课《两个铁球同时着了地》大约是 53 个成人。

② 余连祥：《丰子恺美学思想研究》，商务印书馆 2012 年版，第 255 页。

全的身手的。”[①]他基于现实、追求想象的绘画，以自己的子女作为直接的原型，探寻儿童的最真实的本意。在《开明国语课本》插图中，丰子恺以风趣简约书法笔意描绘出具有运动性、空间性、情境性的身体现象。

1. 身体姿态以“站立”为主，在开放性关联中呈现“活”的智慧

在《开明国语课本》插图中，成人及儿童身体姿态有站、坐、蹲、躺等，其中站姿为主的插图有109幅(含7幅奔跑姿势)，如儿童有站着说话、仰望天空、堆雪人、放风筝、捕鱼、春游、做游戏、挖田地、除杂草、弹弓打鸟、种树、杂技抖碟子、排队开会、升国旗、唱国歌、打扫卫生、搬椅子、拍手唱歌、送信件、写标语等；成人有俯身面对儿童说话、在田野中弯腰割麦、挑担、弹棉花、牵羊、放羊、赶牲畜、做游戏、站在海水中、演讲、抬牲畜、赶车、划船、排队进站、打铁、站岗、救火等。此外，坐姿插图27幅，蹲姿2幅，躺姿与趴姿各1幅，混合姿态25幅。丰子恺曾说：“漫画是简笔而注重意义的一种绘画。”[②]“站立”是身体的主要姿态，表明不论是在自然、困境抑或强权面前，站立都是身体与世界开放沟通中必须确立的主体性坐标，意味着人的尊严的存在。特别要指出的是，在整套教科书的插图中，只有《开明国语课本(初小)》第4册第29课《懒惰的人》插图中有一个身体是躺着的。本课课文内容是许多农人工人聚在一起说自己做了什么，其中有一个懒惰的人在大家的催促下进行了以下对话：“‘我没有做什么。我实在说不出。’‘那么你也要吃东西，用东西吗?’‘当然要吃，要用。不过吃的是你们种出来的，用的是你们造出来的。’大家对他说：‘这样，你太对不起我们了。你也得劳动。就去种田吧。’他的手臂很细小，全身没有力气，才举起锄头，他就跌倒在田里。”[③]插图画面是一个穿着长衫的人躺在田地里，满面愁容，旁边横躺着一个锄头，生动描绘出懒惰人的身体是无法站立的。这让儿童直观感受到在生活世界中站立的意味，明白一个人不匍匐在这个世界上，他才能看得更多，看得更远，才能在纷纭错综的关联中，以站立的姿态给自己博得高远的人生境界。

2. 身体空间以“户外”为主，在局部性拓展中呈现“趣”的情态

在《开明国语课本》插图中，成人及儿童身体所处空间是以户外为主。其中儿童多样化的身体姿态主要出现在操场、公园、野外等教室之外的休闲活动场所，各种充满趣味的身体姿态，惟妙惟肖地展现了儿童率性、本真

① 丰子恺：《儿女》，《小说月报》1928年第19期。

② 丰子恺：《漫画的描法·子恺漫画选》，湖南文艺出版社2001年版，第4页。

③ 丰子恺：《书画·开明国语课本(初小第4册)》，叶圣陶编纂，开明书店1932年3版，第46页。

和肆意的天性。如《开明国语课本(初小)》第3册第38课《骑马》内容为:“新年庆贺会开完了,许多同学做骑马的游戏。三个人做一组。一个做马头。一个做马身体。又一个骑上去,喊一声‘马来了!’马就向前跑去。许多匹马一同跑,运动场好像跑马场了。跑了一会,骑马的做马,做马的骑马。这样轮流着,每人骑过马,每人做过马头、马身体,大家都出汗了。”[①]丰子恺在插图中一共绘制了十一个儿童在户外平地上开心地玩骑马游戏,其中八位男童及一位女童分为三组进行骑马竞赛,还有好奇的姐弟俩饶有兴致地在一旁观看比赛,是一幅儿童玩游戏的欢快画面。特别值得关注的是,丰子恺先生在插图中从地球空间拓展到太空,有意识地局部拓展身体的想象空间。如《开明国语课本》小学初级学生用书第3册第3课《我坐飞机了》,课文内容是:“我睡在床上,看见新书像房门一样大。图里的小鸟飞下来对我说:‘快起来,我带你到天空去玩。’我就起来,骑在小鸟的背上。小鸟扑着翅膀,穿过青云向上飞去。我拍手说:‘我坐飞机了!我坐飞机了。’”[②]课文插图是一个女孩子抬头骑在一只长着一对大翅膀的白鸟的身上,飞在白云之上。恰如丰子恺认为:“我们可以暂时放下我们的一切压迫与担负,解除我们平日处世的苦心,而做真的自己的生活,认识自己的奔放的生命。”[③]

3.身体方向以“抬头”为主,在双重性纠葛中呈现“境”的现实

在《开明国语课本》插图中,儿童及成人的身体抬头(或仰头)的表现较为突出,如全套教科书中9幅彩色插图中有6幅是有人物身体的,其中5幅中儿童是抬头的,极为醒目。初步统计身体姿势中展现抬头方向的插图一共有76幅(其中初小第1—8册依次为14幅、13幅、4幅、7幅、8幅、6幅、6幅、4幅,高小1—4册依次为3幅、2幅、3幅、6幅),如有儿童坐在凳子上抬头听先生说、抬头看月亮、抬头看升国旗、抬头唱国歌、抬头看窗外飘雪、抬头对雪人说话、抬头放风筝、抬头看姐姐拨闹钟、坐着抬头吹泡泡玩,成人半蹲着抬头手拿长竹条转盘子,抬头踢毽子,抬头听留声机等等。如《开明国语课本(初小)》第1册第9课《这个是月亮》内容为:“窗子外/月亮圆/像个球/像个盘/像个球/我来玩/像个盘/我来端。”[④]插图中两位男孩子及一只小猫仰头望着天空中的月亮。这类身体方向以抬头仰望为主的题材取

---

① 丰子恺:《书画·开明国语课本(初小第3册)》,叶圣陶编纂,开明书店1932年再版,第45页。

② 丰子恺:《书画·开明国语课本(初小第3册)》,叶圣陶编纂,开明书店1932年初版,1932年再版,第3页。

③ 丰子恺:《童心的培养》,《教育杂志》1927年第19卷12月号。

④ 丰子恺:《书画·开明国语课本(初小第1册)》,开明书店1933年11版,第13页。

自平常的现实社会生活，但经丰子恺的撷取、剪裁、安排后就包含了丰富的精神意蕴，远远越出有限画面所直接描绘的部分而发人深思。不论是主动抬头探究宇宙、大自然，抑或儿童被动抬头与成人说话，儿童与成人同时仰视国旗等，均映射出现实中儿童真实的生活情境，即国民党党化教育背景下身体规训与身体自由存在双重性的纠葛。但全套教科书插图中仰视国旗的插图只有1幅，可见丰子恺对于“党在国上、民在党下”的时代意识形态关系处理得较为疏离，并且明显有故意淡出的潜在意图，转而强调儿童生命的向上力量并进行引导。正如他认为：“描画依然是为文章的内容作图解，非但无补于文章，反把文章中变化活跃的情景用具像的形式来固定了。”①

三、儿童如此这般的存在

1927年之后，国民党在中小学全面实施党化教育，强力引导儿童在心理和行为上明确指向“党”，激发儿童的意义信仰。② 在受到各界质疑后，1932年教育部颁布的《中小学课程标准》要求将国民党，党义的内容分散在各科教学中。如《小学国语课程标准》教材选编应注意的第一点就是“依据本党的主义，……关于下列一类的党义教材，尤须积极采用……”③国民党的党化教育强制性的规训，实质是在消解儿童的生命原始冲动与主体能动性的发挥，极大偏离了教育启蒙的初衷。丰子恺自称是儿童的崇拜者，1927年在《童心的培养》一文中指出：“家里的孩子们常常突发一种使我惊异感动的说话或行为。我每每抛弃了书卷或停止了工作，费良久的时光来仔细吟味他们的说话或行为的意味，终于得到深的憧憬的启示。……我于惊奇感动之余，仔细一想他们这种言语行为的内容意味，似乎觉得这不仅是家庭寻常的琐事，不仅是可以任其随时忘却的细故，而的确含有一种很深大的人生的意味。觉得儿童的这一点心，是与艺术教育有关系的，是与儿童教育有关系的。这是人生最有价值的最高贵的心，应积极保护、培养，不应该听其泯灭。”④由此，“我作漫画由被动的创作而进入自动的创作，最初是描写家里的儿童生活相。我向来憧憬于儿童生活。尤其那时，我初尝

① 丰子恺：《〈古代英雄的石像〉读后感》，《古代英雄的石像》，开明书店1931年版，第4页。

② 吴小鸥：《民国时期中小学党化教科书及其启蒙规定性》，《中国人民大学教育学刊》2013年第4期，第145—162页。

③ 林治金：《语文教学大纲汇编》，青岛出版社2001年版，第20页。

④ 丰子恺：《童心的培养》，《教育杂志》1927年第19卷12月号。

世味，看见了当时社会里的虚伪矜忿之状，觉得成人大都已失本性，只有儿童天真烂漫、人格完整，这才是真正的'人'。于是变成了儿童崇拜者，在随笔中、漫画中，处处赞扬儿童。现在回忆当时的意识，这正是从反面诅咒成人社会的恶劣"①。我们还是以《开明国语课本》插图为例，展现丰子恺所理解的儿童相。

1. 儿童是"自在"的趣味本体，身体的感性冲动及活动指导契合

丰子恺认为："童心，在大人就是一种'趣味'。培养童心，就是涵养趣味。小孩子的生活全是趣味本位的生活，他们为趣味而游戏，为趣味而废寝忘食。……认识千古的大谜的宇宙与人生的，便是这个心。得到人生的最高的法悦的，便是这个心。这是儿童本来具有的心，不必父母与先生教他。只要父母与先生不去摧残它而培养它，就够了。"②丰子恺曾在《忆儿时》中提到儿时杀生的三件事，感叹人与其他动物的生命价值相去不远，杀生取乐或饱食，都让人惭愧和懊悔。③ 他在《开明国语课本》插图中首次将拟人化动物引入中国的小学教科书，引导儿童给予动物以人的平等待遇。对于儿童追求趣味的生活本真，丰子恺先生认为："儿童对于人生自然，另取一种特殊的态度。"④这种态度是一种"绝缘"，即"对于人生自然的'绝缘'(isolation)的看法。……绝缘的时候，所看见的是孤独的、纯粹的事物的本体的'相'。……绝缘的眼，可以看出事物的本身的美，可以发见奇妙的比拟。……把事物绝缘之后，其对世间、对我的关系切断了。事物所表示的是其独立的状态，我所见的是这事物的自己的'相'"⑤。为此，丰子恺在《开明国语课本》插图中，十分注重通过儿童身体原初体验的描绘，如兴奋时的跳跃、欢乐时轻快地奔走、害羞时的低头垂肩等展现儿童本体的相，这些是儿童生命的本真所在，是其如此这般地自然成长的根基与源泉。如《开明国语课本》(初小)第4册第1课《来得太早了》的插图，展示了三个孩子因为妈妈说下午要带他们听音乐会，而拨弄钟表的画面：只见身量最高的姐姐(背面呈现)打开家中座钟盖拨弄指针，右边一个最小的弟弟(背面呈现)正在聚精会神地看着姐姐拨弄，左边一个年龄稍长的弟弟则面带微笑仰头看着姐姐拨弄。整个画面将儿童对钟表的好奇和对时间的误会，以及儿童迫不及待的心情和令人捧腹的行为淋漓尽致地展现出来。同一册第21课《拔萝卜》的插图则是六个同学戴着面具扮演牛、马、狗、羊、猫、老鼠，他们

---

① 丰子恺：《漫画创作二十年》，《率真集》。

②④⑤ 丰子恺：《童心的培养》，《教育杂志》1927年第19卷12月号。

③ 丰子恺：《缘缘堂随笔》，开明书店1932年版，第54—63页。

排成一排，后面的牵着前面的人的衣服，一个同学扮演大萝卜，正在欢快地进行“拔萝卜”的热闹游戏场景。纵观《开明国语课本》插图，不论是室内还是户外，丰子恺先生都有意识地突出并优化儿童的童趣生活体验，且有活动指导意味。课文中虽然有关于儿童学习等基本活动等文字，但没有表现儿童伏案作业的插图，即使看书，也是坐在了月亮之上，如《开明国语课本（初小）》第3册第4课《月亮船》的插图为闪烁的星空中，两个儿童靠坐在弯弯的月亮上，手捧书本互相交流的画面。“我的意旨，就是说现实的世间既逃不出理智、因果的网，我们的主观的态度应该能造出一个享乐的世界来，在那里可得到 refreshment（精神爽快，神清气爽），以恢复我们的元气，认识我们的生命。而这态度，就是小孩子的态度。”①在《开明国语课本》插图中，丰子恺有意识地突出教育中儿童本真态度并顺应儿童敏锐的感悟能力，并使其越来越丰富，而不是断裂与迟钝。正如杜威《学校与社会》中所言：“儿童已经具有旺盛的活动力，教育上的问题在于怎样抓住儿童的活动并予以指导。通过指导，通过有组织的使用，它们必将达到有价值的结果，而不是散漫的或听任于单纯的冲动的表现。”②

2. 儿童是“自由”的开放本体，身体的场域变化与经验意义契合

“生存是被开启的情境，所经验意蕴的完整具体的统一。”③儿童的存在不是单纯的生理性存在，作为精神存在的意识是密不可分的，统一在其开放的本体中，表现为身体在情境场域中获得经验后建构的意义，这使得儿童具有无限的可能性。丰子恺指出：“我所谓培养，就是做父母、做小学先生的人，应该乘机助长，修正他们的对于事物的看法。助长其适宜者，修正其过分者。最是十岁左右，渐知人事的时光，是紧要的一个关头。”④丰子恺在《开明国语课本》插图中通过在校门、操场、教室内外、草地、卧室、客厅、海边等情境场域的身体姿势的不断变化，凸显儿童在与自然、与自我、与同伴、与成人的积极互动中自由获取生活世界的经验，在个人情境与共同情境的开放关联中构建生命的意义。如《开明国语课本（初小）》第5册第11课《移菊》的内容是同学们要将后园的菊花移到教师前面并排成圆形，对于如何排成圆形，有同学说用纸剪个大圆，但没有那么大的纸：“又有同学想到方法了。他取一根木棒插在地上，在木棒上缚一条绳子，绳子的那一头

---

①④ 丰子恺：《童心的培养》，《教育杂志》1927年第19卷12月号。

② 上海师范大学、杭州大学教育系：《杜威教育论著选》，上海师范大学印刷厂印刷1977年版，第54页。

③ Hermann Schmitz: *Der Weg der europäischen Philosophie*. Karl Alber , 2007, p. 727.

又联着一根短木棒。他拿着短木棒，拉紧绳子，一边走，一边画地。走了一圈，他喊说：‘你们看怎样？’大家看果然画得圆，一阵的拍手，并且说：‘插木棒的地方是中心，把最高大的‘大红袍’种在那里吧。’”①插图画面是六个儿童（二女四男）站在平地上，其中一个男孩子手拿一个小木棒，微微弯曲身体，围绕着中间插着的木棒在地上画圈，两个木棒中间用绳子联着，小男孩扭头与其他五个站着的儿童对话，其中一个用手指着地上的圆圈，其他四人在拍手。沉浸在儿童世界里的丰子恺在插图中，将身体置于意义世界开显的场所，表现儿童生命的存在方式不是让自己适应情境场域，而是感悟情境场域中生命的经验并将其深化，这样儿童才能在自然率真的成长中获得积极的意义。正如王朝闻评论丰子恺的儿童漫画时说：“充满了对于儿童的幻想的丰富的同情。……虽然描写的是儿童生活中平凡的小事，由于真实和生动，所以成为意味深长的、能够吸引读者反复阅读的一种艺术品。”②

3. 儿童是“自为”的发展本体，身体的教化现实与成长召唤契合

1962 年，丰子恺先生在《作画好比写文章》一文中谈到自己的画时这样说：“我不会又不喜作纯粹的风景画或花卉等静物画；我希望画中含有意义——人生情味或社会问题。我希望一幅画可以看看，又可以想想。换言之，我是企图用形状色彩来代替了语言文学而作文。”③《开明国语课本（初小）》第 1 册第 1 课开篇就是展现儿童与老师身体鞠躬的插图，这直观呈现了儿童进入学校后面临着的教化的现实，这种教化一方面是以中华传统的礼仪文化为基础，另一方面也以国民党党化教育的规训为制约。画面中两位成人及四位儿童鞠躬伴随着低头，有一位儿童鞠躬却抬头并露出笑脸，不仅这种身体表现意味深长，而且画面中点缀的三朵小红花、三个台阶、牌子上的三个字，彰显了“三生万物”的无限可能性。丰子恺在《开明国语课本》插图中没有渲染身体的教化与规训，而是突出儿童也可以通过静默中的觉醒抑或激情中的迸发来追寻成长的召唤。“当然我也喜欢看雄伟壮丽的山水画、华美优雅的花鸟画等。然而自己动起笔来，总想像作文一样表现思想感情。”④ 如《开明国语课本（初小）》第 6 册第 1 课《中华》为例，内容为：“中华，中华，我们大众的家！高大的山岭连延南北，广阔的江河滚滚东下。良好的田地到处都是，年年生产米、麦、桑、麻。富足的矿山指说不尽。

---

① 丰子恺：《书画・开明国语课本（初小第 5 册）》，开明书店 1932 年 3 版，第 20—21 页。

② 王朝闻：《我们需要儿童画——重读〈子恺画集〉所感》，《人民日报》1952 年 3 月 25 日。

③④ 丰子恺：《作画好比写文章》，《文汇报》1962 年 2 月 11 日。

多量采用哪怕缺乏。中华,中华,我们爱护他!谁来犯他,我们抵抗他!”①这篇课文的插图位于文字的下方,是一大群人仰头朝向站在人群中的一个女性成年人,只见这个人穿着连衣的长裙,双臂挥舞,右手高举,面向大家在说话。在这幅插图中,丰子恺没有绘制中华的丰饶物产,而是选取课文文字的最后一句话进行成长召唤的阐释,让儿童知道自己的国家正在遭受侵略,作为国民都要奋起抗敌,其中画面中的女性成年人,既可阐释为中华母亲的意义,也可阐释为女子作为国家的重要力量正在振臂呐喊、奋起救国,可见其意味之深远。

朱自清说:“我们都爱你的漫画有诗意,一幅幅的漫画,就如一首首的小诗——带核的小诗。你将诗的世界东一鳞西一爪地揭露出来,我们这就像吃橄榄似的,老觉着那味儿。”②这味儿是什么呢?在《开明国语课本》插图中,我们分明感受到丰子恺满怀对儿童的崇拜,“把自己的心移入儿童的天真的姿态中而描写儿童”③,处处浸透一种体贴入微的对于小孩的爱,以其对儿童同情的理解将儿童作为“真正的儿童”来描绘,以契合其本体。“我不但如谷崎君所说的‘喜欢孩子’,并且本身是个孩子——今年49岁的孩子。因为是孩子,所以爱写‘没有什么实用的、不深奥的、琐屑的、轻微的事物’,所以‘对万物有丰富的爱’,所以‘率真’”④。丰子恺通过身体的运动与静止、松弛与紧张、一致与差异等具有动力学意味的描绘,呈现自在、自由、自为的儿童相,明显摆脱了自晚清以来身体国家化思维,强调儿童以舒适、愉快、积极向上的身体感受存在于儿童的生活世界中,而不是以紧张与压抑的身体感受承载成人的规训。丰子恺主张,“普通教育是养成健全人格的教育,不是培植专门人才的教育”⑤,强调“凡是艺术,都能把一种美的感情完全地传达于他人,人类要达到这境地,非待文化相当地进步之后不可”⑥。鲁迅在《狂人日记》中发出“救救孩子”的呐喊,丰子恺则彰显出对儿童润物无声的童心滋养。“所谓培养童心,应该用甚样的方法呢?总之,要处处离去因袭,不守传统,不顺环境,不照习惯,而培养其全新的、纯洁的

---

① 丰子恺:《绘画·开明国语课本(初小第6册)》,开明书店,1935年29版,第1页。

② 朱自清:《子恺漫画》代序,1925年11月23日《语丝》第54期。

③ 丰子恺:《美与同情》,丰华瞻、戚志蓉编:《丰子恺论艺术》,复旦大学出版社1985年版,第124页。

④ 丰子恺:《读〈缘缘堂随笔〉读后感》,《中学生》1946年(战时半月刊)第179期。

⑤ 丰子恺:《卅年来艺术教育之回顾》,孙冰编:《丰子恺艺术随笔》,上海文艺出版社2012年版,第110页。

⑥ 丰子恺:《开明音乐讲义》,开明书店1948年版,第10页。

'人'的心。对于世间事物,处处要教他用这个全新的纯洁的心来领受,或用这个全新的纯洁的心来批判选择而实行。"[1]这是对儿童进行教育启蒙安身立命的出发点,不能随着社会时代风云的变换而改变。

附:丰子恺编撰及校订教科书概览

《音乐常识(高中)》1册,丰子恺编,亚东图书馆,1925年初版。

《音乐入门》1册,丰子恺编,开明书店,1926年初版。

《中文名歌五十曲》1册,丰子恺、裘梦痕编,开明书店,1927年初版。

《音乐初步》1册,丰子恺编,北新书局,1929年初版。

《近代二大乐圣的生涯与艺术》1册,丰子恺编,亚东图书馆,1930年初版。

《近世十大音乐家》1册,丰子恺编,开明书店,1930年初版。

《世界大音乐家与名曲》1册,丰子恺编,亚东图书馆,1931年初版。

《西洋音乐楔子》(又名西洋音乐知识)1册,丰子恺编,开明书店,1932年初版。

《(开明中学讲义)开明音乐讲义》,丰子恺编,开明书店,1933年初版。

《(开明中学讲义)开明图画讲义》,丰子恺编,开明书店,1934年初版。

《开明音乐教本》6册,丰子恺、裘梦痕合编,开明书店,1935年初版。

《口琴吹奏法初步》1册,丰子恺、肖而华合编,大陆书店,1938年初版。

《口琴奏法初步(附口琴抗战歌曲)》1册,丰子恺编,大陆书店,1938年初版。

《小学音乐课本(初小)》12册,陈恭则、陈宗秀选编,丰子恺、钱君匋校订,万叶书店,1940年初版。

《音乐初阶》1册,丰子恺编,文光书店,1943年初版。

《音乐十课》2册,丰子恺编,万叶书店,1947年初版。

---

① 丰子恺:《童心的培养》,《教育杂志》1927年第19卷12月号。

第十章 张其昀:“天然区域”教科书

张其昀是中国著名的史地学家、教育家,对文学和哲学皆有精深的造诣,是“中国近代科学地理学的开拓者和创建人之一”[①],被誉为“中国近代地理学的第二代宗师”[②]。他在南京高等师范学校读书时师从竺可桢、柳诒徵、刘经庶等学术大师,被胡适称为“受过近代训练的地理学者”[③]。1923年,张其昀大学毕业后任商务印书馆中学地理教科书编辑,他以人文地理学视野,打破人为省界的政治区域,以天然区域进行地理知识的全新编排,“此种编制,实为我国地理教学开一新纪元,近来各书坊所出课本,亦相习成风。据实际教学经验,已公认良法美意,非此莫属。”[④]《本国地理》在全国影响极大,“在中国地理教育史上有里程碑的地位”。[⑤] 施雅风院士回忆指出这套教科书提出的中国自然区划“是中国最早的国土区划方案之一”[⑥],且“以科学、生动、优美的文字扼要叙述”[⑦]。中科院资深院士、知名地理学家任美锷在谈到他为何求读地理专业的原因时曾说,是由于张其昀的《本国地理》一书深深地吸引了他,所以在宁波中学高中毕业时报考了当时的“中央大学”地理系。[⑧] 张其昀编撰的地理教科书与林语堂编辑的英文教材及戴运轨编辑的物理教材,在当时被誉为中国三大中学教材。

---

① 刘盛佳:《张其昀的地理思想和学术成就》,《地理学报》1993年第4期,第377—384页。

② 韩光辉:《张其昀及其历史地理学贡献》,《中国科技史料》1997年第1期,第38—48页。

③ 金雄鹤:《国民党八十四位中常委实录(下)》,台海出版社2013年版,第279页。

④ 张其昀:《本国地理(上册)》,钟山书局1933年初版,1934年5版,第1页。

⑤ 王永太:《凤鸣华冈——张其昀传》,浙江人民出版社2006年版,第9页。

⑥ 施雅风口述,张九辰访问整理:《20世纪中国科学口述史:施雅风口述自传》,湖南教育出版社2009年版,第24页。

⑦ 同上。

⑧ 章国荣:《四明鸿才张其昀》,戴松岳主编:《鄞州文史》第9辑,宁波市鄞州区地方文献整理委员会2010年版,第79页。

一、毕业于“盛极一时”的南高师

张其昀(1900—1985),字晓峰,浙江宁波鄞县(今鄞州区)人,他的曾祖与祖父均为举人,父亲是当地乡绅,致力于乡邦教育和文化建设,“我家世代书香,收藏颇富,尤多乡贤著作”①。张其昀幼时在故乡的张氏祠堂读书,1913年初小毕业后就读于鄞县县立第四高等小学。1915年,张其昀以第一名的成绩考入浙江省立第四中学(今宁波中学),他不仅三年中每个学期的考试均为第一,还在国文及史地教师的影响下逐渐明确了人生志趣。“在第四中学教历史的是洪允祥先生,教地理的是蔡和铿先生,都是甬上名宿。洪先生后来担任北京大学史学教授。他们热心教导我们,尤讲究教学方法。空间与时间原是不可分离的,历史课须以地理为背景,地理课应以史事来印证。洪先生教我们制表,蔡先生教我能画图。不但使我们深感兴味,且有助于记忆与理解。”②张其昀主张史地兼治的研究视野,就是在中学阶段受到启发的。不仅如此,他编辑中小学教科书的初衷也由此打下基础,“在中学时代,我很幸运地做了陈康黼先生的弟子。……他是我祖父的外孙,祖父的门生,又是我父亲的学生。他临终时对我父亲说,教育是最基本的事业,尤以中小学教育最为重要,后来我考取南京高等师范学校,曾从事教科书的编辑工作,源于康黼先生的遗爱。”③

1. 师承柳诒徵、竺可桢、刘经庶等学术大师,梁启超对其寄予厚望

1919年,张其昀考入南京高等师范学校(以下简称南高师)文史地部。郭秉文是南高师校长,全面引进科学教育,并在南高师基础上又创建东南大学。1921年8月,东南大学预科与南高师一起招生,张其昀遂转入竺可桢在东南大学首创的地学系。当时,郭秉文广延名师,使得学校师资盛极一时,如文科有刘伯明、陈衡哲、杨杏佛、梅光迪、吴宓等,理科有任鸿隽、竺可桢等,教育科有汪懋祖、陶行知、陈鹤琴等,工科有茅以升、涂羽卿等,商科有李道南、潘序伦等。学校开设的课程和使用的教科书大都以欧美高校为蓝本,还邀请国内外的知名学者梁启超、胡适、孟禄、杜威、罗素、泰戈尔等讲学。张其昀认为,“民国十年左右,南高与北大并称,隐隐然后成为中

---

①② 张其昀:《中华五千年史》第1册,“中国文化大学”出版部1981年版,第1页。

③ 章国荣:《四明鸿才张其昀》,戴松岳主编:《鄞州文史》第9辑,第79页。

国高等教育上的两大支柱。”[①]在大学期间，张其昀师从柳诒徵学习史料学、方志学与图谱学，师从刘经庶学习哲学史，师从竺可桢学习地理学，并深受三位大师的学术思想和治学方法影响。“当时我校新设地理课程，他（柳诒徵）指示我们应多读地理，研习科学，并以追踪二顾之学——顾亭林的史学和顾景范的地理学——相勖勉”。[②] 刘经庶是美国西北大学哲学博士，主张哲学与史学应互为表里，人类文化史应以思想史为核心。竺可桢是美国哈佛大学博士，倡导的是科学的地理学与气象学，1920 年到南高师任地理、气象教授。张其昀将柳诒徵的传统史学与竺可桢的科学地学结合起来，成为独特的史地学。当时，南高师学生自主进行学术研究蔚然成风，如陈训慈回忆写道，“南高极盛之时在民国九、十年间，延师颇重专才硕学，学科亦倾向专门研究，先后所设专修科之多，海内各高师殆无出其右者。转变之时，学校施教与训育由上管束转为奖掖学生自觉自动，成立各种研究会等。……此种研究会皆为各科学生自动组织，征他科同学有同志者之加入，请教授与外间学者为指导员，研究讲演之外，竞出刊物。”[③]张其昀是南高师史地研究会的创始会员之一，在会中担任《史地学报》总编辑和副总干事等要职，发表《最近欧洲地理学进步之概况》《美国之地理学》《上海之地理》《地理与国际问题》《历史地理学》等文章，“共撰稿 32 篇，篇数位居第一。”[④]因其才华出众，受到梁启超等名人的高度评价，如 1922 年梁启超曾在南高师讲学一学期，在张其昀的论文上评语为：“荆公所官，谢山所产，前修未远，勖哉！”[⑤]以王安石（曾任鄞县知县）、全祖望（鄞县人）来期望张其昀的未来。

2. 所在班级被吴宓誉为“空前而绝后”的一班，是南京高等师范学校最后一届毕业生

郭秉文提倡人文与科学的平衡，使得南高师—东大在学科设置上突破一般高师重心偏于人文社会科学的学科结构模式，创建了一批奠基在现代科学之上的科系，形成了科学与人文平衡的格局。学生进校第一年多是开设基本必修课，如国文、数学、英文、伦理、体育等，之后有大量的选修为主的课程，如东南大学文理科必修课中，除国文、英文外，要求每组选取修 4—8 学程的 5 组科目，A、B 两组是人文社会科学科目，D、E 两组是自然科学科

① 张其昀：《郭秉文的办学方针》，《张其昀先生文集》第 9 册，“中国文化大学”出版部 1988 年版，第 4721 页。

② 刘盛佳：《张其昀的地理思想和学术成就》，《地理学报》1993 年第 4 期，第 377—384 页。

③ 陈训慈：《南高小史》，《国风》1935 年 9 月 7 卷 2 号。

④ 吴忠良：《南高史地学派引论（上）》，《东方论坛》2006 年第 5 期。

⑤ 朱孝慈：《布衣名士肩负国史大业》，王永太：《凤鸣华冈——张其昀传》，第 9 页。

目，而C组则兼有人文科学和自然科学科目。[①] 据"1919 年进校学生所修史地学科目举例"，张其昀从 1920 年上学期至 1922 年下学期主修的课程如下：

1920 年上 《西洋文化史》《中国文化史》《东亚史》《世界地理》《地质学》

1920 年下 《西洋文化史》《中国文化史》《东亚史》《经济思想史》

1921 年上 《西洋近世文化史》《中国中古文化史》《史学问题》《中国地理》《世界地理》《地学通论》《西洋古代文化史》《中国古代文化史》

1921 年下 《西洋近世文化史》《中国地理》《美洲地理》《地学通论》《气象学》《西洋中古文化史》《中国古代文化史》《东亚史》

1922 年上 《欧战及战役史》《世界各国气候》《中国政治思想》《中国地理概论》《沿革地理》

1922 年下 《历史地质》《中国地理》《沿革地理》[②]

大学期间宽广的国际视野、频繁的中西文化交流，深深地影响了包括张其昀在内的学生们，他所在的班级包括缪凤林、景昌极、陈训慈等十多人，后来在学术上均有卓越成就，被吴宓称为南高师—东大"空前而绝后"的一班。[③] 1923 年 7 月，随着南高师最后一届学生毕业，"南京高等师范学校"的校牌被撤去，正式并入东南大学。张其昀心念前校，不愿意领取东南大学的毕业证书，遂以南京高师最后一届学生的身份毕业。[④]

张其昀严谨治学，勤于笔耕，认为一生不外五事："一曰国魂，以谋发扬中华民族精神；二曰国史，探索中华文化的渊源及其对人类社会的贡献；三曰国土，研究中国在世界的政略与战略中的地位；四曰国力，即衡断经济建设对国计民生的关系；五曰国防，以唤起爱国主义思想与民族主义，培养国家后续新生力量。"[⑤]他的学术生涯从在《史地学报》1922 年第 1 卷第 1 期发表《柏拉图理想国与周官》算起，至 1935 年，张其昀共发表各种论著 181 种，

---

① 《文理科概况》，《南大百年实录（上卷）·"中央大学"史料选》，南京大学出版社 2002 年版，第 190—191 页。

② 陈宝云：《学术与国家〈史地学报〉及其学人群研究》，安徽教育出版社 2010 年版，第 268—269 页。

③ 吴宓：《吴宓日记》第 2 册，生活·读书·新知三联书店 1998 年版，第 223 页。

④ 王永太：《凤鸣华冈——张其昀传》，第 9 页。

⑤ "中央大学"南京校友会、"中央大学"校友文选编纂委员会：《南雍骊珠"中央大学"名师传略》，南京大学出版社 2004 年版，第 343—344 页。

其中有关地理学的刚好100种。[①] 据《华冈学园创办人张其昀著作目录》统计，张其昀共有各种论著2045种，[②]现代学人罕有其匹。刘盛佳指出张其昀“有关地理学的论著约350种，是我国近现代地理学者中发表论著最多的学者之一”[③]。张其昀在《史地学报》上先后发表了《最近欧洲地理学进步之概况》、《美国之地理学》等学术论文，著译有《战后新世界》([美]Isaiah Bowman原著，1926年)、《中国地理大纲》(1927年)、《中国民族志》(1928年)、《人生地理学》(白菱汉著，1930年)、《中国经济地理》(1929年)、《人生地理学》(1930年)、《中国军事史略》(1946年)、《论共产主义》(与谢幼伟、翁文灏、章巽合著，1948年)、《罗素之西方文化论》(1948年)等。张其昀历任国立“中央大学”地理系教授，浙江大学史地学系主任、文学院院长等职，并受邀去美国哈佛大学、俄亥俄大学、芝加哥大学、威斯康星大学等校讲学和考察两年，被誉为“纯粹中国学人出国讲学的第一人”。[④] 这位南高师毕业的优秀学生，学贯中西，蜚声全球，1957年获得美国西东大学授予的荣誉法学博士学位，他还获得美国圣若望大学、韩国庆熙大学分别授予的名誉文学博士学位，日本政府赠授的一等圣宝勋章，而世界大学校长联盟也赠之以最高功勋大荣誉章。

二、新学制中学地理教科书

1923年，张其昀从南高师毕业之后，到上海商务印书馆任中学地理教科书编辑。他勤奋好学，常常在东方图书馆博览群书。1923年11月，张其昀在《史地学报》第2卷第7期发表《地理学之新精神》一文，将地学研究的基本精神归结为“实地研究之精神”“解释之精神”“批评之精神”“致用之精神”，[⑤]显示出不凡的学术眼光。1924年9月，竺可桢发表《对于中等学校地理课程之商榷》，其中第三点专述“教科书之应改良”，强调了中学地理教科书编辑的重要性。

良好之中学课本，本不易得；而良好之地理课本则尤难。盖

①②③ 刘盛佳：《张其昀的地理思想和学术成就》，《地理学报》1993年第4期，第377—384页。

④ 陈克诚：《教育家张其昀先生》，《张其昀先生纪念文集》，“中国文化大学”出版部1986年版，第32—34页。

⑤ 张其昀：《地理学之新精神》，《张其昀先生文集》第1册，“中国文化大学”出版部1988年版，第33—36页。

地理课本断不如数学理化教科书之从事于翻译欧美、日本之名著，即以本国而论，适用于本部之地理教科书未必适用于满蒙，适用于长江流域者，亦未必适用于黄河流域也。盖在中等学校教授地理，必须自迩及远，自已知推而及于未知，始能收事半功倍之效。是故欲得理想上完美之地理教科书，实为事实所难能。退而求其次，则地理课本亦须具有精确之事实与统计，适当之图表与地图，说明地学原理及其应用，指明各区地文地理与人文地理志关系。我国坊间所通行之地理课本，类多列举事实，而不加以解释。人文地文，判而为二。即所举事实亦有不甚精确者，而尤以地文地理为尤甚。如谓在地球上循一定之方向而行，能不回头而仍至原处（此为普通教科上地圆之一证）。夏季地球离日近故热，冬季离日远故寒。此等似是而非之说，几成为一般人士所公认之学理，则地理教科书之改良，又岂容缓哉！①

张其昀认为"发展国民教育，应依据儿童本位的观念，启发儿童兴趣，适应儿童生活，俾儿童均乐于从事，庶可确实有效。"②他在南高师期间学习了新兴的人文地理学知识，于是贯通人地之问，兼包中外各国，以"天然区域"编辑《新学制人生地理教科书（初中）》上中下册（竺可桢、朱经农校订，1925 年 1 月开始初版）和《新学制高级中学教科书本国地理》上下册（竺可桢校订，1926 年 8 月开始初版）。这两套教科书均经教育部审定，成为民国中后期发行量最大的中学地理教科书，影响极大，如《新学制高级中学教科书本国地理》上册 1926 年 8 月初版，1931 年 1 月 24 版；下册 1928 年 6 月初版、1930 年 7 月 10 版、1932 年 6 月国难后第 1 版、1932 年 12 月国难后第 7 版。

1. 教科书以"天然区域"为大纲编辑，使学生明了地理与人生之关系，强调"时、地、人"三要素

在人文地理学（Human Geography，或称人生地理学）未兴以前，地理学主要是地文、地质、气象等自然科学，以及附属于历史学科的沿革地理（或称历史地理）之类；至于本国地理、世界地理等目的是让学生知道一些重要的山水城邑名称位置而已。所以以前编写的地理教科书多叙述省县、

---

① 竺可桢：《对于中等学校地理课程之商榷》，《教育与人生》1924 年 9 月第 46 期，第 597—598 页。

② 张其昀：《国民教育六十年》，《张其昀先生文集》第 17 册，"中国文化大学"出版部 1989 年版，第 9142 页。

考证沿革,“不过一部地名字典而已。”[①]张其昀认为,“地球上在同一地形气候之下,其土壤物产与人民之风俗习惯,莫不相似,是谓天然区域,天然区域者所以别于政治区域之因历史沿革而定者也。”[②]地理学的宗旨“在于研究地理与人生之关系;使吾人对于世界各地之风土人情,皆能解释其因果,说明其系统,且能根据已知以推考未知。”[③]所以要强调“天然环境、人文反应”[④],其中天然环境有地位、地形、水利、土壤与矿产、气候等,集中表现为植物与动物,进而反应为人的物欲(饮食、衣服、居家、器具、交通方法)、职业(猎、渔、牧畜、农耕、林业、矿业、工业、商业)、才力(种族、健康与能力、修养)、文化(政府、教育、科学、宗教、艺术)。

张其昀指出初中地理教科书的“宗旨是在使学生明瞭地理与人生之关系”,[⑤]所以“编者偶欲一洗向来烦琐干燥之弊,旁搜远绍,以解释因果自勉;而发端于本书,以期引起学生之新精神。”[⑥]这种新精神是什么呢?张其昀明确说明“本书之根本观念,曰合理的民族主义与国际主义。”[⑦]可见地理知识学习与人的成长过程中生命、社会的价值和意义联系在一起。为此,地理教科书在选择材料时“当视其与我中国有密切关系,或可供我华人之或与及借编者为标准,”[⑧]并特别指出时事的征引“则务以正确的方法,说明其真相,使我华人对于今世重大问题,皆有同情的了解。”[⑨]在强调以“天然区域”为大纲进行编辑时,张其昀并非完全排斥政治区域的意义和价值,如“本书下册即以天然区域为大纲,但同时对于民族国家(=政治区域)仍谋适当之联络焉。”[⑩]现将《新学制人生地理教科书》编辑纲要抄录如下:

---

① 张其昀:《新学制人生地理教科书(初中上册)》,商务印书馆1925年初版,1927年10版,第1页。

② 同上,第4页。

③ 同①。

④ 同上,第3页。

⑤⑥ 同①。

⑦⑧⑨ 同②。

⑩ 同上,第6页。

初级中学《新学制人生地理教科书》“编辑纲要”①

<table>
<tr><th></th><th>章　目</th><th>节　目</th><th></th></tr>
<tr><td rowspan="7">人文地理</td><td>(一)地位与人生之关系</td><td>(1)方位不同之由来
(2)变化中心之转移</td><td rowspan="5">上册</td></tr>
<tr><td>(二)地形与人生之关系</td><td>(1)大陆
(2)山岳与平原</td></tr>
<tr><td>(三)水利与人生之关系</td><td>(1)海洋
(2)河流与湖泽
(3)水之功用</td></tr>
<tr><td>(四)土壤碳产与人生之关系</td><td>(1)土壤与农夫
(2)建筑材料
(3)工业之原动力</td></tr>
<tr><td>(五)气候与人生之关系</td><td>(1)气象之六大要素
(2)世界气候之区分
(3)气候与文化</td></tr>
<tr><td>(六)生物与人生之关系</td><td>(1)世界生物分布状况
(2)畜牧与种植
(3)世界之食粮
(4)世界之衣料</td><td rowspan="3">中册</td></tr>
<tr><td>(七)人类相互间之关系</td><td>(1)民族之造成
(2)国家之组织
(3)世界大战之因果关系
(4)国际联盟</td></tr>
<tr><td rowspan="5">区域地理</td><td>(八)热带生活</td><td>(1)赤道带
(甲)风土人情之解释
(乙)地方志
(2)信风带
(3)季风带
(4)热带之山岳区域
(5)热带太平洋诸岛</td></tr>
<tr><td>(九)温带生活</td><td>(1)南温带
(2)副热带
(3)海洋性气候
(4)大陆性气候
(5)湿带之山岳区域</td><td rowspan="4">下册</td></tr>
<tr><td colspan="2">(十)极带生活及各大陆综括</td></tr>
<tr><td>(十一)中国区域地理大纲</td><td>分为二十三区域。例如浙西山川风物，近似苏常,而与浙东适平不侔。浙西与江苏南部合称扬子江三角洲;自宁波至淮顷,合称东南沿海区。</td></tr>
<tr><td>(十二)中国与世界之关系</td><td></td></tr>
</table>

① 张其昀:《新学制人生地理教科书(初中上册)》,第2—3页。

张其昀在编辑《新学制高级中学教科书本国地理》时，也是强调人地之关系密不可分，“蓋吾人生息于大地之上，万事万物莫不以地为母。文化者，合时地人三要素而成之，任废其一，均不能得其真谛。”[①]他在对洪堡、李特尔所开创的近代地理学进行论列之后，指出“本书破除省界，惟就地形、水利、气候、物产、人口、语言、都市、交通、风俗、历史种种要素，参伍稽考，分析综合，厘定中国为二十三区。是乃天然区域，以其简要明确，可为地理上之真正单位。”[②]他首先在“导言”中概述“中国之地势、中国之水利、中国之气候、中国之物产、中国之民族与人口、中国之都市与交通、中国之政治区域、中国之天然区域”，使学生对于中国之人文地理有一个明确的认知，然后依天然区域划分为黄河三角洲、太湖区域、长江三角洲、东南沿海区、珠江三角洲、岭南山地、海南岛、云贵高原、西南三大峡谷区、四川盆地、秦岭汉水区、陕甘盆地、黄河上流区、山西高原、海河流域、东北二大半岛、关东草原、白山黑水区、塞外草原、外蒙高原、准格尔盆地、塔里木盆地、西藏高原，共计二十三章。这比 1923 年王钟麒在《现代初中教科书本国地理》中述“人与地理”时“不拘人为的界线只就自然形势的联络关系酌量分开”而划分中国为“畿辅平原、关东平原、蒙古高原、秦晋山地、江楚平原、江浙平原、闽粤海疆、苗疆山地、滇蜀高地、康卫高原、天山高原、陇右高原”[③]12 个区域更加详细与科学。

2. 教科书采用“归纳法”和“分析法”，以使“地理学之记载事物不但知其‘如此如此’，又当明其‘何以如此如此’”

1922 年中小学教育变革中，“学制从硬性的变成弹性的，固是一大解放。但教育的精神究竟在内容而不在学制的系统。”[④]1923 年，在“适应社会进化之需要、发扬平民教育精神、谋个性之发展、注意国民经济力、注意生活教育、使教育易于普及、多留各地方伸缩余地”[⑤]的新学制思想指导下，教育部公布《新学制课程标准纲要》，明显反映了五四时期人文学术科学化思潮对学校课程的影响。张其昀明确指出，“各种学科多与地理相关，地学俨如中心枢轴，有沟通各科之功用。”[⑥]所以“地理学之记载事物也，不但知其

① 张其昀：《新学制高级中学教科书本国地理(上册)》，商务印书馆 1926 年初版，第 1 页。

② 同上，第 3 页。

③ 王钟麒：《现代初中教科书本国地理(下册)》，商务印书馆 1924 年初版，目次。

④ 胡适：《教育部召开学制会议》，《努力周报》1922 年 10 月 22 日。

⑤ 全国教育联合会新学制课程标准起草委员会：《新学制课程标准纲要》，商务印书馆 1925 年版，第 127 页。

⑥ 张其昀：《新学制教科书本国地理(高中上册)》，商务印书馆 1926 年版，第 1 页。

'如此如此'，又当明其'何以如此如此'。然后一般公民于营生治事之际，因瞭解'环境'之故，而得一趋利避害之方针：此即吾人所称之人文地理学至要义也。"[①]他特别强调地理学之科学研究方法，指出"洪波德（Alexander von Humboldt，1769—1859）为地文学开山之祖，吕端（Karl Ritter，1779—1859）为人生地理学开山之祖。"[②]因为这两位德国人"以希腊之精神，科学之方法，昌明地学。其于地理现象，不但叙述已也，复比较其异同，观察其作用，推求其因果，归纳其系统，又从而解释之。前修未密，后出转精，于是地理乃由笔记而渐成为科学。"[③] 如何使地理教学遵循"科学求真之轨道"[④]呢？张其昀认同竺可桢在《地理教学法之商榷》一文中的观点，竺可桢指出"凡教地理者，必须自已知至未知；自儿童日常所惯于见闻之物，而推广至于未睹未闻；自个人所受于环境之影响，而推论及于社会全体。"[⑤]并在文中引用西方学者将地理教材与教授方法区分为"归纳法、演绎法、综合法、分析法"。[⑥] 张其昀在初级中学《新学制人生地理教科书》编辑时指出，"本书上编采用归纳法，下编采用分析法。"[⑦]还特别将竺可桢的文章节选，以"注"的方式小字编排置于的"编辑大意"中，现抄录如下：

> [注]竺可桢教授著《地理教学法之商榷》一文有云：
>
> "地理教材与教授方法可分为四种：凡自因以及果者为归纳法，自果以推因者为演绎法，以村落为起点而逐渐推广至县省全国者，曰综合法，自全球入手而逐渐分析至于各洲各国省县城邑村落者，曰分析法……
>
> "在中小学地理可分为天然环境与生活状况两部。教授地理之要旨，在能说明二者之关系。环境因也，生活果也。在如何天然环境之下，则得如何之生活状况。但教地理时不能二者同时并重，必须略于此而详于后。儿童对于生活状况易于领悟，故教授地理生活状况宜先于天然环境；适儿童于寒温热各带之生活已如其大概，然后遂而用归纳法教以天然环境上种种要素。换言之，即在小学时（高级小学）宜用演绎法，至中学时（新学制初级中学）

---

① 张其昀：《新学制人生地理教科书（初中上册）》，第2页。

②③ 同上，第1页。

④ 同上，第3页。

⑤ 竺可桢：《地理教学法之商榷》，《史地学报》1923年第2期，第19页。

⑥ C. F. King. Methods and Aids in Geography，p44；又 Brooks，Normal Method of Tesching.

⑦ 同①，第2页。

宜用归纳法……

“分析法与综合法亦不能同时并用。教授儿童地理，当以乡土地理为发现点，取其切近而易于了解，然后推及于他者他国他洲。但至中学之中期(新学制初级中学末年或高级中学初年)，儿童对于世界山脉河流物产人民之分布，已有一概括之观念，然后更分析世界为若干天然区域或政治区域而详细研究之。是故在中小学教授地理之第一二期宜用综合法，至第三期始用分析法。”(见史地学报二卷三号，20至21页)[①]

在《新学制高级中学教科书本国地理》编辑时，张其昀认为翁文灏1924年10月在《科学》第10期上发表的《中国山脉考》“尤确立科学地理志旗帜，”[②]因为这篇文章先综合分析中国古今各家之说，纠正流传数千年的传统错误观点，然后提出自己的中国山脉成因分类，“其言曰：‘不特知其然，而且求知其所以然。且惟能见其所以然，故于当然之事实，亦觉豁然贯通，见之愈为明切，此则科学研究之效也。’”[③] 所以，“余今承诸先生之学说，凡所取材，咸经估价；将在博采而审用之，固不在多多益善也。”[④]张其昀在“导言”中，将23个天然区域以“天然区域、地位与地形、政治区域、水利、气候、生物、矿产、商业与都会、语言”[⑤]列表呈现，每一天然区域内容具体呈现时，“本书每章皆有山川风物之提要，以冠其首，人地关系之结论，以殿其后。正文之外尚有补充材料，汇录各章之末，名曰‘参考’，约占全书篇幅十分之一。古人游览之诗，足以表一方之风土者，亦间加采录，以资感发兴起。”[⑥]如第一章“黄河三角洲”，依次为“本区提要、黄河下流之变迁、黄淮与运河之治导问题、小麦带之气候、黄土与人生之关系、淮北之煤矿与磷矿、河淮间之都会、孔林与嵩山、河淮间之交通、中州之风俗、(参考)”，[⑦]“参考”内容则编有“最近之河功、洛阳之名胜、开封之名胜、开封之犹太人、大梁城眺望诗、济南之名胜、趵突泉诗、黄河歌”。[⑧] 张其昀积极探索、提纲挈领地全面展现每一个天然区域的人文地理内容，“虽草创之业，疏谬尚多，当‘渐进而

① 张其昀：《新学制人生地理教科书(初中上册)》，第2页。

②③ 张其昀：《新学制高级中学教科书本国地理(上册)》，第3页。

④ 张其昀：《新学制教科书本国地理(高中上册)》，第3页。

⑤ 同②，第79—90页。

⑥ 同上，第6页。

⑦ 同②③，目次1—2页。

⑧ 同②③，第115—119页。

愈明，论久而后定。'然非如此，决不能上科学求真之轨道也。"[①]

3. 教科书编辑时注重规范与细节，"以开学生求学之门径"，倡导"左图右书"

张其昀在编辑教科书时，对于课文中字体大小、名字术语、注释参考等均较为关注。他考虑到一部分教师难以获取地理学著作，所以在初级中学用《新学制人生地理教科书》编排较多过多，用不同字体区分其中的重点与非重点内容。"编者鉴于现时吾国中等学校图书设备之贫乏，而国内地学界又绝少精博之著作可供参考；故教材宁稍详密。惟字体分大中小三号以示轻重，如教师为时间经济或学生程度起见，不妨斟酌删改。"[②]而且，教科书中名词术语不仅都附英文，有些还有简要说明，如"地球绕其最短之直径而自转，谓之地轴（Axis）。地轴乃一想象的直线，其两端谓之两极（Pole）。据两极正中之地球圆周，谓之赤道（Equator 长 25,000 英里）。南北纬线（Parallel）与赤道相平行，而以南北两极为终点。"[③]第一次世界大战以后，世界政治地理与经济地理变化甚多，"乃至地文气象方面，亦常有新发明之成绩，例如日本大地震，新加坡驻港问题，以及苏俄联邦新土耳其民国之类，本书于此均加修订。"[④]教科书文字编排中，每段扼要之点"皆用花边表出，以期寓趣味于明晰之中。"[⑥]引用时文字都上标"注"，正文后紧接"注"的内容，有些还呈现参考书目等，一些主要参考文献在教科书最前面列举，如在《新学制人生地理教科书（初中）》上册"编辑大意"中列举了参考书十种，现抄录如下：

（1）Huntington and Cushing："Principles of Human Geography，"（1922）

（2）Salisburg，Barrows and Tower："Elements of Geography，"（1912）

（3）Brunhes："Human Geography，"（1920）

（4）Smith："Human Geography，" 2 vols.（1922）

（5）Atwool and Fyre："New Geography，" 2 vols.（1921）

（6）Ward："Climate，"（1918）

---

① 张其昀：《新学制教科书本国地理（高中上册）》，第 3 页。

② 张其昀：《新学制人生地理教科书（初中上册）》，第 4 页。

③ 同上，第 8 页。

④⑥ 同②，第 4 页。

(7)Bowman："The New World,"(1921)

(8)栗原寅次郎：教材研究，改造世界地理精说(大正十三年十版)

(9)横山又次郎：地学概论(大正十三年六版)

(10)竺可桢：地学通论又气象学(东南大学讲义，末刊)

竺可桢认为"地理课本亦须具有精确之事实与统计，适当之图表与地图，说明地学原理及其应用，指明各区地文地理与人文地理志关系。"①为了地理知识明瞭呈现，张其昀编辑的地理教科书特别注重插图的作用和编排，如《新学制人生地理教科书》特别说明"本书刊载地图，照相，图解，表解之属五六百幅，其重要不亚于正文，是为上课时师生问答讨论之资料。"②以上册为例，全书共302页，其中附表51个、附图162幅。在上册之末，附有彩色世界地图一张，"以备学生统览国际大势之用"。③张其昀在《新学制高级中学教科书本国地理》中更是说明"图以察其象，书以察其数，左图右书，真学者事也。本书采集各式地图集风景照片，百有余幅，均以另页插入。本书材料之重要来源，以及图表之出处，皆一一注明，以昭信实，亦以开学生求学之门径。"④其中上册有图99幅，基本都是单面单幅呈现。

张其昀在编辑这套中学地理教科书过程中，多次请教竺可桢，并在老师的指导下修改完善。现浙江大学档案馆存有竺可桢因教科书编辑致张其昀函件，在《竺可桢全集》第22卷中收录有1923年12月—1929年8月间致张其昀函9件(见本章附录)，涉及这套教科书的名称变化、内容建议、参考书目等，如竺可桢赞同张其昀在教科书中将欧亚两洲合而为一，建议初中《世界地理》改名为《人生地理》，教科书最好先在中学试教二年、再修改更能适于实用等等。因为《新学制人生地理教科书》大部分以亨丁敦和克兴的《人生地理学原理》(Huntington and Cushing：Principles of Human Geography)为依据，加上中国的引证和材料，所以张其昀指出这套教科书"得益于吾师竺可桢博士与美国亨丁敦(Huntington)博士者尤多。"⑤

① 竺可桢：《对于中等学校地理课程之商榷》，《教育与人生》1924年9月第46期，第597—598页。

②③ 张其昀：《新学制人生地理教科书(初中上册)》，第4页。

④ 张其昀：《新学制教科书本国地理(高中上册)》，第6页。

⑤ 张其昀：《新学制人生地理教科书(初中上册)》，第6页。

三、新课程标准中学地理教科书

1927年底，张其昀受竺可桢邀请到"中央大学"任教，讲授中国地理等课程，浙江大学档案馆藏有竺可桢的邀请函件如下：

致张其昀函["中央大学"敦请返校][①]

(1927年11月1日)

晓峰同学足下：

顷来访适相左，至怅。昨下午中央大地[学]系学生代表嘱桢邀足下返校，今晨罗志希先生亦至所中，述中大方面敦聘足下之诚意，言辞颇为恳切，并谓地系主任海平决辞，由Wissmann暂时主持云云，因特为转达。专此，即颂

近祺

友生　竺可桢　顿

十一月一日下午二点

1929年，张其昀与同校教师胡焕庸、黄国璋联合在《地理杂志》第2卷第5期发表《本校地学系地理门应独立成系建议书》，"中央大学"正式设置地理学系，张其昀、胡焕庸、黄国璋成为继竺可桢之后中国近代地理学教育事业的开拓者，创建了中国科学地理学。[②] 张其昀在"中央大学"先后被聘为讲师、副教授、教授，并继续致力于中学地理教科书编辑出版。1934年，由翁文灏、竺可桢等发起成立中国地理学会，会址就设在中大地理系，出版《地理学报》，张其昀被推选为首任理事。1936年，张其昀当选为"中央研究院"第一届评议会评议员。同年，张其昀受竺可桢之邀聘任浙江大学教授，先后兼史地系主任、史地研究所所长，后兼文学院院长。抗战爆发后，张其昀随浙大不断搬迁，颠沛流离。这一时期，他在协助竺可桢办学，尤其献身史地人才培养和史地学术研究方面做出了突出贡献。

1. 1929年拟定初级中学地理暂行课程标准草案

1923年制定的课程纲要实施几年之后，产生了不少问题，引起教育界

---

① 竺可桢：《致张其昀函["中央大学"敦请返校]，1927年11月1日》，《竺可桢全集(第22卷)》，上海科技教育出版社2012年版，第168页。

② 刘盛佳：《张其昀的地理思想和学术成就》，《地理学报》1993年第4期，第377—384页。

的批评，主要意见集中在分科制和课程设置两个方面。1927 年，蒋介石在南京成立国民政府，进行教育改革。1928 年 4 月，大学院颁布《中学暂行条例》，规定中学之教授科目分必修及选修两种。同年 5 月，大学院举行第一次全国教育会议，通过《整理中华民国学校系统案》，规定初中为普通教育，高中分科设置普通科和农、工、商、师范、家事等科，普通高中取消文理分组。1929 年 3 月，国民党第三次全国代表大会召开，通过《确定教育宗旨及其实施方针案》，规定教育宗旨为"中华民国之教育，根据三民主义，以充实人民生活，扶植社会生存，发展国民生计，延续民族生命为目的；务期民族独立，民权普遍，民生发展，以促进世界大同"。[①] 1929 年 5 月，张其昀在"中央大学"《地理杂志》第 2 卷第 3 期地理教育专号上发表《初级中学地理科课程标准草案》及《中学地理教学法》。

1929 年 8 月，《初级中学地理暂行课程标准》颁布，指出，"中学地理科为实现三民主义教育最重要之一科目，其目标有三：(一)根据民族主义，讲明本国各地之风土人情，以培养民族精神；讲明国际之形势，以培养世界眼光。(二)根据民权主义，讲明政府之施政方针与外交政策之地理背景，使学生对于政治皆能发生兴味，成为健全的公民。(三)根据民生主义，讲明国民之衣食住行四大需要，皆有赖于天然富源之开发，因而唤起乐观的积极的精神"[②]。同时还特别强调"初中地理以说明地理与人生之关系为宗旨，教材宜力求简要而显著。至教材之轻重详略，宜定一客观标准，可参考"中央大学"地理杂志第 2 卷第 2 期地理教育专号，张其昀拟初级中学地理科课程标准草案，较此草案为详"[③]。教育部颁布的《高级中学地理暂行课程标准》的起草整理及审查者为竺可桢、周光倬、胡焕庸、许寿裳。1929 年 9 月，教育部以训令的方式要求各地教育厅转发各校并组织研究会试验研究各科课程标准。[④]

2. 1931 年参与创办钟山书局，出版新课程标准中学地理教科书

1931 年，张其昀等人在南京参与创办钟山书局，"它的发起人，都是当时"中央大学"的教授，如物理学家倪尚达、化学家张江树、生物学家王家楫、地理学家沈思玙、张其昀、教育学家罗廷光、史学家缪凤林等。"[⑤]1932 年

---

① 教育部：《第一次中国教育年鉴(甲编)》，开明书店 1934 年版，第 8 页。

②③ 课程教材研究所：《初级中学地理暂行课程标准》，吴履平主编：《20 世纪中国中小学课程标准·教学大纲汇编地理卷》，人民教育出版社 2001 年版，第 55 页。

④ 教育部中小学课程标准起草委员会：《中小学课程暂行标准：第三册高级中学之部》，卿云图书公司 1930 年版，第 7 页。

⑤ 熊复：《中国抗日战争时期大后方出版史》，重庆出版社 1999 年版，第 29 页。

11 月,教育部根据各地实施意见对 1929 年暂行课程标准进行修订,公布实施《中学课程标准》,彻底取消了选科制、学分制、文理分组。钟山书局从 1933 年开始推出中学教科书,"钟山书局出版的高、初中教科书和大学用书,其编辑人大都是具有实际教学经验的教授、学者,且行文深入浅出,清新流畅,很受学生欢迎。如高中化学由张江树编写,初中化学由曹元宇编写,高中物理由倪尚达编写,初中物理由高行健编写,文科教科书高中国文由柳诒徵、王焕镳合选,高中本国史由缪凤林编写"[①]。1934 年的《国风》半月刊登载有"钟山书局出版教科用书"广告如下:

《高中国文》上下册(柳诒徵、王焕镳合编)

《高中本国地理》(张其昀编)

《中等世界地图集》(沈思玙编)

《高中外国地理》上册(李海晨、张其昀合编)

《学生地理世界》上册(Van Loon's Geogarphy)(张其春译、房龙著)

《高中本国史》上册(缪凤林编)

《西洋近百年史》(罗家柱编)

《初中地理教科书》上册(张其昀编)

《中国之经济地位统计图》(北平社会调查所编)[②]

张其昀在商务印书馆编辑的新学制教科书全面展现人文地理内容,知识丰富,但程度较深。根据新课程标准要求、时事的演变以及教学实践的反馈,特别是在"中央大学"实验中学亲自试教,张其昀对原有教科书进行了修订及改编,力求教科书简要而浅显,1933 年开始由钟山书局出版,根据《民国时期总书目(1911—1949)中小学教材》及相关民间收藏,初步统计张其昀在钟山书局编辑、校订教科书如下:

《本国地理(高中)》上、中、下册,张其昀编,钟山书局,1933 年初版。

《外国地理(高中)》上、中、下册,张其昀、李海晨合编,钟山书局,1933 年初版。

---

① 熊复:《中国抗日战争时期大后方出版史》,重庆出版社 1999 年版,第 30 页。

② 《钟山书局出版教科用书》,《国风》1934 年第 4 期,第 45 页。

《钟山小学地理教本(高小)》4 册,王维屏编,胡焕庸、张其昀校订,钟山书局,1935 年初版。

《初中地理教科书》上、下册,张其昀编,钟山书局,1936 年初版。

《外国地理(高中)》上、中、下册,胡焕庸、张其昀合编,钟山书局,1936 年初版。

《(遵照部颁修正课程标准编辑)钟山本国地理(高中)》上、中、下册,张其昀编,钟山书局,1938 年初版,1946 年重庆 9 版。

《钟山地理教科书(初中)》上、中、下册,张其昀编,(重庆)钟山书局,1939 年 1 月 4 版。

《钟山外国地理(高中)》上、下册,张其昀、胡焕庸合编,钟山书局,1937 年重庆初版。

张其昀编辑的高级中学用《本国地理》是《新学制高级中学教科书本国地理》的改编,在 23 个天然区域的基础上增加首都与上海两章,并将“总论”部分移至书的最后。为何要有这样的变化,张其昀说明“著者曾以此书原稿,在“国立中央大学”实验学校高中部试教数章,知程度尚属适合,学生亦甚以求得新知为快。至总论所以放在最后一章者,乃本于教学之经验,宜以具体事实居前,而以抽象原理列后。地理教师固宜详究人地学之原理,但同时亦须顾及学生心理,所谓成竹在胸,随缘说法,令学生积少成多,潜移默化,一旦由分而合,自可水到渠成矣。”①因为在胡焕庸起草的高中地理课程标准中,强调地理教育要注重国计民生,所以张其昀结合自己十余年研究,指出“鄙人对于高中地理素主张科学方法与政治思想两方面,兼顾并重。例如本章第一章‘黄河三角洲’,于治黄问题,导淮问题,灾荒问题,土匪问题等,均有扼要的说明。关于现代中国问题,著者已分章论述,以见因地制宜之道;教者若前后联络,更收触类旁通之效。”② 翻开高级中学用《本国地理》,目次页的书名上方标注为“钟山读本高中程度”,张其昀对此有专门的说明。“拙著《中学地理教学法》一文(见地理杂志第二卷第二期地理教育专号)有云:‘地理教科书不出于下述两类:(一)纲要式,以数十页之书,总括大意,此不便于自修,必须教师演讲,如教师不善补充,则学生将感觉枯燥无味。(二)读本式,详细而明白,学生能自阅读,若用演讲式,或觉此种书欠佳,以教师无补充发挥余地也。然若用设计法,令学生融会贯

①② 张其昀:《本国地理(上册)》,第 1—4 页。

通,而能回答所提出之问题,则其详细明白之处,正其完善之点。’本书系采用读本式,每章之后,均有习题十余则,其目的在训练学生之读书方法,并非机械式的问答。或解释,或比较,或分析,或综合,富于变化,不拘一格。希望教师诸君对于各章习题,尽量应用,以引起学生之兴趣与努力。”①

中国科学史事业的开拓者(时任北平图书馆编纂委员兼舆图部主任)王庸曾在1933年撰文说,“据我的私见,《人生地理教科书》至少相当于高中程度,就是大学生以上程度的人,要知道些人生地理学概要的,亦拿这本书来看看,似乎亦不致失了什么体面。至于《本国地理》,因为说理并不很深。还可以同高中程度名实相符,可惜材料太多,与其作教本,不如作参考书,较为合适些。张先生亦许早已有鉴于此,所以新近由钟山书局出版的《高中本国地理》,内容分量,较前少去一半,可算是现在高中本国地理教本中比较好的了”②。

张其昀与胡焕庸合编的《钟山外国地理》是新编本,上册、中册由张其昀编辑,下册由胡焕庸编辑,在1937年重庆初版时改为上下两册。胡焕庸撰写的《编辑例言》指出,“高级中学设置地理教科之目的,一方在使学生明瞭本国与外国之地理环境,培养其爱乡爱国之观念,同时亦当使学生认识地理学科之性质与功用。……近者课程标准业于本年三月修改,原书内容因时事演变亦不无需要改订之处,因由余重加改编,各洲之前均增加总论一章,又将全书改装两册,依照课程标准,适合两学期之用。其自然地理一部另由沈君思玙编,为专册出版,本书因略焉”③。全书分为亚洲、欧洲、北美洲、南美洲、非洲、澳洲及太平洋诸岛六篇内容,因为当时正值抗日战争,张其昀在“总论”后用两章内容呈现日本的地形、水系、气候、富源、居民、交通、都市,以及日本占领地朝鲜和日本其他属领地。现将这套教科书的篇章目次抄录如下:

第一篇　亚洲(七章)总论、日本、日本之占领地、南洋、印度、亚洲西南部诸国、俄属亚洲

第二篇　欧洲(八章)总论、苏俄、波罗的海东岸诸国、德国、

---

① 张其昀:《本国地理(上册)》,第1—4页。

② 王庸:《人文地理学和张其昀的地理著述》,《图书评论》1933年第1卷第5期。

③ 张其昀、胡焕庸:《钟山外国地理(高中上册)》,钟山书局1937年8版,1939年重庆初版,第1页。

北欧诸国、英国、法国、南欧诸国

第三篇　北美洲(四章)总论、北美合众国、加拿大、墨西哥与中美各邦

第四篇　南美洲(二章)总论、重要诸国志

第五篇　非洲(三章)总论、非洲之独立国、非洲各属地

第六篇　澳洲及太平洋诸岛(三章)澳洲、新西兰、太平洋诸岛①

1936年,张其昀编辑的《初中地理教科书》出版,全书没有编辑大意、凡例说明等,上册内容为中国地理,编排有“首都、上海、江苏省、浙江省、福建省、广东省、广西省、贵州省、云南省、西康省、四川省、湖北省、湖南省、江西省、安徽省”②,下册为外国地理,内容依次为“日本帝国、南洋、印度、回教之世界、新俄罗斯、南欧、中欧、东欧(俄国除外)、北欧、德意志、法兰西、不列颠群岛、英帝国之自治邦、美国、拉丁美洲、世界总论”③,内容仍然关注人文地理,只是没有按照天然区域编辑。如第一章《首都》,先是一段文字介绍南京之地形及历史、定都南京的时间等,然后分述“长江、秦淮河、京城、冈阜、后湖、钟山、人口”。各省知识的呈现则先在标题旁小字编排“面积、人口”,依“地形、富源、都市”等次序展开。有些内容较为详细,如第四章《浙江省》编有“地形、富源、杭州与东方大港、宁波与象山港、温州与瓯江水利、其他都市、浙江省之风景”④。教科书编排依旧突出插图的重要,如上册目次后为“安徽黄山之奇峰、长江三峡中之滩、浙江杭州(六和塔下之钱塘江)、上海商港(苏州河沿岸)”四张全页单幅插图。

早在1924年,竺可桢在致函张其昀时就指出,“盖坊间《初中地理教科书》虽汗牛充栋,错误杂出,犹其小事,其能懂得人文、地文两方之关系者,盖绝对无有也。去岁东大入学考试,选考地理者五百余人,诸如间岛在何省,片马在何处等常识问题,能答对者仅五分之一以至四分之一。可知平日开会游行全属一种冲动,苟不知间岛、片马之在何处,则其对我国国势上之重要更谈不到矣。欲祛其弊,则著良善之地理教科书,实为一法”⑤。张

---

① 张其昀、胡焕庸:《钟山外国地理(高中上册)》,目次。

② 张其昀:《初中地理教科书(上册)》,钟山书局1936年初版,第1页。

③ 张其昀:《初中地理教科书(下册)》,钟山书局1936年初版,第1—2页。

④ 同②,第20—29页。

⑤ 竺可桢:《竺可桢全集(第22卷)》,第100页。

其昀于是“承东西之道统,集中外之精华”①,以“天然区域”开拓创新地编辑中学地理教科书,成为民国时期中学地理教科书编撰的最高峰,为中学地理教育翻开全新的启蒙篇章。

附:竺可桢关于地理教科书编辑致张其昀函

致张其昀函[著述《世界地理》]
(1923年12月24日)

其昀同学惠盼:

前后两书均接悉。足下《中国区域地理》稿及柳先生《中支那与南支那》一书均焚于火,未识《区域地理》文足下留有底稿否?柳先生处由桢说明可也。桢所有被焚之讲义参考均在,不难搜集材料,惟“苏浙湘各县人口密度表”测量极费时日,不识足下有否抄出?高级中学用《世界地理》教本已与前途接洽,俟接复后再告。《世界与人生》能早日脱稿,甚佳,可在商务“百科小丛书”出版。惟字数须在二万至四万之间,酬资约每千字五元。据桢意,书名若改为《地理与人生》似较为简明。惟命名当然须视内容而定耳。《中国区域地理》实为目前要图,虽中国自然地理吾人仅能窥一斑,然亦不可不着手编辑也。专此匆泐,顺颂

年祺

友生 竺可桢 顿

十二月廿四②

致张其昀函[对编辑《世界地理教科书》的意见]
(1924年1月上旬③)

晓峰同学惠盼:

四日来书接悉。所拟“编辑凡例”,桢已阅过。对于欧亚两洲,破除旧习,毅然合而为一,自为正当办法。西人泥于历史之习惯排亚之根性,往往截分欧亚为二,以致《俄国地理》两篇均再欧亚两洲,地中海沿岸亦划而为二,殊属有背自然。日本地处比邻,所占篇幅自宜较多。其人口骤增,各国之排斥,有不得不向满蒙扩张之势,而非仅排日货所能抵制者也。地图表

① 金雄鹤:《国民党八十四位中常委实录(下)》,第281页。

② 同①,第55页。

③ 原函未署日期,由前后函提及张其昀编《高中世界地理》,推及时间为1924年1月上旬。

解以多为善，照片则印价甚贵，而揆诸往例，所印结果往往不甚佳，极宜加以选择。承赐目录，谢谢。所云 Johnston The Outline of the World Today 桢未见过，如尚佳，祈便中寄下一阅为荷。徐家汇 Richard 之《中国坤舆全志》再版上卷已出（法文）。专此匆泐。顺颂

近祺

友生　竺可桢　顿[①]

原稿附还。陈君想已抵沪，晤时便通为荷。

致张其昀函[著述《世界地理》与《中国自然地理》]

（1924 年 1 月 14 日）

其昀同学惠盼：

前书接悉。顷接商务总编辑王云五君来函（复任叔永君信，任君东大已聘为行政委员会副主任，桢当时将足下原信寄往），关于编辑《世界地理》事，据云"《高中地理》条件均可照办，字数以拾五万为限，但预支稿费一条不能行，须俟全稿或至少半稿交到始能开支，此系通例"云云。未识足下对于上述条件以为何如？寄来《四明日报》已接悉，甚感甚感。司密司氏《人生地理》一书已嘱陈君带来，渠大约于旬日后始可返里也。关于《中国自然地理》方面，桢亟欲将雨量、温度两种材料重新整理，划全国为若干自然区域，但以上课及杂事太多，今年又加以科学社书记事，火灾后办理善后事情更多，竟无暇读书著述，更谈不到尝深了，自疚也。Little 书桢在美国时见过，系游记，无甚可采处也。Kropotkin 书徒闻其名而已，但 K 系地理学家，其书当有科学上价值。此外 Salisbury，Barrows and Tower 著 *Elements of Geography* 系 1912 年在 Henry Holt 出版，其中颇能将人文地文两方融会，多可参考之处，价在七八元左右。桢为东大在伊文思于二月购得一本，如需此书，可向上海一询。如上海无此书，桢于假中可将校中一本寄来。专此匆泐。此颂

近祺

友生　竺可桢　顿

一月十四日[②]

---

① 竺可桢：《竺可桢全集（第 22 卷）》，第 57 页。

② 同①，第 58 页。

致张其昀函[编著地理教科书之意义]

(1924年5月11日)

[原件前文缺失]即为推行正确之地学知识计，亦为善良之政策。盖坊间《初中地理教科书》虽汗牛充栋，错误杂出，犹其小事，其能懂得人文、地文两方之关系者，盖绝对无有也。去岁东大入学考试，选考地理者五百余人，诸如间岛在何省，片马在何处等常识问题，能答对者仅五分之一以至四分之一。可知平日开会游行全属一种冲动，苟不知间岛、片马之在何处，则其对我国国势上之重要更谈不到矣。欲祛其弊，则著良善之地理教科书，实为一法。惟著书不求其快，所谓欲速则不达也。北京《地学杂志》业已停刊，能支持最久一种出版[物]而任令中止，不禁为我国学术界叹。桢近在研究中国历史上气候之变迁，大致科学社年会前可以脱稿。《东方杂志》前虽应允作文，以事忙竟未着手也。所询《地质学》系谢家荣先生（北京地址调查所所员，现在湖北调查地质）著，年内当可出版矣。世界种族系统方面，桢素乏研究，不敢信口指定何种书籍为最精详。A. H. Keane Man: Past and Present，出版处 Cambridge U. Press，为言人种者所必备之书，Britanica 中人种一段当然亦可参考也。专此，顺颂

近祺

友生　竺可桢　顿

五月十一日[1]

致张其昀函[改《世界地理》为《人生地理》]

(1924年6月29日)

晓峰同学惠盼：

日前陈君叔谅返宁，得读近著《世界地理》。桢以科学社年会在即，赶写论文，筹备一切，不及遍读，但觉取材甚富（为初中似过丰），而能贯通中外，极为欣慰。惟桢所见各部均为地文学 Physical Geography 或人生地理 Human Geography，而非世界地理 Political Geography，未识其后尚有几部？Human Geography，桢意译"人生地理"似较善。天文与地文、人文绝对不能[同等]对待。'天文'自成一科，'地文'尚可独立，'人文学'无此名称。'地文地理'名称已近重复。新出之《人生地理学》（如 Huntington: *Principles of Human Geography*），其中包含天、地、人三者，不过以人生

---

① 竺可桢：《竺可桢全集（第22卷）》，第100页。

为主而阐明天地与人之关系而已。濬浦局所出之《杭州湾》书,关于钱塘潮极有参考价值。今晨又接惠书,知 Index 及表明参考书两层均已实行,甚善甚善。专此匆泐。并颂

近祺

友生 竺可桢 顿

六月廿九日①

致张其昀函[编写中等地理教科书意见]

(1926 年 1 月 11 日)

晓峰同学足下:

昨接手书,基金委员会中等地理教科书允编辑,甚为欣慰。声请书,叔永先生聘下时留下一份,兹特附寄。足下研究计划,桢已阅过。题目似嫌太泛(范围太广)。中山先生虽为全国景仰之人物,但值此统一尚未成就之际而依照《建国方略》研究,委员会中难免不引起误会。基金委员会系北方政府所派分,委员则为范静生先生所聘任,在北京开会,故此者须顾到也。题目似应改为某区域内,如长江下流或某某几省或某某几邑,某某问题之研究,因为年内断不能研究遍于全国也。题目既定,则研究之方法与程序亦可较为切实,未识尊意以为何如。寄稿附奉。此颂

近祺

友生 竺可桢 顿

一·十一②

致张其昀函[《人生地理教科书》]

(1926 年 3 月 1 日)

晓峰同学足下:

二拾三号一札已于月杪收悉。日昨接到所赐《人生地理教科书》,谢谢。附寄柳先生一份已饬人转交矣。是书材料丰富,插图亦极为醒目,惟有若干点为初级中学学生所不易解,幸字体分大、中、小三号,尚可有伸缩之余地。桢意最好足下能在初级中学即将该书试教二三年,则其间应增减之处当可立见,而该书重订以后更能适于实用。目前恐为事实所不许,但韦润珊、陈训慈诸同学不久必购是书,一二年后不妨征求彼等意见,以期精

---

① 竺可桢:《竺可桢全集(第 22 卷)》,第 106 页。

② 同上,第 148 页。

益求精也。《少年史地丛书》浙江省部计划读悉,桢以不悉该丛书体裁,不敢遽下断语。居足下所拟,似为参考性质也。商务方面对于著作不计本身之价值,专视销路之广否,此为业营起见,不得不尔。但销路愈广,影响亦愈大,此点亦不可不注意。足下似不应以其浅近而不屑为。日前由英国寄到《教授初等地理志计划》A Scheme for a First Course in Geography,对于英国小学(抵我国初小至初中一二年级)地理教授之材料、步骤,言之极为详尽。足下如欲编《小学地理教科书》,颇足为参考之资料,兹特邮寄奉览,但望于二星期后寄还。所当注意者,则英系岛国,本土僻小,而属地遍于各洲,我国情形适与其相反耳。所询商务邀足下进馆一节,桢于馆内情形颇为隔阂。但入馆以后,文字及时间上必将受种种之限制,而于经济方面则比较的有一层保障,望足下权其利害而审择之。此颂

近祺

友生　竺可桢　顿

三月一日①

致张其昀函[《初级中学地理》审稿]

(约1929年8月中旬)

晓峰同学足下:

迭接两札并《初级中学地理》稿上册第一章75页,桢当携耳。经审查后,原稿仍当寄还也。赴平拟与仲揆先生同车。绘图等事自以在都为便。上册若能于暑期中竟功,则下册迟至明春二月间亦属无妨。高中计划,足下所希望者过奢,难成事实。日内当即转经农先生。鞠侯,清华方面有聘请之意,该函桢已送寄慈溪矣。肖堂函已转达,渠日内考试系忙碌也。此颂

暑祺

友生　竺可桢　顿

八月②

① 竺可桢:《竺可桢全集(第22卷)》,第163页。

② 同上,第213页。

第十一章　朱家骅:“国立编译馆”教科书

朱家骅被誉为中国教育界、学术界的泰斗,外交界的耆宿,中国近代地质学的奠基人,中国现代化的先驱。他曾是革命党,是武昌起义最积极的参与者之一,真枪真刀冲锋在前。他也是北京大学最年轻的教授之一,不仅拥有德国博士学位,而且曾与李大钊一起反对北洋政府。他还是“中央研究院”创建者之一,是继蔡元培之后第二任院长,至 1948 年他已在“中央研究院”中建立了 14 个研究所,组织了数理、生物和人文 3 个院士组,一共推选出 81 位院士,并由其中产生了 32 位院士评议员。朱家骅身兼国民党党务与学术界要职,四次出任教育部长,任职期间将党义课改为公民课,创设“国立编译馆”编审教科书,影响民国中后期中小学教科书发展甚巨。

一、“四任”教育部长

朱家骅(1893—1963)是浙江吴兴(今湖州)人,出身于一个商人兼地主家庭,5 岁入邻舍私塾发蒙,11—12 岁,父母相继离世,依靠胞兄抚养。兄长介绍朱家骅改入张静江的长兄张增熙创办的南浔正蒙学堂学习,老师有沈士远、沈尹默和曹砺金等。1907 年,14 岁的朱家骅考入南浔公学。1908 年,朱家骅到程安高等小学堂任教,开始走向社会。

1. 从“素有大志,少年可为”到“坐而言、起而行”

1908 年 6 月,朱家骅赴上海考取德国人创办的同济德文医学堂自费生,习德文、史地、动植物、理化等课。1910 年,朱家骅加入同盟会并赴南京谋刺两江总督张人骏。第二年,他又和同学组织了中国敢死队,并招募同志 400 人。武昌起义爆发,朱家骅带领中国敢死队向武汉进军。他拿出哥哥让他代收的交通银行的股息、红利费 360 多两白银,使中国敢死队得以在汉口为伤兵服务了 3 个月。此举深受戴季陶赏识,认为其“素有大志,少年可为!”[1]

1914年,朱家骅在张静江的资助下自费赴德国留学,1917年回到北京大学教书。1918年,朱家骅与刘复、邓萃英、杨荫榆等7人成为北洋政府教育部选拔的第一批公派赴欧美留学的中国教授再次出国留学。朱家骅抵美后不久即转赴瑞士伯尔尼大学和苏黎世大学,后再赴德国柏林大学与工科大学深造。1924年,朱家骅获地质学博士学位,回北京大学任地质系教授兼德语系主任。据傅斯年回忆,他在北京大学读书时,北京大学一共28位教授,朱家骅是当时最年轻的教授。朱家骅性格耿直、思想“左倾”(曾加盟国民党的“翠花胡同派”),与李大钊并肩战斗,反对北洋政府。1925年6月3日,朱家骅领导北京学生为上海“五卅”惨案在天安门示威大游行,11月28日和29日领导了反对北洋政府的天安门国民革命运动,即著名的“首都革命”。1926年1月14日他领导天安门大示威,3月18日又参加天安门集会。段祺瑞制造了“三一八”惨案,第二天朱家骅遭北洋政府通缉,潜行出京,暂回原籍隐匿。

朱家骅回浙江留居数月后,因张静江、戴季陶在广东的北伐工作需人手,便去广东任事。朱家骅年轻气盛,曾被蒋介石撤职扣押,后得到戴季陶保释。1926年,朱家骅出任广东大学地质学教授兼系主任。同年7月,广东大学改名为中山大学,戴季陶为中山大学委员长,顾孟余为副委员长,徐谦、丁惟汾、朱家骅为委员。由于其他四人都不在校管事,朱家骅代理校务委员长,并在厉行改革中显露过人才华。朱家骅让学生重新考试入学,教师也全辞了重聘,并高薪聘请了鲁迅、许德珩、傅斯年、顾颉刚等名流。在短短四个多月中,中山大学就焕然一新,使戴季陶非常欣慰,称赞说:“中国只有一个半人才,半个是易培基,另一个完才是朱家骅!”[2]1927年8月,朱家骅任省教育厅长兼中山大学副校长。

1927年11月,朱家骅调任浙江省民政厅厅长,他提出“用新人,行新政”[3]。1929年3月,朱家骅参加了国民党第三次全国代表大会,当选为中央执行委员和中央政治会议委员。但不久受到排挤,于1930年9月辞去在浙职务回到中山大学。仅仅3个月后,朱家骅得到戴季陶提携,调任“中央大学”校长。

① 杨帆:《国民党去台高官大结局》,华文出版社2010年版,第246页。

② 李海生、张敏:《民国两兄弟陈果夫与陈立夫》,上海人民出版社2000年版,第289页。

③ 王维礼:《蒋介石的文臣武将》,河南人民出版社1998年版,第115页。

2. 出任教育部长，改“党义课”为“公民课”

1931年12月，朱家骅被提升为教育部长，此后他“四任”教育部长，大力提倡教育建设法制化，给予教育发展以一定的保障。

> 第一次任教育部长是1931-12-29—1932-10-26
>
> 第二次任教育部长是1932-11-9—1933-4-20（交通部长兼摄教育部长）
>
> 第三次任教育部长是1944-11-20—1945-7-30（再任教育部长）
>
> 第四次任教育部长是1945-7-30—1948-5-31（连任教育部长）

朱家骅任教育部长之前较为推崇党化教育，他认为“三民主义教育，不但是本党对于教育既定的政策，而且是保障完成本党所领导的国民革命一个必要的方法……所以，我们要把我们的党义，溶化在教育的核心里，因为教育是能管教人生，指导人生，帮助人生生活唯一的利器，倘若我们把我们的党义，和这个惟一利器的教育，并合为一个东西，那末我们的党义，一定是不胫而走，不推自行了”①。因国民党向各级学校推行党化教育并开设党义课程遭到各界人士的大力质疑，朱家骅在接任教育部长后把孙中山先生的“把世界文化迎头赶上去”、“把中国民族从根救起来”②两句话作为中国教育的总纲，并开始进行中国教育全面改革。

朱家骅曾列举1932年教育部已经完成实施和筹划实施的17个大项目，其中有推行义务教育、整理中学教育、注重师范教育、整理大学教育、推行蒙回藏教育和华侨教育、推行青年及成年补习教育、厉行国民体育、推行电影和播音教育、增设并充实各地图书馆、筹设中央教育馆、改良课程、充实教学设备、注重训育、厉行考试、厘定《小学法》《中学法》《职业教育法》《专科教育法》《师范教育法》等。其中的课程改良，强调要进行部编印短期小学课本和教学法，特别是要修订小学课程标准、中学课程标准和大学课程标准，将党化教育中已经取消的公民课程恢复。1932年《中小学课程标准》颁布后，以“三民主义”和“党义”命名的中小学教科书不再编撰出版，各

---

① 王聿均、孙斌：《朱家骅先生言论集》，“中央研究院”近代史研究所出版1977年版，第121—122页。

② 朱家骅：《九个月来教育部整理全国教育之说明》，《安徽教育行政旬刊》1933年第4期，第1页。

书局又开始编撰出版以"公民"及"公民训练"命名的教科书。

二、"国立编译馆"审定教科书

1931 年,朱家骅在国民党中央全会提议设立"国立编译馆",虽获得通过,但没有建立起来。1932 年"一·二八事变"发生以后,中央政府规定全国政费暂发三成,朱家骅与财政部长宋子文协商,教育经费从 3 月份起改发五成,而其他各机关经费直到 6 月份还在发三成。到 7 月份起,教育经费又率先发足十成。在朱家骅的努力下,当时中国教育经费得到较大保障,并有效地实施了改革,其中创设"国立编译馆"是其重要举措。1932 年 8 月,"国立编译馆"正式成立,"承教育部之命,得审查关于学校用之图书标本、仪器暨其他教育用品"①。"国立编译馆"设立初期,教科书审定任务最为繁忙。据统计,抗战前审查各书局所送中小学及师范学校、职业学校、民众学校各科教科书、教授书、补充教材及参考书、本国及世界地图等,约在 3000 种以上。仅截至 1934 年 6 月 14 日,共审定中小学教科书 389 种,其中人文组共召开 27 次会议审查中小学教科书 227 种,自然组共召开 25 次会议审查中小学教科书 162 种。②

1. 审定教科书的组织与人员

"国立编译馆"设编审、总务两处,其编审处为教科书的审查机构,又分设人文、自然两组,"各设主任一人,由专任编译兼任,主理各该组编译及审查事宜;各设专任编审,特约编审及编审员若干人,分任编译及审查事宜;各设干事一人,书记若干人,分理各该组庶务及缮写等事务。"③在《"国立编译馆"组织条例》未公布之前,1932 年 5 月教育部曾公布《"国立编译馆"组织规程》十三条,规定"本馆设专任编审二十人,编审员十五人,特约编审若干人,由馆长延聘之,呈报教育部备案"④。1932 年 6 月 15 日,"国立编译馆""聘童冠贤、陈可忠、翁之龙、刘英士、周其勋、王恭睦、郑贞文、李贻燕、郑鹤声、孙俍工、周邦道为专任编审,石声汉、许炳汉、章绍烈、王曾善、鄢远猷、黄守中、汪宗湜、胡颜立、丁致聘、何健民、王镜清、庄先识为编审员并呈部备案"⑤。1932 年 7 月 20 日,"聘童冠贤兼编审处人文组主任、陈可忠兼

① "国立编译馆":《"国立编译馆"一览》,"国立编译馆"1934 年版,第 3 页。
② 同上,第 69—85 页。
③ 同上,第 25 页。
④ 同上,第 5 页。
⑤ 同上,第 69—70 页。

编审处自然组主任”[①]。但“国立编译馆”的专任编审等存在一定的流动与调整，如1932年还聘请了徐砥平、张钰哲、戴清廉、赵士卿、朱偰、康清桂等为专任编审，蒋石洲、曹绍濂、杨浪明、王晋鑫、赵瑞生、柯士铭等为编审员，吕大元、李秀峰为临时编审员（二人先后于同年改聘为编审员）。又由于专任编审翁之龙任同济大学校长、张钰哲任中大教授、童冠贤任中大法学院长、朱偰任中大教授，均改聘为特约编审，编审员余介石辞职，聘吴长涛为编审员，等等。[②] 在1933年4月22日国民政府公布的《“国立编译馆”组织条例》中同样规定“置专任编译二十人，编译十五人，并得置特约编译，由馆长呈请教育部延聘之”[③]。1933年7月“依照修正组织条例，将专任编审改为专任编译，编审员改为编译”[④]。1933年11月，“教育部公布本馆办事细则，取消编审处，仍设人文、自然两组”[⑤]。

2.审定教科书的规程与制度

“国立编译馆”审定教科书程序最初是依据1929年11月22日教育部公布的《教科图书审查规程》办理。在1932年5月《“国立编译馆”组织规程》第十条明确规定“中等以下学校所用之图书标本仪器呈送，审查办法按教育部公布之教科图书审查规程暨教科用标准仪器审查规程办理。”[⑥]1932年8月，教育部召开幼稚园中小学课程标准会议，11月正式公布各类课程标准，1933年10月17日公布的《“国立编译馆”办事细则》中强调“本馆审查各种图书仪器标本，依照教育部公布之教科图书审查规程、教科用标本仪器审查规程暨各科课程标准办理。”[⑦]其第十四条还明确“审查程序为初审、复审、终审三次，初、复审由各编译担任，终审由审查会议行之。初、复审意见如有冲突时，由各该组主任另付特审后，再付终审。……凡图书及标本仪器之内容关系人文、自然两组者，应由两组会审。”[⑧]由此，教科图书的初审、复审、终审的三审制，以及初审、复审发生争议时的特审制及内容牵涉时的会审制等有效建立。

3.审定教科书的标准及费用

“国立编译馆”成立后，教科书的审查标准依照1929年1月22日国民

---

① “国立编译馆”:《“国立编译馆”一览》，第70页。

② 同上，第70—72页。

③ 同上，第3页。

④⑤ 同上，第25页。

⑥ 同上，第6页。

⑦ 同上，第8页。

⑧ 同上，第8—9页。

政府教育部订定的《审查教科图书共同标准》,关于教科书之精神者,“适合党义,适合国情,适合时代性”;关于教科书之实质者,“内容充实,事理正确,切合实用”;关于教科书之组织者,“全书分量适宜,程度深浅有序,各部轻重适度,条理分明,标题醒目确切,有相当之问题研究或举例说明,有相当之注释插图索引等,适合学习心理,能顾及程度之衔接,能顾及各科之连络”;关于教科书文字者,“适合程度,流畅通达,方言俚语屏弃不用”;关于教科书形式者,“字体大小适宜,纸质无碍目力,校对准确,印刷鲜明,装订坚固美观。”[①]此外,按照《教科图书审查规程》规定,“呈请审查图书时,应将图书定价十倍之审查费连同样本呈纳,但挂图类以每种定价之二倍为审查费。审定后定价如有增加,应照前项规定补缴审查费,但依第八条之规定呈请复审者,其复审费以前项规定之半额为准。”[②]

4.审定教科书的程序及变化

国立编译馆审定的教科书分为学生用书与教师用书两大类,按照《教科图书审查规程》规定,“图书发行人或编辑人,应于图书发行前,呈送本书三份(二十一年八月部令改为五份)请求审查。如用稿本送请审查,应即预印数页作为纸张、印刷款式等之样本,此项样本及稿本应各呈送二份。凡未完成及无定价之图书,不予审查。”[③] 1933 年,为适合分年实施新颁课程标准,特准各书局“将中学各科教科图书第一学年部分,先行按照新标准送审,经部审定,准予发行,其第二三学年应用部分,准予在一年内陆续送部,不必全部一并缴呈,惟不得中途停止各该部分之出版。”[④]并规定审查“最多以一个月为限,如无特别情形,不得逾限。”[⑤]且在“初审图书或标本仪器等中如有不妥之处,随即签明应修正之点,填具审查单粘贴图书内或标本仪器上,并加总评。复审时应将初审意见郑重审核,并签明初审所未发现之意见,填具审查单粘附图书内或标本仪器上,并加总评。其对于初审之总评同意时,签同意等字样。特审除审查原图书外或标本仪器等外,应将初、复审意见冲突之处加以决定,填具审查单粘附图书内或标本仪器上,并加总评。初、复审及特审者应各署名。复审或特审后,交由各该组主任,提付审查会议终审。”[⑥]审定结果分为不予审定和准予审定两大类。准予审定者

---

① 教育部教育年鉴编纂委员会:《中国第一次教育年鉴(乙编)》,开明书局 1934 年版,第 98—99 页。

②③ “国立编译馆”:《“国立编译馆”一览》,第 17 页。

④ 教育部教育年鉴编纂委员会:《中国第一次教育年鉴(戊编)》,开明书店 1934 年版,第 133 页。

⑤ 同②③,第 8 页。

⑥ 同上,第 9 页。

再分别为准予审定者、修改后准予审定者、修改后再送复核者、改编后再送审查者等类。

抗战时期，随着“国立编译馆”教科书由审定到国定，在教育部介入下，形成由正中书局、商务印书馆、中华书局、世界书局、大东书局、开明书局、文通书局七家书局联合组织“国定中小学教科书七家联合供应处”（简称“七联处”）统一印刷发行。日本宣布投降之时恰在秋季开学之期，收复区国定教科书的需要数量大增，各地教科书的准备出现严重不足，“以致收复地区的中小学仍有用伪教科书为教材，即如京沪一带也不免有此现象”[①]。1946年8月4日《申报》刊登《国定教科书战后修正本联印联销大量供应，教部严饬各省市禁绝伪课本》中强调“凡印贩书业及采用学校，一律封闭，严惩不贷。”[②]教育部与“七联处”订立的合约1947年到期，因此1947年2月1日教育部颁布了《印行国定本教科书暂行办法》，规定自1947年7月1日起，各公私印刷机构均可申请印行国定本教科书。具体办法由公私印刷机关依照本办法印行国定本教科书，应先将样本三份呈送教育部审核，发给许可执照后方得印行。公私印刷机关印行国定本教科书时，应将各书之许可执照用照相版印于底封面。此后教育部又颁布了《印行国定本教科书暂行办法施行细则》。根据此施行细则，国定本教科书的供应首先由各公私印刷机关在申请前先向部领取国定本教科书的稿本，经印刷全部送审经审核合格后，每组合发许可执照一张（所有执照由各印刷机构在印行国定本教科书时影印于各册之里底封面），许可执照有效期间以三年为限。在各家书局印行的国定本教科书封底，可以看到由朱家骅签署的教育部颁发的“许可执照”。

三、“国立编译馆”编撰教科书

“国立编译馆”编撰出版的中小学教科书，涵盖了普通教育、社会教育、少数民族教育等。其中最为突出的是朱家骅任教育部长时开始提倡，陈立夫任教育部长时具体实施的“国定本教科书”（注：此内容在“陈立夫”一章中详述）。从1932年开始编撰出版的《短期小学课本》《乡村用三民主义千字课》等特定用途的教科书，在中国教科书史上也是比较独特的。

---

① 魏冰心：《国定教科书之供应问题》，《教育通讯》（复刊）1946年第1卷第13期。

② 《国定教科书战后修正本联印联销大量供应，教部严饬各省市禁绝伪课本》，《申报》1946年8月4日。

1.《短期小学课本》

1932 年 9 月,“国立编译馆”(编译由胡颜立、王晋鑫担任)与教育部合编《短期小学课本》,共 4 册,每册 70 课。由教育部付印,先后颁行各省市短期学校采用,内容包含三民主义、国民道德、历史、地理、自然、卫生、农业等材料。各册教科书配有 10 幅以上课文插图,文字通俗,内容简洁。如第 1 册第 2 课《我们都是中国人》中写道:“我是中国人你是中国人我们都是中国人。”①下面有中华民国的轮廓图。第 68 课《学兵操》写道:“小朋友,年纪小,大家同来学兵操。你背枪,我拿刀,一二三四,往前跑。今天操,明天操,大家操得身体好。”②第 69 课《好国民》写道:“我愿做个好国民,读书用功,做事认真。我愿做个好国民,爱国爱群,爱己爱人。”③《短期小学课本》第 4 册第 1 课《中华民族》写道:“我们中华民族,在上古时,是从西北高原,沿着黄河,渐渐的向东繁殖的。后来,又向长江粤江一带繁殖,并且移植到海外南洋等地去。我们的民族,本来是最文明、最强大、最统一的,最近一百多年以来,在世界上的地位,却渐渐地低下去,我们应当赶快同心合力,复兴我们的民族。”④《短期小学课本》第 4 册上有谱曲的“中国国民党党歌”。

这是中国近现代教科书史上唯一的一套短期小学教科书,出版后不断订正,如第 1 册 1935 年 8 月订正初版,8 月订正 33 版,1935 年 9 月订正 45 版,1937 年 6 月订正 319 版。这套教科书后来又进行了改订,仅第 2 册的改订本 1 版时间为 1938 年 9 月,一个月之后,即 1938 年 10 月,改订本就有 27 版了,足见这套教科书的发行量是巨大的。在 1937 年商务印书馆出版的吴守谦和皇甫钧编纂的《短期小学的行政和教学》中说到这套教科书:“每学期用二册,学生每人均须由学校赠送一份。各地商务印书馆、中华书局、世界书局及正中书局均有出售。”⑤并且说明:“这套课本供教学国语科之用,其内容包括常识及音乐教材,短期小学学生除应用这套课本之外,可以不另备他书。”⑥因为短期小学“学生不需备算术课本”,⑦“国立编译馆”编辑了《短期小学算术教学法》上、下册。由于学生也不需要备公民训练课本,“国立编译馆”编辑了《短期小学公民训练标准》1 册,供教师实施短期小

① “国立编译馆”:《短期小学课本(第 1 册)》,“国立编译馆”1935 年订正初版,1937 年订正 314 版,第 2 页。

② 同上,第 68 页。

③ 同上,第 69 页。

④ “国立编译馆”:《短期小学课本(第 4 册)》,“国立编译馆”1936 年初版,1937 年 293 版,第 1 页。

⑤ 吴守谦、皇甫钧:《短期小学的行政和教学》,商务印书馆 1937 年初版,第 16 页。

⑥⑦ 同上,第 16 页。

学公民训练之用。"国立编译馆"还编辑了《短期小学课间操教材》1册，供教师教学短期小学课间操之用。

2.《乡村用三民主义千字课》

《乡村用三民主义千字课》系由国民党中央党部委托教育部编审处编辑，完成甲乙两种，"国立编译馆"成立后，由编译胡颜立、王晋鑫继续编成丙种，供乡村民众学校用，内容包含三民主义、国民道德、历史、地理、自然、卫生、农业等材料，共4册，每册25课，于1932年8月完成，1933年3月由教育部付印出版。在1931年6月初版，教育部编审处编辑，中国国民党中央执行委员会训练部审查，京华印书馆仿印的教科书的版权页上，我们首次见到印有"蒋中正"签署的教育部批(字第三八〇号)。这套教科书也非常通俗易懂，如《三民主义千字课暂行本乙种》第3册第1课《首都》写道：

> 南京地方有山，有水，有广阔的平地，世界上的大都市，很少有这样好的形势。南京有铁路东到上海，北通天津北平，有汽船每天在长江里来往，还有飞机可以通行全国，交通也非常便利。民国十六年，国民革命军北伐胜利，得到南京以后，国民政府就迁到南京，遵照中山先生的意思，定南京为首都。中山墓也就在南京的城外。①

3.《小(中)学特种国文读本》

"国立编译馆"在不断加强对教科书审查力度的同时，为特定的政治目的而专门编撰出版有"特种"国语(文)教科书，希望借以阻止心怀不满的青年转向共产党。《小学特种国语读本》系国民党中央党部函教育部委托"国立馆"编辑，专供收复共产党统治区小学之用。教科书每册40课，由编译赵瑞生、王晋鑫、胡颜立合编，1934年完成，呈送教育部转送国民党中央颁用。《中学国文特种读本》由专任编译孙俍工编辑，分初中高中用各1册，"因其选辑之目的，本以唤醒我国固有之民族精神为主旨，故其内容，大部分为激发爱国思想之文字。全书选文五十九篇，每篇末附解题与作者传略，注释与参考书籍。在此国难严重之日，是书应与正式课本，参差教学，用以砥砺一般青年之志气。"②这套教科书于1933年2月编成出版，选材标准有下列数项："(1)对于我民族发展上有关系的先民著述及传记。(2)含

① 教育部编审处:《三民主义千字课暂行本乙种(第3册)》，京华印书馆1931年初版，第1页。

② 《"国立编译馆"出版书籍目录》，无版权页，1936年版，第37页。

有抵抗外侮,不屈不挠的精神的论著,及抒情文。(3)当代革命先辈之论著及诗歌。(4)国外富于爱国思想之文艺作品。”[①]1933年2月编成出版。

4.《汉蒙合璧小学国语教科书》

《汉蒙合璧小学国语教科书》系先由教育部蒙藏司汪睿昌科长采用新学制国语教科书用蒙文翻译,后由“国立编译馆”专任编译戴清廉及编译胡颜立、王晋鑫加以修订,计共8册,内容除普通国语教材外,加蒙古地方特殊材料,由教育部出版,分发蒙古各小学采用。

此外,“国立编译馆”还编有《初中国文精读范程》《高中国文教科书》及南洋、欧美华侨学校各类教科书,并有供师范学校和高级中学用的《地方自治》等等。

“国立编译馆”是民国时期存在时间最长的编审教科书学术机构。1932年6月成立,1937年7月奉令迁庐山、长沙,1938年复移重庆,1939年再迁江津白沙,1942年改组扩大,并于8月再迁至巴县北碚,1946年8月返回南京,1949年4月撤至台湾。“国立编译馆”在大陆的17年间,从教科书的严格审定到编写国定本教科书、短期小学课本、中小学特种读本等,明确表达了朱家骅教育文化是政治统治基础的观点,见证了烽火岁月中极其艰苦环境下政治对教育控制所做出的努力,是百年中国教科书波澜壮阔发展中不能忽视的一段。朱家骅一直以学者自居,十分希望有一个安定的环境,让学生们能安心读书,不要发生事端。可是蒋介石下令坚决镇压学潮,学校大批开除学生,特务追捕学生。1948年冬,蒋介石召开中常委扩大会议,以镇压学潮不力的罪名把朱家骅赶下台。严在宽在《朱家骅和教育事业》中做了这样的评价:“他有事业心,也有较强的权势欲,但书生气很重,做不了射雕英雄,也斗不过工于心计的权术家。在朱家骅身边围绕着一大群高层知识分子,大家对他很尊重,称他为朱先生。他对他们也优礼相待,从来不摆架子。彼此之间还时相过从,结为深交,隐然成为一种势力。蒋介石之所以重用他,就是想通过他取得高层知识分子的好感,为自己多美言几句,借以粉饰太平。”[②]朱家骅一生政教两栖,在宦海中度过,在教育事业中应该说颇有建树。

---

① 孙俍工:《中学国文特种读本(第1册)》,“国立编译馆”1933年初版,第1页。

② 浙江省政协文史资料委员会:《浙江近代著名学校和教育家》(《浙江文史资料选辑》第45辑),浙江人民出版社1991年版,第401页。

第十二章　陈立夫:抗战时期教科书

陈立夫是中国现代史上显赫一时的人物,他28岁出任国民党中央党部秘书长,此后历任组织部长、教育部长、立法院副部长、《"中央日报"》首任董事长、中央评议委员会主席等一系列要职,周恩来总理曾说他是一位"值得被尊敬的敌人"①。1984年,陈立夫在《回忆抗战期间的教育》一文中写道,"从民国二十六年七月七日卢沟桥事变起到三十四年八月日本投降的八年抗战期间,我整整担任了六年十一个月的教育部长(二七年一月至三十三年十二月),主持战时教育行政。在这几年中,抚辑流亡学生,重振后方弦歌,扩展各级教育,改革并创建教育制度,釐定课程标准,收回'文化租界',创设训育规范、发扬民族文化,发起建教合作制度征调及训练十万学生为青年军直接参加抗战工作,确实做了不少的事"②。陈立夫很早就关注教育,抗战初期创办正中书局亲自编撰出版中小学教科书,出任教育部长后,强力推出国定本教科书,推进边疆及华侨教科书的发展。

一、创办正中书局编撰出版中学教科书

陈立夫(1900—2001)出生在浙江省吴兴(今湖州市),名祖燕,号立夫。他从小"立志以工业建国为己任"③,1924年夏获得美国匹兹堡大学硕士学位。1925年9月,陈立夫任黄埔陆军军官校校长办公厅机要秘书,随侍蒋介石左右,始用"陈立夫"之名,先后任国民党中央组织部调查科主任(1928年)、国民党中央党部秘书长(1929年)、国民党中央组织部部长(1931年)等职。

---

① 陈立夫、陈秀惠:《复兴中国文化:陈立夫访谈录》,新华出版社2007年版,第155页。

② 陈立夫:《回忆抗战期间的教育》,台湾《"中央日报"》1985年8月7日。

③ 陈立夫:《陈立夫回忆录:成败之鉴》,正中书局1994年版,第2页。

1. 创办正中书局,推出中学教科书

1931 年 10 月 10 日,陈立夫在南京创办正中书局,取“扶风正俗,以兴中华”[①]之意,聘叶楚伧为总编辑。1933 年,他将正中书局的全部资产捐献给国民党,国民党中央在其基础上进行扩充,陈立夫为董事长、叶楚伧为出版委员长、吴秉常为总经理、吴稚晖等为监事。在政府的大力支持下,正中书局发展迅速,1934 年 7 月开始推出“依照新课程标准编辑”的中学教科书,至 1935 年已出版初中教科书 16 种 46 册、高中教科书 8 种 22 册。其中初级中学教科书《公民》5 册(主编者叶楚伧、陈立夫,编著者钱安毅、刘悉规、林树艺、赵祥麟,校订者汪懋祖、寿勉成)、《国文》6 册(主编者叶楚伧,校订者孟宪成,校选者汪懋祖,选注者汪定奕、张圣瑜、沈荣龄、许梦因、周侯于)、《卫生》3 册(陈雨苍编)、《英语》6 册(陆步青编)、《算术》2 册(余信符、汪桂荣编)、《代数学》2 册(黄泰、戴维清编)、《实验几何学》1 册(汪桂荣编)、《几何学》2 册(万颐祥编)、《数值三角法》1 册(汪桂荣编)、《植物学》2 册(王守成、方锡琛编)、《动物学》2 册(薛德焴编)、《化学》2 册(王义珏编)、《物理学》2 册(陈傑夫编)、《本国地理》4 册(王益厓、周立三编)、《音乐》4 册(吴梦非编)、《外国历史》2 册(陈祖源编)。高级中学教科书有《公民》6 册(主编者叶楚伧、陈立夫,分编者孙本文、萨孟武、寿勉成、阮毅成、黄建中)、《卫生学》1 册(陈雨苍编)、《军事看护学》1 册(余德荪编)、《国文》6 册(主编者叶楚伧,选注者许梦因、胡怀琛、穆济波,校订者汪懋祖、叶溯中)、《生物学》6 册(郑勉编)、《本国历史》3 册(罗香林编)、《外国地理》2 册(王益厓编)、《自然地理》1 册(王益厓编)。1936 年,正中书局根据《修正中学课程标准》将已经编撰出版的教科书重新规整并新编一些学科的教科书,命名为“建国教科书”。此外,“抗战初期,正中书局适应形势的需要,编印出版了大量战时读物,如《中等学校特种教材防空篇》7 种、《战时民众训练小丛书》10 册、《抗战丛书》40 册、《非常时期民众丛书》第 1—4 集共 40 册、《抗战事迹》全 7 册、《战时国民义务》全 7 册,以及《现代战争》、《战时的日本》、《战时社会教育》、《民众教育与青年训练》、《抗战与生活》等。”[②]

2. 亲自主编《公民》和《童子军》

正中书局的成立是政治权力强势介入教科书的典型代表,其中陈立夫亲自参与主编初(高)级中学教科书《公民》更是说明他极为重视党化教育

① 中国人民政治协商会议全国委员会文史资料委员会:《文史资料存稿选编 23 文化》,中国文史出版社 2002 年版,第 407 页。

② 吴永贵:《中国出版史(下)》(近现代卷),湖南大学出版社 2008 年版,第 169 页。

及行为训练。如《(初级中学)公民(公民生活与公民道德)》分编5册,分别是《公民生活与公民道德(第1学期)》《公民与政治生活(第2学期)》《地方自治(第3学期)》《法律大意(第4学期)》《公民与经济生活(第5、6学期)》。"各册根据三民主义,阐明总理遗教,期以党义渗透公民生活。"①内容"注重实际,由近及远,期与学生自治训练相呼应"②,第2册以后各册均以道德为基础,一方面阐明中华文化固有美德,另一方面阐明新生活之意义,最后强调"以人格救国"③。这套教科书体系较为完整,并能根据时事加以重点突出,如在经济部分不仅说明帝国主义侵略之情形及生产、国货、节约运动、劳资协调等问题,且"以总理实业计划为归宿"。④高级中学教科书《公民》分编6册,分别是《社会问题(第1学期)》《政治概要(第2学期)》《经济概要(第3、4学期)》2册《法律大意(第5学期)》及《伦理大意(第6学期)》,其中《高级中学公民(社会问题)》第1册之"例言"强调有"本书讨论各种问题之解决途径,一以三民主义为依归"⑤。随着时局的动荡加深,国民党更加强调意识形态的强力控制,如叶楚伧、陈立夫主编的《建国教科书高中公民》分编《社会问题、政治概要(第1学期)》《经济概要(第2学期)》《法律大意(第3、4学期用)》和《伦理大意(第5学期)》4册,其《建国教科书高级中学公民(社会问题政治要概)》第1册强调"本书恪遵党义,随处发挥。务使学生认识中国国民党主义、政纲、政策,为建国及解决社会问题之惟一途径"⑥。同时注重建国对人才理论素质的要求,突出"本书学理与实际问题并重,务使学生习得社会生活必需之知识,为奠定深造之基础,与服务社会之准备"⑦。

陈立夫还主编有《建国教科书初级中学童子军》6册,这是遵照中国童子军总会所颁课程训练标准编辑,"每周教材分为I、II、III三部,自成一小单元,I、II两部分为课内应用教材,注意学习之旨趣及方法之指导;其第三部分多属课外活动实习,注重兴趣与实用,适合教育部公布修正初级中学教学时间表内童子军课内二小时另于课外训练一小时之规定。"⑧为了达到训练的效果,"注重精神、体格、技能三方面内容之融合,力求教学做打成一

①②③④⑤ 刘悉规:《公民(公民生活与公民道德)(初中第1册)》,叶楚伧、陈立夫主编,正中书局1935年78版,第1页。

⑥ 应成一、萨孟武:《建国教科书公民(社会问题政治要概)(高中第1册)》,叶楚伧、陈立夫主编,正中书局1936年初版,1948年1版,第2页。

⑦ 同上,第1—2页。

⑧ 薛元龙:《建国教科书童子军(初中第1册)》,陈立夫主编,正中书局1936年初版,1936年40版,第1页。

片。在每周内容后附有复习题。各册最后附有关于本册之种种法规标准,以供童子军之信守遵行。”[①]教科书插图丰富,如第1册有插图200幅左右,第2—6册均有插图100幅左右,或示一种动作之程序,或引外国童军之范例。这套教科书当时发行很是惊人,如第1册1936年8月初版,仅仅1个月之后,到1936年9月就40版了。

二、出任教育部长推出国定本教科书

1937年抗战全面爆发后,短短的几个月间,平、津、京、沪相继失守,华北、华东大片国土沦陷。《第二次中国教育年鉴》记载“各地之机关学校,均以变起仓卒,不及准备……损失之重,实难数计”。[②] 在此紧急关头,初迁武汉的国民政府,决定重整旗鼓,委任陈立夫出任教育部部长。

1.认为“教育不可中断”,发表《告全国学生书》

1938年1月,陈立夫出任教育部长,“我初接任部务时,面临亟待解决的有两大问题:第一是战区逐渐扩大,学校员生不能在原地进行教学,纷纷内迁,流亡在途;除紧急救济外,此等学校,究应继续办理,拟紧缩归并?此为‘量’的问题;第二是关于‘质’的问题,在抗战前夕,即有人高唱‘实施国难教育’,完全改变了平时教育的性质,一切课程及训练,均以适应军事的需要为前提。因此,亟待在平常教育与战时教育两者之间作一抉择。这是‘质’的问题。”[③]陈立夫认为教育作为百年大计,只应对于战时需要做若干临时适应的措施,不应全盘改弦更张,使正规教育中断。“我当时根据抗战与建国双管齐下的国策,认为建国需要人才,教育不可中断。并且即在战时,亦需要各种专技人才的供应,有赖学校的训练……遂决定学校数量不仅不应减缩,并且依据需要,还需相当扩展。此为对于量之问题之解答。其次关于质的问题。我认为正常教育仍应维持,为建国预储人才,但为适应军事需要,应加特殊训练以备随时征召。”[④]为此,陈立夫发表了《告全国学生书》,强调“教育为建国之根本大业,各级及各种学校之设立,实各有其对国家应付之使命。亡人国者必图亡其教育文化,以绝其复兴之凭借。……教育之任务,为在智德体各方面培养健全之公民,使其分负建国

---

① 薛元龙:《建国教科书童子军(初中第1册)》,陈立夫主编,第1页。

② 教育部教育年鉴编纂委员会:《第二次中国教育年鉴》(第1编),商务印书馆1948年版,第8页。

③ 陈立夫:《陈立夫回忆录:成败之鉴》,第242页。

④ 同上,第242—243页。

之艰巨责任，故青年之入校修业，自国家立场观之，读书实为其应尽之义务，使青年而有废学之现象，实即国家衰亡之危机。是以必上‘最后一课’而后已，为任何参战国家应有之教育精神。”[①]这使当时众说纷纭的主张中，有了一个主导性的政策。

2. 设立“战时教育问题研究会”[②]，改订教育制度及教科书

为了研究决定抗战时期的教育问题，陈立夫上任即宣布成立战时教育问题研究会，由顾毓琇任主任委员，聘请朱家骅、谷正纲、陈布雷、陶希圣、陶百川等政界、教育界著名人士23人为委员。[③] 1938年2月，教育部颁发《国立中学暂行规程》和《国立中学课程纲要》，规定“各科教学目标及教材内容，除遵照课程标准之规定外，应视实际需要尽量补充与国防生产有关之教材。”[④]1938年3月29日至4月1日，中国国民党临时全国代表大会通过《抗战建国纲领决议案》，就教育问题提出四点规定，其中第一点就是“改订教育制度及教材，推行战时教程，注重于国民道德之修养，提高科学的研究与扩充其设备”[⑤]。大会还通过了《战时各级教育实施方案纲要》，开篇为“教育为立国之本，整个国力之构成，有赖于教育，在平时然，在战时亦然，国家教育在平时若健全充实，在战时即立著其功能；若有缺点，则一至战时，此等缺点即全部显露，而有待于急速之补救与改正。所贵乎战时教育之设施者，即针对教育上之缺点，以谋根本之挽救而已，非战时教育之必大有异于平时也。……对于各级学校各科教材，应彻底加以整理，使之成为一贯之体系，而应抗战与建国之需要；尤其尽先编辑中小学公民、国文、史、地等教科书及各地乡土教材，以坚定爱国爱乡之观念。”[⑥]同时，在中等教育中添设战时特种教材和实施后方服务训练。1940年教育部修订和公布了高初级中学教学科目及时数表，修订“三三制”中学课程，并将初中分甲乙两组：甲组作就业准备，乙组作升学准备。高中也分甲乙两组，甲组侧重理科，乙组侧重文科。又在高中第三年设简易职业科目，供高中学生有意就业者选修。

---

① 《教育部陈部长告全国学生书》，《广东教育厅月报》1938年第2期，第1—2页。

②③ 《陈部长谈今后教育方针》，《教育通讯》1938年创刊号，教育消息。

④ 教育部：《教育法令特辑》，正中书局1938年6月初版，第83页。

⑤ 荣孟源：《中国国民党历次代表大会及中央全会资料（下册）》，光明日报出版社1985年版，第484页。

⑥ 中国第二历史档案馆：《中华民国史档案资料汇编：第5辑第2编教育（1）》，江苏古籍出版社1997年版，第14页。

3. 公布《教科用书编辑委员会章程》,强力推出国定本教科书

国定本教科书的编撰出版是 1932 年朱家骅继任教育部长之后开始的,且经历先部颁试行,再国定推广的过程。① 1932 年 6 月,教育部以"发展文化,促进学术暨审查中等以下学校用书"②为宗旨成立"国立编译馆"。"1933 年 5 月,设部编中小学教科书编审委员会,十二月编成初小国语、算术、社会、自然四种稿本,交"国立编译馆"审查。"③虽然国定本教科书的实施已是题中之意,但因战事未实施。陈立夫任教育部长之后,如何既改变教科书供应短缺的局面,又将战时教育方针贯彻下去这一问题亟待解决,1938 年 8 月,教育部公布《教科用书编辑委员会章程》,第一条是"教育部为计划及实施中小学及民众学校教科书之编辑起见,设立教科用书编辑委员会。……一、编辑小学初级国语常识等,及小学高级国语史地等教科用书;二、编辑初级中学及高级中学公民国文史地等教科用书;三、编辑民众学校各种课本及民众通俗读物;四、编辑中小学补充读物及其他青年读物。"④ 1939 年 5 月,教育部公布《修正教育部教科用书编辑委员会章程》并颁发《教育部教科用书编辑委员会办事细则》,再次强调对这几类书的编写。1942 年 1 月,教科用书编委会并入"国立编译馆",成为教科用书组。1942 年 5 月,蒋介石致函陈立夫,建议"以后凡中小学教科书应一律限期由部自编,并禁止各书局自由编订"⑤。1942 年底,教育部将部编初小国语常识课本暂行本 8 册及教学参考书交给正中书局出版供应。但随着编定的稿本陆续增多,正中书局无法独任供应之责。1943 年 4 月,教育部促成"国定中小学教科书七家联合供应处"正式组成,七家书局分配成销的比例分别是:正中书局、商务印书馆、中华书局各占 23%,世界书局占 12%,大东书局占 8%,开明书店占 7%,文通书局占 4%。⑥ 教育部限令自 1943 年秋起各级学校开始采用国定本统一教本,小学各科及中学国文、公民、历史、地理四科必须采用部编课本,不得歧异,各出版家已将原有同科旧本的纸型封存、销毁,不再印售,其余各科教科书由各校自行选用审定本。教育部以"自

---

① 吴小鸥、石鸥:《烽火岁月的启蒙——试析民国时期"国立编译馆"中小学教科书编审》,《中国人民大学教育学刊》2012 年第 3 期,第 166—180 页。

② "国立编译馆":《"国立编译馆"一览》,第 4 页。

③ 王云五:《岫庐论教育》,台湾商务印书馆 1965 年版,第 174—175 页。

④ 教育部:《教育部教科用书编辑委员会章程》,《教育法令汇编》第 4 辑,正中书局 1939 年 5 版,第 3—4 页。

⑤ 中国第二历史档案馆:《中华民国史档案资料汇编:第 5 辑第 2 编教育(1)》,第 458 页。

⑥ 魏冰心:《国定教科书之供应问题》,《教育通讯(复刊)》1946 年 1 月第 13 期:14—15 页。

编、约编、征编"[①]的方式编辑国定本教科书11种，即初级小学《国语常识》8册、《算术课本》8册，高级小学《公民课本》4册、《国语课本》4册、《历史课本》4册、《地理课本》4册、《自然课本》4册，初级中学《公民》3册、《国文》6册、《历史》6册、《地理》6册。国定本教科书实施严格的审阅制，如1946年初级中学《国文(甲编第2册)》的版权页上落款为"教育部征选，教育部教科用书编辑委员会、商务印书馆、正中书局应选，校订者"国立编译馆"，参阅者尹石公、王云五、朱家骅、朱锦江、吴大钧、吴俊升、吴铁城、余井塘、沈其达、侯堮、陈可忠、陈布雷、陈仲子、陈果夫、梁实秋、常道直、许心武、黄觉民、叶溯中、叶楚伧、赵荣光、潘公展、庐前、钱少华、顾毓琇"，[②]这里面既有政界要员，也有学科专家，其他学科也是如此。如初级中学《历史课本》参阅者有20人、高级小学《历史课本》参阅者19人，而初级小学《国语常识课本(第7册)》校阅者有丁晓先等56人，堪称百年教科书史上之特例。

三、促进边疆与华侨教科书发展

在抗日战争这一决定中华民族生死存亡特殊的背景下，陈立夫积极关注边疆和华侨教育改革，推动了教科书的发展。

1. 边疆教科书的发展

我国边疆种族复杂，清末"新政"兴学之前，各边疆少数民族地区并没有近代的普通学校。在居住集中、人口较多、文化传统保存完整的满、蒙、藏、回等地区，除了宗教教育之外，世俗教育影响微弱。而居住分散、人口较少、交通闭塞的苗夷等地区，很多少数民族甚至没有书面语言文字。1912年，南京临时政府成立蒙藏教育司。南京国民政府初期将边疆教育称为"蒙藏教育"，如在《三民主义教育实施原则》中即有"蒙藏教育"一章。[③]1929年国民党第三次全国代表大会指出："必力矫清朝、军阀两时代愚弄蒙古、西藏及漠视新疆人民利益之恶政，诚心扶植各民族经济、政治、教育之发达。"[④]"九一八"事变之后，亟须各族团结，南京国民政府对边疆认识的视

---

① 自编，由"国立编译馆"专任编审担负；约编，有若干科目，由该馆特约国内有名学者编纂；征编，即另有若干科目，由私人编辑，经教育部征选。

② 教育部教科用书编辑委员会：《初级中学国文(甲编第2册)》，国定中小学教科书七家联合供应处印行，1945年上海白报纸本第1版，1946年上海白报纸本第100版，封3。

③ 教育部蒙藏教育司：《边疆教育法令汇编》第1辑，1947年版，第1页。

④ 荣孟源：《中国国民党历史代表大会及中央全会资料(上册)》，光明日报出版社1985年版，第647页。

野逐步从蒙藏开始向西南、西北等区域扩展,其后通过的边疆教育法规开始称"边疆教育"。此时之"边疆"概念,已不再主要是地理概念,而更侧重于"文化"。[①] 不与外国接壤的川、康民族地区,也因其文化多元被视为"西南边疆"。1935 年度教育部"开始专款办理边疆教育"。[②] 陈立夫出任教育部长之后,明确发展边疆教育的宗旨为:"遵照中华民国教育宗旨,切实推进边地教育,彻底培养国族意识以求全国文化之统一,并根据边地人民各别之特殊环境,切实谋其知识之增高,生产技能之增进,生活之改善,体育卫生及国防教育之严格训练"[③]。1938 年边疆教育委员会成立,大量增设各级边疆学校。"截至三十二学年度为止,为了直接教育边地学龄儿童,并实验示范起见,设有国立边疆小学十七所。战时不仅有国立中等学校,还有国立小学,这是为适应需要特殊设施。为培养边地师资并贯彻边教政策起见,我们接办并创设了国立边疆师范十二所,内有师范附小十四所,国立边疆中学三所,国立边疆职业学校九所。教育部直接主管的边疆学校共计四十三所校,学生达五千八百五十八人。"[④] 由于边地语文特殊,内地所印教材读物不能适用,而边地学校又无力自行编印,遂形成了书荒,陈立夫指出,"边疆地方,无论学校教材、民众读物,均极缺乏"。[⑤] 1939 年 4 月,第三次全国教育会议通过《推进边疆教育方案》,指出"边疆教育应以融合大中华民族各部分之文化,并促其发展为一定之方针。"[⑥]其中第三点"编译边疆教科图书"专门列出五条要求,"一、由教育部商同关系各机关,订正边疆各种语文符号,以利教学。二、边疆各级学校教科书及参考图书由教育部设立编译机关办理之。三、编译宗旨除照三民主义教育实施原则规定外,应加入最高领袖言论,抗战意义,垦殖卫生及边疆必要之知识。四、初级及中级小学教科书,以国语为主体,以蒙藏回等语文为副。高级小学以上学校,以国语国文编订为原则。五、编译图书时,应多编印与教育有关之彩画歌曲,分发边疆各教育机关及寺庙等应用。"[⑦]1942 年 8 月,《教育部、社会部及蒙藏委员会经办发展边疆文化工作概况》,其中"编译工作"中指出"(一)自编:边地小学国语教科书蒙藏回文与国文对照本各八册,共计二十四册,正排

---

① 汪洪亮:《中国边疆研究的近代转型——20 世纪 30—40 年代边政学的兴起》,《四川师范大学学报》2010 年第 5 期。

② 中国第二历史档案馆:《中华民国史档案资料汇编:第 5 辑第 2 编教育(2)》,第 125 期。

③④ 陈立夫:《陈立夫回忆录:成败之鉴》,第 273 页。

⑤ 同上,第 274 页。

⑥⑦ 同②,第 122 页。

印中。(二)征稿审核:社会学科教本乡土教材等。"[1]陈立夫对此记载为"教育部于民国三十二年置办简陋边文印制机件,译印初级小学国语常识课本蒙藏回文(与国文对照)各一套(回文本未出全),分发应用。边地儿童始有适当教科书可读。"[2]

当时,教育部对于滇黔桂三省边疆教科书也较为重视。1941 年教育部组织西南边疆教育考察团到云南、贵州、广西等地进行了专项考察,在提交的《教育部西南边疆教育考察团关于改进西南各省边疆教育总建议书》中特别提及教科书的规定,"编辑组之主要工作为编审边地适用之教科书及补充读物("国立编译馆"目前并无编辑边疆教科书之机构,故编审边地学校适用之教科书一事似可划出)分发各边地学校应用,藉教科书内容之改进,为指导边胞生活及思想方式之举,盖可怖之定命论,方中于一般齐民,抗战以来,多有应验,长期之困苦,与某种宗教结不解缘,遂产生幻妄之来生思想,此点尤以边胞为甚,以坐定诵经,为希冀某种幸福之唯一途径,殊不知生老病死,应从生老病死本身解决,不能于生老病死之外,更求解决之方也。……是不可不予以严重之注意,以教科书之内容,改造其生活思想方式,潜移默化于某种宗教于无形,其中庸和平之道也。"[3]但考察团对于石门坎自编苗汉合璧教科书明确予以禁止,"闻石门坎亦有苗文教科书翻译新约全书,其他野人栗粟,均有教士为之创造文字。……现行苗文应禁止其蔓延,首先应先在学校内,禁止使用现行苗文教科书,至宗教读物,及在边区推行识字运动所遭遇之困难,应另筹方案。"[4]考察团对当时历史教科书中常有关于"苗乱徭乱之记载"建议删除,"此本系事实,以之施用于内地学校,流弊尚少,以之施用于边地学校,极易刺激情感,以后各级学校教本不论施用于内地或边地,宜尽量删除此项叙述,本为史家所深忌,然教科书之性质与一般史书决然不同。"[5]

2. 华侨教科书的发展

南京国民政府成立之后,注重华侨教育政策的制定与实施。侨务委员会和教育部陆续颁布《侨民教育实施纲要》(1933 年 4 月)、《华侨中小学规程》(1931 年颁布、1934 年 2 月修正)、《华侨中小学董事会组织规程》(1931 年颁布、1934 年修正)等规章制度,均涉及教科书的发展。如 1933 年的《侨

---

① 中国第二历史档案馆:《中华民国史档案资料汇编:第 5 辑第 2 编教育(2)》,第 148 页。

② 陈立夫:《陈立夫回忆录:成败之鉴》,第 274 页。

③ 同①,第 155 页。

④ 同上,第 164 页。

⑤ 同①,第 167 页。

民教育实施纲要》明确“征集侨校教材,编订侨校适用教科书”。[①] 又1934年修正后的《华侨中小学规程》将原来规定教科书须采用大学院所审定改为“侨民中小学教科书应由该管领事或教育部、侨务委员会派往办理侨民教育之人员,会同当地侨民教育团体及侨民中小学教职员代表,组织中小学教科员编选委员会,就教育部审定之教科书,选定若干种,任各校采用。为适合地方情形,并得又该委员会加以修改或另行编辑。”[②]1935年,教育部成立南洋小学教科书编辑委员会,人员有“吕思勉、何炳松、杜佐周、李长傅、周予同、林文庆、林中杏、秉志、胡先骕、孙贵定、夏丏尊、陈育崧、黄素封、雷通群、刘咸、蒋维乔、薛德炯、顾均正。”[③]他们遵照国民政府颁布修正小学课程标准,及抗战建国纲领所规定之教育宗旨,编成南侨小学教科书全套,以满足荷英属侨校需要。

当时,新加坡(教科书上印为星加坡)南洋书局有限公司为华侨唯一在海峡殖民地注册编印侨校课本之出版机构,1940年,南洋书局初版印行了《南侨公民教科书(初小)》(蒋维乔、杜佐周、陈育崧、苏知新编校)及《南侨常识教科书(初小)》(秉志、胡先骕、黄素封、林洁娇编校),以及侨民初级中学教科书《国文》《公民》《史地》《博物》。初中教科书除遵照教育部颁发修订之初中各科课程标准并顾及侨民特殊需要外,所有编辑体例及各项取材、行文、立词之标准,都与教育部所编初中各科教科书相联络。如李清悚在《侨民初中教科书编辑标准说明》中对于各科教科书的编辑要点、主要内容、编辑原则记载有:“侨民学校之课本,昔皆用坊间所出版之普通中小学课本。商务印书馆曾印行南洋课本若干种,已成往迹,不合时需。侨务委员会最近二年特编学校教科书多种,已陆续脱稿。在小学方面可以解决教本之缺乏问题。但如中学仍付阙如,近教育部与侨务委员会始有编初中教科书之议。而委托教育部教科用书委员会主编之。余适为该委员会主持编辑中小学教科书之实际责任者。因得参其末议。订立编辑标准,实行工作,大致采与国内初中教本大部分相同。小部分适应侨民特殊需要之原则。”[④]1940年国民政府通过《推行侨民教育方案》,组织侨民中小学课程编

① 教育部:《侨民教育实施纲要》,《教育法令汇编》第1辑,商务印书馆1936年初版,1936年再版,第326页。

② 张正藩:《华侨教育综论》,商务印书馆1970年版,第66页。

③ 蒋维乔、杜佐周、陈育崧等:《南侨公民教科书(初小第1册)》,南洋书局1941年初版,第1页。

④ 李清悚:《侨民初中教科书编辑标准说明》,《侨民教育》1941年第2期,第58页。

订委员会，1941 年南洋小学教科书编辑委员会改为侨民教育教材编辑室。[①]据《国民大会侨务委员会政绩报告》，截至 1942 年 3 月，“小学课本及教学法已经辑成就十分之九，本拟付印发行，嗣因战事影响，遂告中止。”[②]1942 年 4 月，侨民教育教材编辑室并入南洋研究所（1942 年 4 月成立，所长陈树人，副所长陈立夫），有拟订侨校课程标准的计划，终以碍于经费未能实行。对于华侨教科书的发展，陈立夫记载为，“侨校教科书系由教育部编辑交书局印行，备各侨校采用。二十八年至三十年间，已将小学各科教科书及教授书全面编辑完成，印发各侨校采用。中学教本自三十年起编辑，至三十一年已编就初中公民、历史、地理、算术、博物等科教科书供给使用。海外侨校采用部编教科书者达百分之八十以上。此等教科书注重民族精神及祖国实况，足以激发侨胞之爱国情绪。”[③]

抗战时期，由于我国中小学教科书编印基地上海沦陷，教科书印刷运输都感困难，形成普遍“书荒”。陈立夫在中华民族生死存亡的关键时期执掌教育部，在主持拟定的《战时各级教育实施方案》中明确强调“对于吾国固有文史哲艺，以科学方法从根救起，以确立民族之自信。对于自然科学，依据需要，迎头赶上，以应国防与生产之急需。”[④]于是，各类教科书都无可置疑地将“中华民族”置于至上至尊价值观考虑，有的中小学教科书烙刻着党化教育印迹，都是不可取的。但整体而言，这些教科书在救亡图存中积极恢复民族自信、振兴民族精神、建设民族国家，这是具有积极意义的。陈立夫年轻时一心想当个采矿工程师，夙愿未成是个遗憾，但在自述时说：“我想我既无机会开煤矿，何不转而开开‘文化矿’呢？”[⑤]他在中华民族最艰苦卓绝的时候，从国定本教到边疆、华侨教科书，通过教科书确立新的文化标准，以求奏响文化的最强音，将一个国家民族“从根救起、迎头赶上”。这些充溢着的中华民族丰厚的精神气、深藏着作者的学术智慧和深厚的知识功底的教科书以相对凝定的视角，标示出对特定文化生活的深刻反省、思索和忠实记录，带给了我们具有纪实色彩的时空感悟和反思。

---

① 陈国华：《先驱者的脚印海外华人教育三百年 1690—1990》，Royal kingsway Inc 1992 年版，第 262 页。

② 中国第二历史档案馆：《中华民国史档案资料汇编：第 5 辑第 3 编政治（5）》，江苏古籍出版社 1999 年版，第 634 页。

③ 陈立夫：《陈立夫回忆录：成败之鉴》，第 276 页。

④ 中国第二历史档案馆：《中华民国史档案资料汇编第 5 辑第 2 编教育（1）》，江苏古籍出版社 1997 年版，第 21—22 页。

⑤ 同③，第 2 页。

附:陈立夫编撰及校订教科书概览

《(语体)新中华三民主义(初中)》4册,郑昶编,陈立夫校,新国民图书社,1928年初版。

《新中华教科书三民主义(初中)》4册,郑昶编著,陈立夫阅,新国民图书社,1929年初版。

《(新课程标准)高中公民(高中)》3册,杜维涛、章柳泉编,陈立夫校阅,中华书局,1935年初版。

《(新课程标准)高级中学公民(高中)》全6册,叶楚伧、陈立夫主编,孙本文等编著,正中书局,1935年初版。

《初级中学公民(初中)》5册,叶楚伧、陈立夫主编,钱安毅、刘悉规、赵祥麟编著,汪懋祖、寿勉成校订,正中书局,第1册1935年8月18版。

《建国教科书高级中学公民(高中)》4册,叶楚伧、陈立夫主编;应成一等编著,正中书局,1936年初版。

《建国教科书初级中学公民(初中)》3册,叶楚伧、陈立夫主编;汪懋祖等编著,周佛海等校,正中书局,1936年初版。

附　录：六十位浙江知识分子编撰出版教科书概览

（一）蒋智由（1865—1929，浙江诸暨人）

蒋智由原名国亮，后更名智由，字观云，号因明子，早年就读于杭州紫阳书院，1897年中举人。1902年冬，与蔡元培、叶瀚等在上海建立号称“第一革命团体”的中国教育会，编订教科书，任爱国女校经理。1903年赴日入预备学校学习，参加梁启超主办的《新民丛报》编辑工作，担任《浙江潮》总编辑。1907年与梁启超共组政闻社，任《政论》主编。辛亥革命后回国，寓居上海参加文体改良的“诗界革命”。徐世昌任总统时欲任他为教育总长，被拒绝。著作有诗集《居东集》和《蒋观云先生遗作》。

1906年，蒋智由编撰《蒋著修身教科书》由日本东京同文印刷舍印刷，蒋智由个人发行，后经学部审定，在当时影响很大。《蒋著修身教科书》“凡例”说明：“余久欲作修身教科书，思维数四，终不得一完善之法。乃取日本中小学所用之修身教科书而观之，其中以井上哲次郎氏之著为尤善，因仍其编纂之规则而略变通之。”①在“序”中明确要培养“自力的道德”，即“有命令之道德进而为自发的道德”。② 他还特别从心理学的角度阐述了精神由“情、智、意”的三大部分构成，编有“人格以情而美”“以智正情”“意志自由”“情智意完全之人格”③等内容，是清末一部非常有特色的现代伦理精神启蒙教科书。蒋智由编撰的中小学教科书出版信息初步整理如下：

《小学修身书》3卷，蒋智由著，东京同文印刷舍，1906年初版。

---

① 蒋智由：《蒋著修身教科书（卷1）》，同文印刷舍1907年初版，1908年2版，凡例。

② 蒋智由：《蒋著修身教科书（卷1）》，同文印刷舍1906年初版，1911印行，序。

③ 同上，目录。

《中学修身教科书》3卷,蒋智由著,东京同文印刷舍,1906年初版。

(二)王亨统(1868—1928,浙江余姚人)

王亨统是浙江宁波人,7岁开始接受传统蒙学教育。1878年入杭州育英义塾(前身为宁波崇信义塾,1897年改为育英书院,1911年改为之江大学)学习,师从美国传教士裘德生博士。1888年毕业之后到美华书馆工作,任教于美华书馆附设的教会学校,与美华书馆的夏瑞芳、鲍咸昌兄弟等关系很好。1902年,王亨统、夏瑞芳、谢洪赉、高凤池等发起成立中国基督徒会,高凤池为会正、宋耀如为副会正、王亨统为书启,谢洪赉为书记。① 1916年—1917年,王亨统为商务印书馆董事会监察人,1919年为董事会董事。王亨统编辑出版"王氏教科书"37种,主要是教会学校使用,类别有基督教教义、格致之学、道德训蒙、儿童故事等。他在《最新女子国文课本》中积极倡导男女平等的思想,他在英文"序言"中指出,"当今,在欧洲和美洲这些发达的国家中,妇女在教育上已经享有和男子平等的权益。而且,在绝大部分的职业领域内都可以发现有女性。如果一个国家的女性处于愚昧无知状态,这个国家则永远不会成为一个强国。所以我们认为:一个国家的繁荣与兴衰取决于这个国家女性的社会地位。"②王亨统编撰的中小学教科书出版信息初步整理如下:

《绘图蒙学捷径》4册,王亨统辑,美华书馆,1901年初版。

《绘图蒙学课本》6册,王亨统辑,美华书馆,1901年初版。

《绘图蒙学本国地理誌》1册,王亨统编纂,美华书馆,1904年初版。

《最新女子国文课本》8册,王亨统编纂,美华书馆,1905年初版。

《新辑地理问答》上下集,王亨统编纂,美华书馆,1905年初版。

《新辑天文问答》全集,王亨统编纂,美华书馆,1905年初版。

---

① 陶飞亚:《宗教与历史·2·中国基督教青年学者论坛》,上海大学出版社2014年版,第211页。

② 王亨统:《新女子国文课本》第1册,美华书馆1905年初版,第1页。

《中国近世地理誌》上下集，王亨统编纂，美华书馆，1905 年初版。

《最新小学地理课本》1 册，王亨统编纂，美华书馆，1905 年初版。

(三)汪洛年(1870—1925，浙江杭州人)

汪洛年，字社耆，号鸥客。长居淮上，画山水与沈塘齐名，为戴用柏弟子，亦能书法、篆刻，皆恪守师法。清末时曾受张之洞聘任为两湖师范学校图画教员，大江南北，皆闻其名。辛亥革命后寓沪上卖画自给。汪洛年绘画的中小学教科书出版信息初步整理如下：

《共和国教科书新图画毛笔画帖(国民学校用)》6 册，汪洛年绘画，商务印书馆，1912 年初版。

(四)戴克敦(1872—1925，浙江杭州人)

戴克敦，字懋哉，中国近代出版家。早年中秀才，曾任杭州求是书院教席，商务印书馆国文部编辑。1912 年，与陆费逵共同创立中华书局，历任中华书局董事、事务所所长，1916 年任编辑长，直至逝世。发表过《论宜广设教育报以统一教育》《视学篇》等文章，出版师范社《教育史讲义》(1915 年)等。戴克敦编撰大量的中小学国文、修身、历史教科书及教授法积极进行现代民主政治启蒙。如 1913 年《新制中华修身教科书(高等小学第 3 册)》之《人民之权利义务》一课写道："吾国苦专制虐政久矣，建设民国，尊重人权，综其大纲，厥有十端。人民一律平等，一也。言论、出版、集会、结社一切自由，二也。通信自由，不得侵其秘密，三也。自由信教，四也。自由居住迁徙，五也。自由营业并保有财产，六也。自由保有身家，非依法律不得逮捕搜索，七也。有诉讼法庭及陈请议会之权，八也。得任官吏，九也。得投票选举及被选举，十也。凡此权利，皆革命战争之赐。吾人以流血易之，顾可不重视乎。至于纳税当兵、服从法律，又为人民应尽之义务。盖权利与义务，互为比例，不尽义务，不能享权利也。"[①]戴克敦是 20 世纪编撰出版

① 戴克敦、沈颐、陆费逵：《新制中华修身教科书(高等小学第 3 册)》，中华书局 1913 年初版，1913 年 10 版，第 9 页。

文科类教科书种类和数量最多之人，其编撰、校订的中小学教科书出版信息初步整理如下：

《绘图外国白话史》4册，钱宗翰、戴克敦合编，彪蒙书室，1906年初版。

《绘图蒙学外国历史实在易》4册，钱宗翰、戴克敦合编，彪蒙书室，1906年初版。

《最新初等小学国文教科书（初小）》10册，戴克敦编，彪蒙书室，1906年初版。

《初等小学国文教授法》10册，戴克敦编，彪蒙书室，1907年初版。

《简明国文教科书（初小）》8册，戴克敦等编纂，高凤谦、张元济校订，商务印书馆，1907年初版。

《（订正）简明国文教科书（初小）》8册，戴克敦等编纂，高凤谦、张元济校订，商务印书馆，1907年初版。

《（订正）女子国文教科书（国民学校）》8册，戴克敦等编纂，高凤谦、张元济校订，商务印书馆，1907年6月初版，1912年9月订正1版。

《简明修身教科书教授法（初小）》8册，沈颐、戴克敦编纂，高凤谦校订，商务印书馆，1907年初版。

《汉文教授法》，戴克敦编，劝学会社，1908年初版。

《最新作文教科书教授法（初小）》，戴克敦编，商务印书馆，1908年初版。

《女子修身教科书（初小）》8册，沈颐、戴克敦编纂，高凤谦校订，商务印书馆，第6册1911年6月5版。

《中华高等小学地理教科书》4册，曹同文、吴竞编，戴克敦等阅，中华书局，1912年初版。

《共和国教科书新修身（国民学校春季）》8册，沈颐、戴克敦编纂，高凤谦校订，商务印书馆，1912年初版。

《（订正）简明修身教科书教授法（初小）》，沈颐、戴克敦编辑，高凤谦校订，商务印书馆，1912年初版。

《中华中学修身教科书》4册，缪文功编，戴克敦等阅，中华书局，1912年初版。

《新制中华修身教科书（初小）》12册，戴克敦、沈颐编，中华书局，1912 年初版。

《女子国文教科书(初小)》8 册，戴克敦等编纂，商务印书馆，1913 年初版。

《新小学国语读本(高小)》4 册，黎锦晖等编，戴克敦等校，中华书局，1913 年初版。

《新制中华算术教授书(初小)》12 册，顾树森编，戴克敦等阅，中华书局，1913 年初版。

《中华中学生理教科书》1 册，华文祺编，戴克敦等阅，中华书局，1913 年初版。

《新制中华地理教科书(高小)》9 册，史礼绶编，戴克敦等阅，中华书局，1913 年初版。

《中华高等小学体操教授书》1 册，徐傅霖编，戴克敦等阅，中华书局，1913 年初版。

《新制中华修身教科书(高小)》9 册，戴克敦等编，中华书局，1913 年初版。

《(订正)最新作文教科书(初小)》5 册，戴克敦编纂，高凤谦校订，商务印书馆，1913 年初版。

《新制中华地理教授书(高小)》9 册，徐增编，戴克敦等阅，中华书局，1913 年初版。

《新制中华体操教授书(初小)》1 册，徐傅霖编，戴克敦等阅，中华书局，1913 年初版。

《(订正)新编国文教科书(国民学校春季)》8 册，戴克敦等编，中华书局，1913 年初版。

《国文教科书(讲习适用)》前后编，潘武评辑，戴克敦等阅，中华书局，1913 年初版。

《新编中华修身教科书(高小春季)》6 册，戴克敦等编，范源廉阅，中华书局，1913 年初版。

《中国地理教科书(讲习)》1 册，史礼绶编，戴克敦等阅，中华书局，1913 年初版。

《新制中华修身教科书(国民学校秋季)》12 册，戴克敦、沈颐编，中华书局，1917 年 3 月 32 版。

《(订正)女子修身教科书(国民学校)》8 册，沈颐、戴克敦编纂，高凤谦校订，商务印书馆，1919 年初版。

《新编中华国文教科书(国民学校春季)》8 册，戴克敦等编，中华书局,1920年初版。

《新教育教科书国语课本(国民学校春季复式、秋季单式)》8册,胡舜华等编辑,戴克敦等校阅,中华书局,1921年初版。

《新中学本国历史》上下册,金兆梓编,戴克敦、张相校,中华书局,1923年初版。

《新小学教科书国语读本(初小)》8册,黎锦晖、陆费逵编辑,戴克敦校阅,中华书局,1923年初版。

《新小学教科书理科课本(高小)》4册,钟衡臧等编,戴克敦、陆费逵校,中华书局,1923年初版。

《新小学教科书历史课本教授书(高小)》4册,金兆梓等编,戴克敦、张相校,中华书局,1923年初版。

《新小学教科书地理课本教授书(高小)》4册,郑昶等编,戴克敦、张相校,中华书局,1923年初版。

《新小学教科书公民课本教授书(高小)》4册,朱文叔等编,戴克敦、张相校,中华书局,1923年初版。

《新小学教科书理科课本教授书(高小)》4册,钟衡臧、赵光荣编,戴克敦、张相校,中华书局,1923年初版。

《新小学教科书自然课本(初小)》8册,陆衣言、蒋镜芙编,陆费逵、戴克敦校,中华书局,1923年初版。

《新小学教科书社会课本教授书(初小)》8册,陆衣言、蒋镜芙编,陆费逵、戴克敦校,中华书局,1924年初版。

《新小学教科书社会课本(初小)》8册,陆衣言、蒋镜芙编,陆费逵、戴克敦校,中华书局,1924年初版。

《新小学教科书自然课本教授书(初小)》,陆衣言、蒋镜芙编,陆费逵、戴克敦校,中华书局,1924年初版。

《新小学教科书卫生课本》4册,赵光荣编,陆费逵、戴克敦校,中华书局,1924年初版。

《新中学世界史》1册,金兆梓编,戴克敦、张相校,中华书局,1924年初版。

《新小学教科书卫生课本教授书(高小)》4册,赵光荣编,陆费逵、戴克敦校,中华书局,1925年初版。

《(公共必修国文科教学)新中学教科书高级古文读本(高中)》3册,穆济波编,戴克敦、张相校订,中华书局,1925年初版。

《新小学教科书国文读本(初中)》8册,俞复、戴克敦编纂,中华书局，1925年初版。

《新中学古文读本(高中)》3册，穆济波编，戴克敦、张相校订，中华书局，1925年初版。

《(公共必修或选修科国文教学)新中学教科书高级国语读本(高中)》3册，穆济波编，戴克敦、张相校订，中华书局，1925年初版。

《新小学教科书国语文学读本(初小)》8册，李步青编，陆费逵、戴克敦校，中华书局，1925年初版。

《新小学国语文学读本(初小)》8册，李步青编，陆费逵、戴克敦校，中华书局，1927年初版。

《新小学国语读本(初小)》8册，黎锦晖、陆费逵编，戴克敦等校阅，中华书局，第1册1932年5月64版。

《南洋华侨历史课本教授书(高小)》4册，洪鋆等编著，戴克敦、张相校，中华书局，1932年初版。

(五)张相(1877—1945，浙江杭州人)

张相原名廷相，字献之，著名语言学家，近代语词研究学者。幼年丧父，青年时代举为杭县诸生。甲午战败后，忧心国事，潜心研读日文，译《十九世纪外交史》一书。1903年后，相继担任杭州安定学堂、府中学堂、宗文学堂的文史讲席。1912年之后，应上海中华书局之聘，编审文、史、地三科教科书，主持中华书局教科图书部，任编辑所副所长等先后30年。1936年与舒新城、沈颐等人主编《辞海》。晚年专门从事诗、词、曲语词研究，著有《诗词曲语词汇释》6卷、《古今文综》等。

张相编译的《中学历史教科书》是中华书局第一套中学历史教科书，他在"绪言"中明确个人、国家、历史之关系，强调："个人不能不与社会及国家有关系，而欲发展其社会及国家，因举自古迄今活动之成迹而研究之者，是曰历史学。然所谓活动云者，实继续而发生于各地方，原不必以地之东西，而区分为东洋史西洋史等之名目，亦不必以时之古今，而区分为古代史、中世纪史、近世史等之名目。而普通之教科书，卒采用此等之名目而不废者，则以为讲述上、修学上之便利故也"[①]。他认为西洋史学习之目的在于"试

① 张相：《中华中学历史教科书(西洋之部)》，中华书局1912年初版，1915年9版，第1—2页。

一考世界史上文明发展之状态，大约可分为两种趋势。其一种趋势，则以印度河及殑伽河为中心，或以黄河及扬子江为中心，而渐次移于东方者，是曰东方的文明。又其一种趋势，则以尼罗河及底格里斯、幼发拉底、两河为中心，而渐次移于西方者，是曰西方的文明。而西洋史者，则以论究记述西方文明之由来为主者也。西方文明云者，即西方诸国民所创造之国家，及其文化之进步发达，及其国际的关系之发展是也。……我国民之对于我国家，其应负此过大之责任者为何，若愤兴起，其关系于我共和国之前途者，匪浅鲜也。"[①]张相编撰、校订的中小学教科书出版信息初步整理如下：

《中华中学历史教科书（西洋之部）》，张相编译，中华书局，1912年初版。

《新制西洋史教本》上下卷，张相编，中华书局，1914年初版。

《新制本国史教本（师范）》上、中、下册，钟毓龙编，姚汉章、张相阅，中华书局，1915年初版。

《新制本国历史参考书》3册，钟毓龙著，李直参订，姚汉章、张相校阅，中华书局，1915年初版。

《新制国文教本评注》4册，谢蒙著，朱宝瑜评注，姚汉章、张相校阅，中华书局，1915年初版。

《新教育教科书国语读本教案（国民学校，春季、秋季、复式、单式）》8册，杨剑秋等编辑，张相等校订，中华书局，1922年初版。

《新中学本国历史》上、下册，金兆梓编，戴克敦、张相校，中华书局，1923年初版。

《新小学教科书历史课本教授书（高小）》4册，金兆梓等编，戴克敦、张相校，中华书局，1923年初版。

《新小学教科书地理课本教授书（高小）》4册，郑昶等编，戴克敦、张相校，中华书局，1923年初版。

《新小学教科书公民课本教授书（高小）》4册，朱文叔等编，戴克敦、张相校，中华书局，1923年初版。

《新小学教科书理科课本教授书（高小）》4册，钟衡臧、赵光荣编，戴克敦、张相校，中华书局，1923年初版。

《新中学世界史》1册，金兆梓编，戴克敦、张相校，中华书局，1924年初版。

---

① 张相：《中华中学历史教科书（西洋之部）》，第1—2页。

《(公共必修国文科教学)新中学教科书高级古文读本(高中)》3册,穆济波编,戴克敦、张相校订,中华书局,1925年初版。

《新中学古文读本(高中)》3册,穆济波编,戴克敦、张相校订,中华书局,1925年初版。

《(公共必修或选修科国文教学)新中学教科书高级国语读本(高中)》3册,穆济波编,戴克敦、张相校订,中华书局,1925年初版。

《新中华教科书地理课本(高小)》4册,郑昶编,张相校,新国民图书社,1927年初版。

《新中华教科书国语读本教授书(高小)》4册,朱文叔等编,陈棠、张相校,新国民图书社,1928年初版。

《新中华历史课本教授书(高小)》4册,洪鋆等编,陈棠、张相校,新国民图书社,1928年初版。

《新中华地理课本教授书(高小)》4册,郑昶编,张相校,新国民图书社,1928年初版。

《新中华教科书历史课本(高小)》4册,郑昶、洪鋆编,陈棠、张相校,新国民图书社,1928年初版。

《新中华三民主义课本教授书(高小)》4册,杨复耀等编,张相等校订,新国民图书社,1928年初版。

《新中华教科书商业课本(高小)》4册,高伯时编,李延翰、张相校,新国民图书社,1928年初版。

《新中华本国史(初中)》2册,金兆梓编,郑昶、张相校,新国民图书社,1928年初版。

《新中华外国史(初中)》1册,金兆梓编,张相校,新国民图书社,1930年初版。

《(语体)新中华外国史(初中)》1册,郑昶编,张相、金兆梓校,新国民图书社,1930年初版。

《新中华历史课本(高小)》4册,李直编,陈棠、张相校,新国民图书社,1931年初版。

《南洋华侨历史课本教授书(高小)》4册,洪鋆等编著,戴克敦、张相校,中华书局,1932年初版。

《(新课程标准)初中外国地理》2册,葛绥成编,张相校,中华书局,1934年初版。

《(新课程标准)初中外国史》2册,郑昶编,张相校,中华书局,

1934 年初版。

《(新课程标准)小学常识课本(南洋华侨初小)》8 册，蒋镜芙等编，陆费逵、张相校，中华书局，1934 年初版。

《(修正课程标准)初中外国地理》2 册，葛绥成、丁绍桓编，张相校，中华书局，1937 年初版。

(六)樊炳清(1877—1929，浙江绍兴人)

樊炳清，字少泉，又字抗甫、抗父，早年致力于科举考试。1898 年和王国维等在罗振玉创办的东文学社学习日语，深受罗振玉的赏识，被邀请在学社中将相关历史、地理、物理等讲义译成中文。他在 1899 年翻译的日本人桑原骘藏著《东洋史要》一书，被实藤惠秀认为是“中国人最早的中译日书”，[①]在当时影响极大。“桑原骘藏东洋史自樊炳清译本出于东文学社，其书盛行，殆遍于东南诸省。庆年在武昌时，见诸校印行者，已有数本，盖自已亥(1899 年)以来四五年间，以此为教者相属也。”[②]樊炳清对于原著中“支那”称呼未加改动，原著中的神武纪年也译成“日本历”，但在年代后面以小字加注中国皇帝年号。后来，陈庆年将樊炳清译《东洋史要》改为《中国历史教科书》，并将“支那”改为“中国”。1901 年，樊炳清受罗振玉邀请，与王国维同赴湖北农务学堂任教译，还参与罗振玉主编的《农学报》《教育世界》的翻译和编辑工作。1901 年 10 月，金粟斋译书社初版日本人小川银次郎著、樊炳清与萨端同译的《西洋史要》，其近世史有《自寻获新世界后至法国大革命》，现世史有《法国大革命以后》等内容，此书被审定为教科书，官方认为《西洋史要》要比《欧罗巴通史》好。[③] 1902 年，罗振玉应盛宣怀邀请到南洋公学任东文科监督，樊炳清也随之在南洋公学译书院任翻译。1904 年，罗振玉创办苏州两级师范学堂并任监督，樊炳清担任教译。1906 年，樊炳清入新成立的学部，与严复、罗振玉、王国维、刘大绅合作，编译和审查图书以及编辑《学部官报》。辛亥革命后，樊炳清曾在教育部社会教育司工作。不久，他接受商务印书馆邀请，任国文部编辑，编撰出版多种中小学教科书及师范学校教科书，并参编《现代教育思潮》《儿童研究》《比奈氏智能发达诊断法》《辞源》《教育大词书》等。1926 年编辑出版《哲学辞典》，这是

---

① ［日］实藤惠秀：《中国人留学日本史》，北京大学出版社 2012 年版，第 178 页。

② 陈庆年：《中国历史教科书(中学及师范)》，商务印书馆 1909 年初版，1911 年 5 版，后序。

③ 《京师大学堂暂定各学堂应用书目》，湖广督署 1903 年重刊本。

近代最早介绍西方哲学家及西方哲学的专业辞书。樊炳清编撰、校订的中小学教科书出版信息初步整理如下：

《东洋史要》4 册，[日]桑原骘藏著，樊炳清译，东文学社，1899 年。

《西洋史要》1 册，[日]小川银次郎著，樊炳清、萨端同译，金粟斋译书社，1901 年初版。

《伦理教科书》1 册，[日]井上哲次郎、高山林次郎著，樊炳清译，江楚编译局印，1902 年。

《共和国教科书新国文教授法（国民学校春季）》8 册，秦同培编纂，庄俞、樊炳清校订，商务印书馆，1912 年初版。

《共和国教科书新理科甲种（高小春季）》6 册，樊炳清编纂，商务印书馆，1912 年初版。

《共和国教科书新修身（高小秋季）》6 册，包公毅、沈颐编纂，高凤谦、樊炳清校订，商务印书馆，1913 年初版。

《共和国教科书新国文（高小秋季）》6 册，樊炳清、庄俞编纂，高凤谦、张元济校订，商务印书馆，1913 年初版。

《共和国教科书新农业（高小秋季）》4 册，樊炳清编纂，商务印书馆，1913 年初版。

《共和国教科书修身要义（中学）》上下卷，樊炳清编纂，张元济等校订，商务印书馆，1913 年初版。

《共和国教科书新商业（高小秋季）》4 册，樊炳清编纂，商务印书馆，1913 年初版。

《心理学要领（师范）》1 册，樊炳清编纂，商务印书馆，1915 年初版。

《伦理学要领（师范）》1 册，樊炳清著，商务印书馆，1915 年初版。

（七）章鸿钊（1877—1951，浙江湖州人）

章鸿钊，字演群，后改为爱存，笔名半粟。中国近代地质学家、地质教育家、地质科学史专家。1899 年中秀才。1904 年留学日本。1908—1911 年在东京帝国大学理学部地质学系学习，是中国选学地质学并获理学士学位的第一人。1911 年回国后在京师大学堂农科大学讲授地质学课程。

1912年先任南京临时政府实业部矿政司地质科科长，后任工商部地质科科长，并兼任北京高等师范学校博物系地质矿物学讲师。1913年，与丁文江创办地质研究所，1914年起任所长。1917年北京大学地质系恢复招生，章鸿钊教授矿物学。1921年兼任北京女子高等师范学校博物系讲师。1922年与丁文江、翁文灏等26位中外地质学家倡议发起创立了中国地质学会，被推选为首届会长。抗日期间闭门著述。抗战胜利后受聘南京"国立编译馆"，编《岩石学名词》和《地质学论丛》；获中国地质学会葛利普奖章。1950年，章鸿钊担任中国地质工作计划指导委员会顾问及中国科学院地质学科专门委员。著有中国第一部地质、岩石、矿物学经典著作《石雅》以及《中国用锌的起源》《地质学与相对论》《古矿录》《中国温泉辑要》《中国地质学发展小史》等。章鸿钊校订的中小学教科书出版信息初步整理如下：

《初级中学矿物学》1册，黄人滨编著，翁文灏、章鸿钊校订，文化学社，1927年初版。

(八)经亨颐(1877—1938，浙江上虞人)

经亨颐，字子渊，号石禅，晚号颐渊。1894赴上海，住在时任电报局总办的伯父经元善家中。1903年留学日本，先入东京宏文学院速成师范科，1905年入东京高等师范学校数理科，与许寿裳、钱家治、陈衡恪等人同学，结识孙中山、廖仲恺、蒋百里、高子白、范高平、叶墨君等。1907年编译《(第一编直线)几何学讲义》，其"绪言"写道，"本书之初编，也不思梓以公世。不思必竣其功，实为鄙人私自复习随笔。以汉译之故，其程度不略于初等，不限于中学。就鄙人所阅，依次以撮录之书成置案。年余为乡友高平君介绍于新学会社，遂出版焉。至其内容，岂云美备，然得寸得尺，自信绝非无益之举。鄙人编是书，知获益不少，则读是书者，或亦不无所助"①。1908年辍学回国，任浙江两级师范学堂教员。1909年再次留日，1910年毕业于东京高等师范学校数理科。同年回国后任浙江两级师范学堂教务长，1912年升任校长。1913年，学校改名为浙江省立第一师范学校，经亨颐当选为浙江省教育会会长。1919年因浙江省立第一师范学校成为浙江新文化运动中心，触当局之忌，经亨颐被迫去职，返回原籍上虞，不久创办春晖中学并任校长。1925年兼浙江第四中学校长。1926年后当选为国民党中央执行

① 经亨颐：《(第一编直线)几何学讲义》，新学会社1907年初版，第1页。

委员、广州国民政府委员。1926 年夏秋之际曾代理国立中山大学校长。经亨颐著有《最近教育思潮》《动学观与时代之理解》《改革师范教育的意见》《报告新学制及实施方法之商榷》等。经亨颐编撰的中小学教科书出版信息初步整理如下：

《(第一编直线)几何学讲义(中学)》1 册，经亨颐编译，新学会社，1907 年初版。

(九)虞和钦(1879—1944，浙江镇海人)

虞和钦，字自勋，名铭新。早年就读于灵山书院。1899 年与钟观光等组建四明实学会，致力于理、化研究。后到上海东文学社学习日语，在广方言馆入学考试中名列第一，因集资筹备灵光造磷厂而未能入学。1901 年，与钟观光在上海创办中国人自己开办的第一家科学仪器馆。他在馆内设立制作所，修理和制作理化仪器、标本、模型，为学校提供实验和教学模具，他还在馆内开设理科讲习所，为学生讲授理化博物课程。虞和钦还参与蔡元培等组织中国教育会，并创办《科学世界》杂志，任主笔，译撰物理、化学著作。1905 年，虞和钦留学日本，1908 年毕业于东京帝国大学化学科，他发表的《化学周期律》一文是我国最早介绍元素周期律的一篇重要文章。虞和钦编辑了很多中学理科类教科书，经学部审定而影响极大。如在 1910 年第 4 版的《中学化学教科书》开篇印有“学部提要”，审定词为“日本龟高德平著、镇海虞和钦译，是书编辑完善、体例一新，凡化学名称，融会新旧，参酌得宜，非他书所及，译笔亦条达，应审定作为中学教科书。”[①]1908 年，虞和钦毕业回国，应部试，授格致科进士，后调任学部图书局理科总编纂。1910 年，与劳乃宣、张謇、陈宝琛、严复等三十人举硕学通儒，充资政院候补议员。民国初年，受教育部聘，历任教育部讲师、主事、视学、编审处编审员。1918 年后历任山西、热河省教育厅长、西北军财务委员、京绥铁路货捐局总办兼绥远货捐分局长等职。1930 年至沪，创办开成造酸公司，后归隐。1938 年复出，创设开明灯泡厂、葡萄糖厂。虞和钦著有《有机化学命名草案》《和钦全集》《中国地质之构造》等。虞和钦编撰的中小学教科书出版信息初步整理如下：

---

① 虞和钦：《中学化学教科书》，文明书局 1906 年初版，1910 年 4 版，第 1 页。

《地质学简易教科书》1 册，[日]横山又次郎著，虞和钦、虞和寅译述，广智书局，1902 年初版。

《中学化学教科书》1 册，[日]龟高德平著，虞和钦述译，文明书局，1906 年初版。

《化学讲义实验书》1 册，[日]龟高德平著，虞铭新译，普及书局，1906 年初版。

《（中学参考用书）普通化学讲义》上下册，虞和钦编，倪文奎校订，文明书局，1913 年印刷发行。

《新制化学教本（中学及师范）》1 册，虞铭新、华襄治编辑，吴家煦校阅，中华书局，1917 年初版。

《普通物理学讲义》文明书局，虞和钦、余巌编，文明书局。

（十）虞和寅（生卒年不详，浙江镇海人）

虞和寅是虞和钦的弟弟，年轻时与兄长一起赴上海就读，考入上海广方言馆学习，编译出版有中学理科教科书，并多次修订再版。如 1902 年初版的《博物学教科书》，1907 年第三版，登有虞和寅 1906 年底写的"修正第二版之例言"，说明"本书以充寻常中学校、师范学校及其他同等学科程度之教科用。又为高等小学校参考书，及自修用而编辑者，故文章务期简洁平易，不尚高深。本书注意之处，以练习观察自然界之力，涵养其博物学的志趣。使知利用厚生之道，并发挥其高尚优美之思想。……本书第一版因仓促付梓，错误甚多，辜负良深。兹屈第二版刊行之际，于前版不完全处，虽力求修正，终觉遗憾不少。教师诸君，于实地教授此书之际，凡遇书中有误脱处，及其他须订正者，幸勿鄙吝，务祈随时函告。此书编辑时，蒙家兄自勋君，与以种种珍重之助言，兹深表感谢。"①笔者所见这本教科书后理科书社教科书出版广告，翻译者为镇海的虞和钦、虞和寅、王本祥。1911 年，虞和寅到北平，入农商部做部员，负责工矿业调查研究，拟《矿业法草案》，著有《均历法》《矿业报告》多册、《奉天本溪湖煤铁公司报告》《平定阳泉附近保晋煤矿报告》。虞和寅编撰的中小学教科书出版信息初步整理如下：

《地质学简易教科书》1 册，[日]横山又次郎著，虞和钦、虞和

---

① 虞和寅：《博物学教科书》，理科书社 1902 年版，1906 年订正再版，1907 年订正 3 版，第 1 页。

寅译述，广智书局，1902 年初版。

《博物学教科书（中学）》1 册，虞和寅编辑，同文印刷舍，1902 年初版。

《近世化学教科书》1 册，［日］池田菊苗著，虞和寅编译，科学仪器馆，1907 年初版。

《理化教科书》1 册，虞和寅编著，同文印刷舍，时间不详。

《动物学教科书》1 册，［日］箕作佳吉著，虞和寅译，同文印刷舍，时间不详。

《矿物界教科书》1 册，［日］神保小虎著，虞和钦、虞和寅译，同文印刷舍，时间不详。

（十一）李叔同（1880—1942，祖籍浙江平湖）

李叔同，又名李息霜、李岸、李良，谱名文涛，幼名成蹊，学名广侯，字息霜，别号漱筒，剃度为僧后法名演音，号弘一，晚号晚晴老人，后被尊称为弘一法师。李叔同出生于天津，8 岁正式拜师学习，攻读“四书”、学习书法等。1895 年考入天津辅仁书院，学习八股文。1901 年入南洋公学就读经济特科班，师从蔡元培，与黄炎培、邵力子、谢无量等同学。1902 年乡试未中，仍回南洋公学。1903 年，因学潮退学，与黄炎培等成立“沪学会”，开补习班，举行演说会。1905 年编《国学唱歌集》，李叔同在“序”中指出了编辑的理由及教科书主要内容等，“《乐经》云亡，诗教式微。道德沦丧，精力爂摧三稔以还，沈子心工、曾子志忞，绍介西乐于我学界，识者称道毋少衰。顾歌集甄录，佥出近人撰著，古义微言，匪所加意。余心恫焉。商量旧学，缀集兹册，上溯古毛诗，下逮昆山曲。靡不鳃理而会粹之。或谱以新声，或仍其古调，颜曰《国学唱歌集》”①。这套教科书采用简谱，分“扬葩”“翼骚”“修诗”“摛词”“登昆”及附录“杂歌十章”，共 21 首。教科书的出版广告为：“李叔同氏之新作《国学唱歌集》初编，沪学会乐歌研究科教本，李叔同编，区类为五：曰《扬葩》、曰《翼骚》、曰《修诗》、曰《摛词》、曰《登昆》。摅怀旧之蓄念，振大汉之天声。诚师范学校、中学校最新之教本。初编已经出版，价洋二角。”② 1906 年，在东京编辑《音乐小杂志》，并考入东京美术学校油画科，还与同学曾延年等组织“春柳社”，演《茶花女》等，这是中国第一个话剧团体。1910 年回国，任天津北洋高等工业专门学校图案科主任教员，翌年任上海

①② 李叔同：《心与禅》，北京联合出版公司 2013 年版，第 39 页。

城东女学音乐教员。1912年，任上海城东女学教员，授文学和音乐课。是年加入"南社"，被聘为《太平洋报》主笔，并编辑广告及文艺副刊。与柳亚子创办文美会，主编《文美杂志》。这年秋，应经亨颐之聘赴杭州，任浙江两级师范学校音乐、图画课教员。1914年，加入西泠印社。1915年，兼任南京高等师范学校图画音乐教员。1918年，在杭州虎跑寺剃度出家，专事研佛。李叔同最早将西方油画、钢琴、话剧等引入国内，且以擅书法、工诗词、通丹青、达音律、精金石、善演艺而驰名于世。李叔同编辑的中小学教科书出版信息初步整理如下：

《国学唱歌集（沪学会乐歌研究科教本）》，李叔同编，中新书局国学会，1905年初版。

（十二）钟毓龙（1880—1970，浙江杭州人）

钟毓龙，字郁云，号庸翁，1903年中举人。先后任教于浙江省高等学堂、杭州府中学堂、嘉兴府中学堂、杭州安定中学、浙江女子师范学堂、宗文中学等，教授国文、历史、地理、修身等学科。1927年，钟毓龙任宗文中学（现杭十中前身）校长达25年。他辞去校长职务后任浙江通志馆编纂、副总纂。1949年之后任杭州市政协委员、常委、副主席。钟毓龙工诗词，擅篆书，为杭州民初三才子之一，著有《中国神话史》《浙江省地理考》《上古寓言》《科场回忆录》《说杭州》等。钟毓龙有着丰富的教育教学实践经验，是中华书局中学历史、地理教科书的重要编撰者，他强调教科书不能过详及过简，而要将内容纲要全部纳入，以阐明该学科于社会发展之意义与价值。如《新制本国史教本（中学）》指出："吾国历史，向多叙述国人琐事，及战争之事。鄰猫生子，贻识大雅，且徒耗脑力。揆之作史之义，在所宜删。而战争之事，则别有专史，非本书范围所及也。本书要旨在发挥吾国文化之特色，而更推究其所以致近世贫弱之原因，而尤于社会之变迁，风俗之盛衰，最为注意。庶学者读之得知现势造成之由来，借资反省，与空谈往事而徒记姓名者不同。"[①]钟毓龙编撰的中小学教科书出版信息初步整理如下：

《新制本国史教本（中学）》3册，钟毓龙编，姚汉章、谢无量阅，中华书局，1914年初版。

---

① 钟毓龙：《新制本国史教本（一）》，中华书局1914年版，第2页。

《新制本国史教本(师范)》上中下册,钟毓龙编,姚汉章、张相阅,中华书局,1915年初版。

《新制本国历史参考书》3册,钟毓龙编,李直参订,姚汉章、张相校阅,中华书局,1915年初版。

《新中华教科书本国地理(初中)》2册,钟毓龙编,李直、葛绥成校,新国民图书社,1928年初版。

《新中华本国地理(初中)》2册,钟毓龙编,杨文洵等校,新国民图书社,1928年初版。

《新中华分省本国地理(初中)》2册,钟毓龙编,杨文洵等校,中华书局,1931年初版。

(十三)胡仁源(1883—1942,浙江吴兴人)

胡仁源,字次珊,清末举人。早年赴日本仙台高等学校及英国待尔模大学留学,获得工学硕士学位。历任京师大学堂文科学长及工科学长、上海江南船坞副总理、北京大学预科学长,后任工科学长等。1914年1月—1916年12月任北京大学校长。1924年任北京交通大学校长,1926年任北洋政府贾德耀内阁教育部总长。后任浙江大学工学院教授等。胡仁源精通英语、日语,尤善数学,于复变函数、椭圆函数等皆有研究,译著有《投影几何》《造船》《瓦伦斯丹》《哀格蒙特》《圣女贞德》和《纯粹理性的批判》等。1922年新学制实施,胡仁源参与了中华书局新学制初中数学教科书的编撰。他在《新中学教科书平面三角法》中指出,“本书编纂之目的,在以极经济之时间而得完善之学识;故分量虽不多,而于平面三角之要法,已包括无遗。”①同时,他认为不同的数学内容要求是不一样的,如“公式及求法之说明,他书每举一解证为毕事,本书遇有须多举解证,意义始克圆满者,靡不推阐尽致,使学者得明确之知识,且强固其记忆。对数表之用法,他书每列专章。然既言之于代数学中,又言之于三角法内,未免繁复。本书欲免此弊,故仅于例题中示其大概。”② 由于有着多年的教学经验,胡仁源特别强调数学研究之重点在领悟理法,其次才是练习,并参考最新书籍编排习题。“数学之研究,先在领悟理法,次则演习纯熟。本书习题,系根据编者多年教授经验,并参考欧美新出各书,取其最适用者列入之。倘教者欲令学生多事演习,则取相当各题,扩充而增益之,亦未尝不可。”③ 胡仁源编撰的中

---

①②③ 胡仁源:《新中学教科书平面三角法》,中华书局1923年版,第1页。

小学教科书出版信息初步整理如下：

《新中学教科书平面三角法（初中）》1 册，胡仁源编，张鹏飞校订，中华书局，1923 年初版。

《新中学平教科书平面三角法习题详解（初中）》1 册，张鹏飞、胡仁源、华襄治编，中华书局，1923 年初版。

《新学制小学教科书初级国语读本（初小）》8 册，魏冰心、朱翊新、范祥善、胡仁源、沈知方、张肇熊、秦同培、王荣第参订，世界书局，1924 年初版。

《（新中学文库）工学小业书·造船》1 册，胡仁源编，商务印书馆，1934 年初版。

（十四）周越然（1885—1962，浙江吴兴人）

周越然，本名之彦，原字月船，后改字越然。出身于官宦家庭，幼时在父亲的藏书中找到一本《英话注解》，开始自学英语。1901 年入中华基督教南监理会创办的华英学堂学习。1906 年，周越然到上海广方言馆学习。1908 年，周越然毕业后在中国公学教授欧洲近代史，学生中有胡适等人。后来，周越然在苏州英文专修馆、苏州江苏高等学堂教授英文。1913 年，他在安徽安庆高等学校任英文教员，后兼教务主任，与陈独秀、马相伯等人共事。1914 年，他又入中国公学任商科英文教员。在此期间，周越然还曾任上海国华书局英文总编辑，翻译《天演论注释》等书。1915 年，周越然任商务印书馆英文部科长，编译有《英文启蒙读本》《国民英语入门》《英文造句法》《英文作文易解》《英文作文要略》《英语中国故事》等。1918 年起任教于南京高等师范学校，任英文主任。周越然在离开商务印书馆时，将自己编辑的英文教科书草稿给商务印书馆英文部部长邝富灼，后商务印书馆认为这是当时最好的中学英文教科书稿本。于是，周越然将其编写誊正，1918 年以《英语模范读本》为名出版，各校广为采用，第一册不到两个月，便已售罄，风行数十年，发行量超过 100 万册。[①] 据记载，1929 年秋，毛泽东找到一

① 李学功、徐育雄：《辛亥风云民国岁月湖州与近代中国》，中国社会科学出版社 2011 年版，第 59 页。

本《模范英语读本》,每天朗读一段课文。[①]《英语模范读本》在课文安排上将“说话、听讲、阅读、书写”四要素融合在一起,不断训练以提高英语水平。20 世纪 20 年代起,周越然还任上海大学教授,兼任英文文学系主任等。戴季陶曾邀其任考试院院长,遭到周越然回绝。周越然因《模范英语读本》获得丰厚版税,于是建藏书楼大量搜集图书,但毁于“一・二八”战火。周越然著有《书书书》《生命与书籍》《书与观念》《六十回忆》《莎士比亚》等。周越然编撰的中小学教科书出版信息初步整理如下:

《英文造句法(中学)》1 册,周越然编纂,商务印书馆,1914 年初版。

《初级英文法教科书(中学及师范)》1 册,周越然编,徐铣校勘,商务印书馆,1914 年初版。

《英文启蒙读本(半夜学校及暑假补习学校)》1 册,周越然编纂,邝富灼校订,商务印书馆,1914 年初版。

《德国学校近世语教授法》1 册,周越然翻译,周之栋校订,商务印书馆,1916 年初版。

《初级英语作文(直观法)》1 册,周越然编纂,邝富灼校订,商务印书馆,1916 年初版。

《英语模范读本》4 册,周越然编辑,邝富灼校订,商务印书馆,1918 年初版。

《中等英语会话(中学及师范第一年)》1 册,周越然编纂,商务印书馆,1919 年初版。

《国民英语入门》1 册,周越然编纂,商务印书馆,1921 年初版。

《新法英语教科书(高小)》4 册,周越然编纂,商务印书馆,1922 年初版。

《新学制英语教科书(高小)》2 册,周越然编纂,商务印书馆,1923 年初版。

《英语作文要略》1 册,周越然著,商务印书馆,1923 年初版。

《现代初中注音英语教科书》3 册,周越然编纂,邝富灼校订,商务印书馆,1924 年初版。

---

① 中共中央文献研究室:《毛泽东年谱(1893—1949)(上)》,中央文献出版社 2002 年版,第 311 页。

《新学制注音英语教科书(高小)》4 册,周越然编纂,商务印书馆,1925 年初版。

《小学外国语科教学法》1 册,周越然著,商务印书馆,1929 年初版。

《初级外国语科教学法(师范)》1 册,周越然著,商务印书馆,1932 年初版。

(十五)夏丏尊(1886—1946,浙江上虞人)

夏丏尊,原名夏铸,字勉旃,号闷庵。1900 年中秀才,先后入上海中西书院(东吴大学前身)、绍兴府学堂(浙江省立第五中学前身)求学。1903 年赴日留学,就读于东京弘文学院、东京高等工业学校。1907 年,因领不到官费,辍学回国。1908 年,任浙江省两级师范学堂(后改为浙江省立第一师范学校)通译助教,后任国文教员,与鲁迅、许寿裳同事,与经亨颐成为好友。1919 年,他与陈望道、刘大白、李次九三人共同推行革新语文教育,四人被称为浙江省立第一师范的"四大金刚"。1920 年,夏丏尊任湖南第一师范国文教员。1921 年,他受聘任教于经亨颐在上虞创办的春晖中学,同年加入文学研究会。1925 年,夏丏尊到上海参与立达中学(后改为立达学园)、立达学会及该会杂志《立达季刊》《一般》月刊的创办工作,同时兼开明书店的编辑。1927 年,他任上海暨南大学中国文学系主任,1929 年任开明书店编辑所所长、总编辑,1930 年主编《中学生》。1933 年,夏丏尊与叶圣陶共同写成语言知识的读写故事《文心》,连载于《中学生》,出版后被誉为"在国文教学上划了一个时代"[①]。1935—1938 年,夏丏尊与叶圣陶合编的《国文百八课》是一套非常有特色的初中教科书,原计划编 6 册,后因抗战爆发,后两册没有编印,所以只有 72 课。这套教科书编撰的目的是追求国文学科的科学性,"在学校教育上,国文科向和其他科学对列,不被认为一种科学,因此,国文科至今还缺乏客观具体的科学性。本书编辑旨趣最重要的一点就是想给与国文科以科学性,一扫从来玄妙笼统的观念"[②]。所以,他们用全新的方法进行编制,"从来教学国文,往往只把选文讲读,不问每小时、每周的教学目标何在。本书每课为一单元,有一定的目标,内含文话、文选、

---

① 张仲礼主编,《上海社会科学志》编纂委员会编:《上海社会科学志》,上海社会科学学院出版社 2002 年版,第 1075 页。

② 夏丏尊、叶绍钧:《国文百八课》第 1 册,商务印书馆 1935 年初版,1938 年新 1 版,第 1 页。

文法或修辞、习问四项,各项打成一片。文话以一般文章理法为题材,按程配置,次选列古今文章两篇为范例,再次列文法或修辞,就文选中取例,一方面仍求保持其固有的系统,最后附列习问,根据着文选,对于本课的文话、文法或修辞提举复习考验的事项。"[①]1936 年,夏丏尊被推为中国文艺家协会主席,1939 年创办《月报》杂志并任社长,同时任上海文化界救亡协会机关报《救亡日报》编委。上海沦陷期间,兼任上海南屏女中国文教员。著有《文章作法》《文艺讲座》《文艺论 ABC》《生活与文学》《阅读与写作》及《平屋杂文》等,译著有《爱的教育》《续爱的教育》《棉被》《社会主义与进化论》《蒲团》《国木田独步集》《近代的恋爱观》及《近代日本小说集》等。夏丏尊编撰的中小学教科书出版信息初步整理如下:

《(初中国文科教学自修用)国文百八课》6 册,夏丏尊、叶绍钧合编,开明书店,1935 年初版。

《(开明中学讲义)开明国文讲义》3 册,夏丏尊、叶圣陶、宋云彬、陈望道编,开明书店,1934 年初版。

(十六)姜琦(1886—1952,浙江永嘉人)

姜琦,字伯韩,别号柏龛,早年留学日本,毕业于东京高等师范学校及明治大学。他回国后曾任温州省立十中教员,先后组织"永嘉新学会",出版《新学报》,主持《浙江潮》等。1920 年,姜琦任浙江省立第一师范学校校长,延聘刘延陵、朱自清、俞平伯等任教。1921 年转任南京高等师范教授,次年被选派赴美国哥伦比亚大学,从杜威学习。1925 年,姜琦获哥伦比亚大学教育学硕士学位,回国后任上海暨南大学校长,辞职后被推为上海浦东中学校长,兼大夏大学教授。1928 年,姜琦出任日本留学生监督,1930 年至 1934 年先后担任上海大夏大学教育行政学系教授兼系主任、安徽大学文学院院长、湖北省立教育学院院长等职。1932 年,姜琦编参照教育部颁布的《高级中学师范科课程标准暂行标准说明》中所载的历史及教育概论两种科目的暂行标准"并应用最近欧美日本的各种教育学说"[②]编纂《教育史》1 册,作为高级中学师范科选科之教本。他强调这本书的编制"是以现在中国社会问题——三民主义——为中心,去叙述、说明,并批评古今世

---

① 夏丏尊、叶绍钧:《国文百八课》第 1 册,第 1 页。

② 姜琦:《(高级中学师范科教科书)教育史》,商务印书馆 1934 年再版,编辑大意。

界各国的教育理论与事实,期使读者明瞭过去教育的缘起于变化,并预测将来教育的新趋势,以便将来应用时,有所准备”①。因为他强调这本书不仅要叙事,还要兼重批评,“故有些地方,似乎说理过于深奥,不适于中等程度之用”②。但他从发展的眼光进行说明,强调“我国中等教育的新趋势,是要提高学生的程度,故本书编制的体裁,是以高才生的理解力为标准。至于中材以下之学生,对于本书的有些地方,纵使一时不能尽解,然而他们在毕业后,若肯加工研究,自能融会贯通的”③。1934 年,姜琦任福建省立师范学校校长兼厦门大学教授。1938 年至 1945 年,姜琦任先后担任西北联大教务长、教授,遵义浙江大学训导长、社会教育学院等校教授。姜琦曾为程凡谪的《中国现代女子教育史》作序,著有《教育哲学》《西洋教育史大纲》《教育学新论》《中国国民道德概论》等。姜琦编撰的中小学教科书出版信息初步整理如下:

《(高级中学师范科教科书)教育史》,姜琦编,商务印书馆,1932 年初版。

(十七)朱经农(1887—1951,浙江浦江人)

朱经农,原名有吁,后改名经农,笔名澹如,祖籍江苏宝山,出生于浙江浦江。8 岁丧父后随叔父移居湖南,受姑父熊希龄维新思维影响。1903 年考入常德府中学堂,次年入日本弘文学院、成城学院学习。1905 年在日本加入同盟会,因反对日本政府《取缔中国留学生规则》于同年冬回国,与留日同学创办中国公学。1910 年,朱经农任湖南高等实业学堂英语教员。辛亥革命后,他应宋教仁等邀请赴京,任《民主报》编辑、《亚东新闻》总编辑。1916 年,朱经农赴美,先在华盛顿大学,后入哥伦比亚大学师范学院攻读教育学,获硕士学位。1921 年,朱经农回国后任北京大学教育系教授,1923 年任商务印书馆编辑。1925 年,朱经农任沪江大学文科主任,1926 年参与创办光华大学,任副校长、教务长,任上海市教育局局长。1928 年以后,朱经农历任国民政府大学院普教处处长、教育部代理常务长、教育部专任常务次长、中国公学代校长、齐鲁大学校长、湖南省教育厅长、“中央大学”教育长、国民政府教育部政务长、光华大学校长等,并于 1946 年兼任商务印书馆总经理。1948 年 11 月,朱经农出席联合国文教会议,任中国首席代

①②③　姜琦:《(高级中学师范科教科书)教育史》,编辑大意。

表，后留在美国从事译著，1950年在美国哈德福神学院任职。朱经农译著有《明日之学校》《教育大辞书》《近代教育思潮七讲》《现代教育思潮》及《爱山庐诗抄》等，主编《民国教育文库》等。1923年8月，中华平民教育促进会成立，朱经农与陶行知为12岁以上不识字的人编写《平民千字课》4册，作为推行平民教育的教科书。他们在书中指出编辑的三个目的："一、培养人生与共和国民必不可少之精神和态度。二、训练处理家常信札、账目和别的应用文件的能力。三、培养继续读书看报和领略优良教育之基本能力。"①朱经农编撰校订的中小学教科书出版信息初步整理如下：

《新撰常识教授书（初小）》8册，计志中编纂，朱经农校订，商务印书馆，1916年初版。

《儿童文学读本教学法》8册，周尚志等编纂，朱经农等编订，商务印书馆，1922年初版。

《平民千字课》4册，朱经农、陶知行编，中华平民教育促进会出版，商务印书馆印行，1923年初版。

《新法国语教授书（新学制小学后期）》4册，计志中编纂，朱经农、周予同校订，商务印书馆，1923年初版。

《新法国语文教科书（新学制小学后期）》4册，庄适、顾颉刚编，王岫庐、朱经农校，商务印书馆，1923年初版。

《新法国语文教科书（新学制小学后期）》4册，方宾观编纂，朱经农等校订，商务印书馆，1923年初版。

《新学制社会教科书（初小）》8册，丁晓先编辑，朱经农、王岫庐校订，商务印书馆，1923年初版。

《新学制社会教授书（初小）》8册，丁晓先编纂，朱经农、王岫庐校订，商务印书馆，1923年初版。

《新学制历史教科书（初中）》上、下册，傅运森编辑，朱经农等校订，商务印书馆，1923年初版。

《新学制国语教科书（初小）》8册，吴研因等编，朱经农等校订，商务印书馆，1923年初版。

《新法公民教科书（新学制小学后期）》2册，杨贤江编纂，王岫庐、朱经农校订，商务印书馆，1923年初版。

《新学制国语教授书（初小）》8册，沈圻编纂，朱经农、吴研因

① 朱经农、陶知行：《平民千字课》第1册，商务印书馆1923年初版，封2。

校订，商务印书馆，1923年初版。

《新学制地理教科书（初中）》上、下册，王钟麒编辑，王岫庐、朱经农校，商务印书馆，1923年初版。

《新法国语语文教授书（新学制小学后期）》4册，计志中编纂，朱经农、庄适校订，商务印书馆，1923年初版。

《现代教科书世界史（初中）》上、下册，傅运森编辑，朱经农、王岫庐校订，商务印书馆，1923年初版。

《现代教科书本国地理（初中）》上、下册，王钟麒编辑，王岫庐、朱经农校，商务印书馆，1923年初版。

《新学制国语教科书（高小）》4册，庄适等编纂，朱经农等校订，商务印书馆，1924年初版。

《现代初中教科书国文》6册，庄适编辑，朱经农等校订，商务印书馆，1924年初版。

《新学制地理教科书（高小）》4册，陈铎编纂，王岫庐、朱经农校订，商务印书馆，1924年初版。

《新学制历史教科书（高小）》4册，傅运森编纂，朱经农、王岫庐校订，商务印书馆，1924年初版。

《新学制高级中学国语读本（古白话文选）》上、下册，吴遁生、郑次川编辑，王岫庐、朱经农校订，上海商务印书馆，1924年初版。

《新学制国语教授书（高小）》4册，沈圻编纂，吴研因、朱经农校订，商务印书馆，1924年初版。

《新撰国文教科书（高小）》4册，缪天绶编纂，朱经农校订，商务印书馆，1924年初版。

《新撰国文教授书（高小）》4册，缪天绶编纂，朱经农校订，商务印书馆，1924年初版。

《新学制人生地理教科书（初中）》3册，张其昀编辑，竺可桢、朱经农校订，商务印书馆，1925年初版。

《（订正）新撰国文教科书（初小）》8册，胡怀琛、庄适编纂，朱经农、王岫庐校订，商务印书馆，1925年初版。

《现代教科书世界地理（初中）》上、下册，王钟麒编辑，朱经农校订，商务印书馆，1925年初版。

《新学制作文教科书（高小）》4册，计志中编纂，朱经农校订，商务印书馆，1925年初版。

《新撰国文教科书（初小春季）》8册，胡怀琛、沈圻编纂，朱经农、王岫庐校订，商务印书馆，1926年初版。

《新撰国文教授书(初小春季)》8册，沈圻编纂，王岫庐、朱经农校订，商务印书馆，1926年初版。

《(订正)新撰常识教科书(初小)》8册，计志中编纂，朱经农、王岫庐校订，商务印书馆，1926年初版。

《新时代三民主义教科书(初小)》8册，朱子辰编纂，王云五、朱经农校订，商务印书馆，1927年初版。

(十八)刘大白(1880—1932，浙江绍兴人)

刘大白原名金庆棪、字伯贞，后改为刘靖裔，字大白，曾用笔名汉胄，现代著名诗人，文学史家。早年获得科举拔贡，任教于绍兴师范学堂和山会小学，参与编辑《绍兴公报》。民初，刘大白因发表反对袁世凯诗文而亡命日本，并加入同盟会。1915年，他因受日本警视厅注意，转赴新加坡、苏门答腊等地华侨学校教授国文。1916年，袁世凯称帝失败，刘大白从南洋回国，出任浙江省议会秘书长，并任《杭州报》编辑。1918年，刘大白应经亨颐之聘任教浙江省立第一师范学校，与陈望道、夏丏尊、李次九一起改革国语教育，被称为“四大金刚”。1919年，刘大白兼任浙江省教育会总干事，积极参与五四爱国运动，与经亨颐、陈望道、夏丏尊被称为“浙江四杰”。1921年后，刘大白还在崇文、安定、春晖等中学任教，尝试用白话写诗，是新诗的倡导者之一，创作的诗歌以描写民众疾苦之作影响最大。1924年后，刘大白任复旦大学、上海大学教授，还加入以柳亚子为首的新南社，同年加入文学研究会上海分会。1928年，刘大白弃教从政，任浙江省教育厅秘书、浙江大学秘书长，次年去南京任“教育部”常任次长等职。刘大白著有新诗集《旧梦》《邮吻》，旧诗集《白屋遗诗》，诗话《白屋说诗》《旧诗新话》，还有《中国文学史》等。刘大白编撰的中小学教科书出版信息初步整理如下：

《初级中学教本世界活页文选　摹状文》6册，刘大白主编，朱剑芒、陈霭麓编辑，世界书局，1931年初版。

《初级中学教本世界活页文选　说解文》1册，刘大白主编，朱剑芒、陈霭麓编辑，世界书局，1933年初版。

《初级中学教本世界活页文选　论杂文》1册，刘大白主编，朱剑芒、陈霭麓编辑，世界书局，1933年初版。

《初级中学教本世界活页文选　发抒文》1册，刘大白主编，朱剑芒、陈霭麓编辑,世界书局,1933年初版。

《初级中学教本世界活页文选 记叙文》1册,刘大白主编,朱剑芒、陈霭麓编辑,世界书局,1933年初版。

《初级中学教本世界活页文选 叙事诗》1册,刘大白主编,朱剑芒、陈霭麓编辑,世界书局,1933年初版。

《初级中学教本世界活页文选 摹状文》1册,刘大白主编,朱剑芒、陈霭麓编辑,世界书局,1933年初版。

(十九)陶孟和(1888—1960,祖籍浙江绍兴)

陶孟和,名履恭,字孟和,出生于天津。他的父亲应严修之请为家庭教师,他也就读于严氏义塾。1904年,严修将家塾英文馆改为敬业中学堂,陶孟和为敬业中学堂师范班学生。1906年,敬业中学堂改为南开学校,陶孟和为南开学校第一届师范班毕业生,并被保送留学日本,在东京高等师范学校攻读教育学专业。1909年,陶孟和赴英国伦敦大学经济学院专攻社会学,1913年获经济学学士学位,同年回国任商务印书馆编辑。1914年任北京大学教授,担任社会学系主任、文学院院长、教务长等职,在《新青年》发表《人类文化之起源》《社会》《女子问题》《新青年之新道德》《(社会调查)导言》等文章。1924年,陶孟和兼任燕京大学教授,1926年受庚款基金董事会(后改为中华教育文化基金董事会)之托,筹建社会调查部,任秘书。1929年社会调查部改称北平社会调查所,陶孟和任所长。1930年创办并主编《社会科学杂志》。新中国成立后,被任命为中国科学院副院长,为第一届全国人大代表,全国政协第一届常委。1955年任中国科学院编译出版委员会主任委员。陶孟和1912年与梁宇皋编写的《中国乡村与城镇生活》是我国社会学研究最早一部著作,还著有《社会与教育》《公民教育》《北平生活费之分析》《孟和文存》《人口问题》等,编译《中外地理大全》《社会进化史》等,指导编撰《第一次中国劳动年鉴》等。陶孟和参与商务印书馆新学制高级中学教科书的编辑,他编辑的《新学制教科书社会问题(高级中学)》明确指出社会问题是"讨论共同生活的性质,并且研究对于他的缺点如何补救……人人都应该明白共同生活的性质,设法将共同生活整理完善。一方面因为每人都是社会的一分子,所以他应该知道他的社会,并负有改良他的社会的责任。又一方面,因为适宜的社会生活是各人实现他的生命的所在——没有好的社会,就没有好的生命,人在好的社会里,才可以寻到他的生命的真价值,所以明白社会与改良社会是他的义务,他的必不可卸去的义务——除非他要抛弃他的生命,他不求实现他的生命的价值。"[①]陶孟和在这本教科书中编排有"何为社会、社会问题的性质、社会问题发生的要素、生物的状况的变化、人口的质的问题——优生政策、心理的状况、经济的状况、新经济状况的影响、历史的要素、贫穷的意义;贫穷的原因、贫穷的经济的原因、其他社会的原因、对于贫穷发现后的救济、社会改良的计划"[②]等内容。陶孟和编撰、校订的中小学教科书出版信息初步整理如下:

《新学制高级中学教科书社会问题(高中)》上,下卷,陶孟和编辑,商务印书馆,1924年初版。

《国文故事选读》1册,陶孟和选辑,亚东图书馆,1926年初版。

(二十)金兆梓(1889—1975,浙江金华人)

金兆梓,字子敦,号芼厂,1909年毕业于杭州府中学堂,张相是他的老师。1912年,金兆梓毕业于京师大学堂预科,1913年考入天津北洋大学矿冶系,后因母病辍学回家。1914年,金兆梓任浙江省立第七中学国文教员,后为校长。1920年,他任北京高等师范学校国文教员,编纂我国最早建立语法体系的《国文法研究》讲义。1922年,金兆梓在张相的介绍下任中华书局编辑所文史编辑,编辑中学历史教科书。"我一进局,他就教我编著一部新学制的初中本国史教科书。我推说历史非所素习,不好胡乱搞。他鼓励我并且允许我尽量帮忙。师命难违,我只好担任下来。在这书的编著过程中,他就用带徒弟的方式督促我,教导我,使我勉强编成这么一部书。不意这书一出,半年中销数便达二万五千部。这样的销数,在现在不足奇怪,在1922年的中国,可就是破天荒的事了(当然小学课本、儿童读物要除外),于是就有人恭维我是个历史教育家了。"[③]金兆梓在这套《新中学教科书初级中学本国史》中指出:"研究历史之任务,在明瞭人类社会延续之活动,与其活动递嬗之迹象,藉以自认识其现处之地位。故本书之叙述,以下述之纵横两方面——纵的为:社会之进化、文化之发达、政治之变迁;横的为:疆土之发展、各民族之接触、文化之交换——为纲,而以下述之两要点——先民

① 陶孟和:《新学制教科书社会问题(高级中学)》,商务印书馆1926年版,第2页。

② 同上,目次。

③ 金兆梓:《我在中华书局的三十年》,中华书局编辑部:《岁月书香一集》,中华书局2012年版,第227页。

精神之活动及其生活上之需要——为主旨。”[①]对于如何在教科书中体现“先民精神之活动”，他认为“莫要于思想之变迁及能力之发展二事。”[②]所以“本书于此等处，务推陈其因果关系，使读者可明其由来。”[③]并且特别强调“吾国现势，几全由近数百年之外交所支配，故本书于此处特注重指陈其所以失败之因缘。”[④]1923年，金兆梓考取外交部翻译，任职海关。1929年再任中华书局编辑所教科图书部主任，后接替张相任编辑所副所长，主持编辑中小学、师范学校、南洋华侨学校教科书，同时担任《辞海》部分词目的审订工作。1941年，他担任《新中华》月刊社长，兼任“国立编译馆”编纂。新中国成立后，金兆梓当选为苏州市市人民代表、市人民委员会委员、副市长，同时为江苏省政协委员。1957年后他被聘国务院科学规划委员会成立的古籍整理出版规划小组主持工作，同时任中华书局任副总编辑，主持上海编辑所，兼任上海市文史馆馆长、上海市政协常委、中国民主促进会上海市委员会委员。金兆梓著有《国文法之研究》《实用国文修辞学》《现代中国外交史》《芚厂治学类稿》《穆罕默德》《法国现代史》《中国史纲》等。金兆梓编撰、校订的中小学教科书出版信息初步整理如下：

《国文法之研究（中学）》1册，金兆梓著，中华书局，1922年初版。

《新中学教科书本国历史（初中）》2册，金兆梓编，戴克敦、张相，中华书局，1923年初版。

《新小学教科书地理课本（高小）》4册，朱文叔、郑昶编，陆费逵、金兆梓、戴克敦、张相校，中华书局，1923年初版。

《新小学教科书历史课本教授书（高小）》4册，金兆梓、褚东郊、洪鋆、刘佩琥编，戴克敦、张相校，中华书局，1923年初版。

《新小学教科书历史课本（高小）》4册，金兆梓、洪鋆编，陆费逵、朱文叔、戴克敦、张相校，中华书局，1923年初版。

《新中学初级混合理科（初中）》6册，钟衡臧编，金兆梓等校，中华书局，1923年初版。

《新中学教科书初级世界史（初中）》1册，金兆梓编，戴克敦、张相校，中华书局，1924年初版。

《新中学教科书世界史》，金兆梓编，戴克敦、张相校，中华书

① 金兆梓：《新中学教科书初级本国历史（上册）》，中华书局1926年17版，第1页。

②③④ 同上，第2页。

局，1924年8月初版。

《新中学教科书初级本国历史参考书(初中)》2册，金兆梓编，李直校，中华书局，1926年初版。

《(修正课程标准)初中公民(初中)》3册，卢达编，金兆梓校，商务印书馆，1926年初版。

《初级中学用新中华本国史教科书(初中)》2册，金兆梓编，郑昶、张相校，新国民图书社，1928年初版。

《新中华外国史教科书(初中)》，金兆梓编，张相校，新国民图书社，1930年初版。

《(语体)新中华本国史(初中)》2册，郑昶编，金兆梓校，新国民图书社，1930年初版。

《新中华语体外国史(初中)》1册，郑昶编，张相、金兆梓校，新国民图书社，1931年初版。

《新中华外国史教科书(初中)》1册，金兆梓编，张相校，新国民图书社，1930年初版。

《南洋华侨历史课本(高小)》4册，金兆梓、洪鋆编，张国基校阅，中华书局，1932年初版。

《(新课程标准)初中英语读本(初中三学年)》6册，李唯建编，金兆梓、舒新城校阅，中华书局，1933年初版。

《(新课程标准)小学历史课本(高小)》4册，姚绍华编，金兆梓校，中华书局，1933年初版。

《(新课程标准)初中本国地理(初中)》4册，葛绥成编，金兆梓校，中华书局，1933年初版。

《(新课程标准)初中本国史(初中)》4册，姚绍华编，金兆梓校，中华书局，1933年初版。

《(新课程标准)小学历史课本教授书(高小)》4册，范作乘编，金兆梓校，中华书局，1933年初版。

《高级中学用新中华本国史(高中)》3册，金兆梓编，新国民图书社，下编1933年8月初版。

《(新课程标准)高中外国史(高中)》3册，金兆梓编，中华书局有限公司，1934年初版。

《(新课程标准)高中本国史(高中)》3册，金兆梓编，中华书局，1935年初版。

《(修正课程标准)新编初中公民(初中)》3册，卢达编，金兆梓校，中华书局，1937年初版。

《（修正课程标准）初中本国历史（初中）》4册，姚绍华编，金兆梓校，中华书局，第1册1937年2月15版。

《（修正课程标准）初中外国历史（初中）》2册，庐文迪编，金兆梓校，中华书局，1937年初版。

《（修正课程标准）初中本国地理（初中）》4册，葛绥成编，金兆梓校，中华书局，1937年初版。

《（修正课程标准）新编初小常识课程（初小）》8册，蒋镜芙等编，金兆梓、朱文叔校，中华书局，第1册1937年8月18版。

《（修正课程标准）新编高中本国史（高中）》3册，金兆梓编，中华书局有限公司，1939年初版。

《初级中学历史（初中）》6册，"国立编译馆"主编；聂家裕编辑，金兆梓等校；计维新、章高炜绘图，国定中小学教科书七家联合供应处，1945年修订本出版。

《初级中学历史（初中）》6册，"国立编译馆"主编；聂家裕编辑，金兆梓等校；计维新、章高炜绘图，国定中小学教科书七家联合供应处，1946年初版。

《高级小学国语（修订标准本）》4册，"国立编译馆"主编；吴鼎等编辑，金兆梓等修订，国立中小学教科书七家联合供应处，1946年7月修订本1版。

《高级小学国语课本（第二次修订本）》4册，"国立编译馆"主编，俞焕斗、陈伯吹、张超编辑，金兆梓、陈子展等校阅，中华书局，1948年第1版。

《高级小学历史（修订标准本）》4册，"国立编译馆"主编、宋延庠等编辑，金兆梓校订、沈麓元绘图，上海国定中小学教科书七家联合供应处，1946年初版，第1册1946年7月修订1版。

《（修正课程标准）新编高中外国史（高中）》3册，金兆梓编，中华书局股份有限公司，上册1946年11月18版。

《初级中学国文甲编（初中）》6册，"国立编译馆"主编、徐世璜编辑，金兆梓等校，中华书局，第2册1947年4月5版。

《初中地理（初中）》2册，张开圻、包默青原编，李绪文、陶鸿翔改编；金兆梓校订，中华书局，1947年初版，初审核定本。

《高级小学历史课本（高小）》4册，"国立编译馆"主编，蒋子奇、聂家裕编辑，金兆梓、邓广铭校阅；沈麓元、计维新、唐冠芳绘图,商务印书馆,第1册1948年2月28版。

(二十一)翁文灏(1889—1971,浙江鄞县人)

翁文灏,字咏霓,1902年中秀才,1908年毕业于上海震旦学院,后考取官费赴欧留学。1912年,他毕业于比利时鲁汶大学,是中国获地质学博士学位的第一人。1913年翁文灏回国任北洋政府农商部地质研究所讲师、教授,1916年任北洋政府农商部地质调查所矿产股股长,1921年任代所长。1922年,他筹创中国地质学会,为副会长,到比利时布鲁塞尔出席第13届国际地质学大会,当选为国际地质学会副会长,1924年当选为中国地质学会第3届会长,兼任北京大学地质系、清华大学地学系教授。1929年,翁文灏主持创办清华大学地学系并任第一届系主任,1931年任清华大学代理校长。1934年,他任中国地理学会首届理事长,1948年当选为"中央研究院"首届院士。翁文灏还先后被推选为英国伦敦地质学会会员、德国哈勒自然科学院院士、美国艺术与科学研究院院士等,并两度出任国际地质大会副主席。1935年,翁文灏从政后历任"南京国民政府行政院"秘书长等职务,著有《中国矿产志略》《中国地史浅说》《中国地质构造对地震区分布之影响》《中国山脉考》《中国的人口分布与土地利用》《中国东部中生代以来之地壳运动及火山活动》《中国地理学中的几个错误的原则》《甘肃地震考》《地震》《锥指集》等。翁文灏校订的中小学教科书出版信息初步整理如下:

《地质学讲义》,翁文灏编,1914年,出版不详。

《现代初中教科书矿物学》,杜若城编,翁文灏、任鸿隽校订,商务印书馆,1923年初版。

(二十二)何炳松(1890—1946,浙江金华人)

何炳松,字伯臣,又字柏丞,1903年入金华府中学堂,1906年入浙江高等学堂。1912年冬,何炳松赴美,入加利福尼亚大学伯克利分校,后进威斯康星大学政治系,1915年获政治科学士学位,同年考入普林斯顿大学研究院,专攻现代史与国际政治,1916年以论文第一名获政治科硕士学位,留学期间被推为留美中国学生会副会长。1916年,何炳松回国任浙江省长公署助理秘书,并应金兆梓之邀到金华第七中学(前身为金华府中学堂)讲学。1917年,他任浙江省教育厅视学,同年受聘为北京高等师范学校史地部兼任教员，讲授西洋史。这一年夏，何炳松还受蔡元培聘请到北京大学教授预科西洋史，于是辞去浙江省教育厅视学北上。1919 年，何炳松晋聘为北京大学史学系教授，兼北京高等师范学校英语部主任并代国文、史地两部主任。1920 年，他兼任北高师《史地丛刊》编辑部主任，并作《发刊词》。1922 年，何炳松任浙江省立第一师范学校校长，筹建杭州大学。1924 年，他进入商务印书馆，编辑中小学教科书，1928 年改任商务印书馆编译所副所长，与顾颉刚、陈训慈起草《初中历史课程标准》，1929 年任商务印书馆编译所所长。1933 年膺选为新成立的中国教育学会理事。何炳松在编《复兴高级中学外国史》时指出编辑历史教科书实在是一件很不容易的事情，这是因为历史的材料实在太多，范围实在太广，如果没有标准则违反现代科学的要求。"现代史学上比较最合科学的新标准就是'综合的研究'(synthetic study)。所谓综合的研究就是说：我们要研究人类文化的演进，……因为人类文化是政治、经济、学术、教育、宗教等活动的总和，我们倘使单单研究这种活动的一部分，那么我们对于人类的文化决不能窥见他的全貌。所以我们课本中所取的材料和所包的范围就应该以综合研究四个字来做标准，目的在于说明人类全部文化的演进。换句话说，就是凡是足以证实人类全部文化演进的事迹都是历史课本范围中的材料。"①所以，"理想的课本一定要简明而且切实，所谓简明就是略而能够不流于空疏，所谓切实就是详而能够不流于堆砌。简单地说，就是一面要'言皆有物'，一面'纲举目张'，以文化的演进为经，以过去的事像为纬，这便是折中至当的办法。……论述以'详近略远'为主旨。"② 1935 年，他与王新命、章益等发表《中国本位的文化建设宣言》，当选为中华学艺社理事长，并任中国文化建设座谈会主席。1935 年任暨南大学校长，后兼任东南联合大学筹委会主任。1946 年调任国立英士大学校长，因病未能到任。何炳松通过介绍美国鲁滨孙学派的观点，使世界史和美国新史学在中国获得广泛承认，所以他与梁启超一起被誉为"中国新史学派的领袖"③。何炳松著有《中古欧洲史》《近世欧洲史》《历史研究法》《通史新义》《浙东学派溯源》《秦始皇帝》《浙东派溯源》等，译著有《美国教育制度》《新史学》《历史教学法》《近世欧洲史》《中古欧洲史》《西洋史学史》(合译)等，编有《百科名汇》(合编)《中国史学丛书》《社会科学小丛书》《社会科学名著选读》等。何炳松编撰、校订的中小学教科

①② 何炳松：《复兴高级中学教科书外国史(上册)》，商务印书馆 1934 年初版，1934 年 3 版，第 1—4 页。

③ 谢贵安：《中国史学史》，武汉大学出版社 2012 年版，第 16 页。

书出版信息初步整理如下：

《新撰初级中学教科书世界史(初中)》2册，周传儒编辑，何炳松、王岫庐、朱经农校订，商务印书馆，1925年初版。

《新中学经济学大意(初中)》，欧阳溥存编，何炳松、徐兆荪改订，中华书局，1925年初版。

《中学教科书世界地理(初中)》1册，吕士熊编，何炳松、杨秀峰校，文化学社，1926年初版。

《新时代自然教科书(初小)》8册，凌昌焕编纂，何炳松校订，商务印书馆，1927年初版。

《新时代高级中学教科书外国史(高中)》2册，何炳松编，商务印书馆，1929年初版。

《新时代世界史教科书(初中)》上下册，王恩爵编，何炳松校，商务印书馆，1927年初版。

《基本教科书社会(高小)》8册，计志中编纂，何炳松校订，商务印书馆，第1册1932年9月国难后第24版。

《(新课程标准)复兴教科书外国史(初中)》1册，何炳松编，商务印书馆，1933年初版。

《(修正课程标准)复兴教科书外国史(初中)》2册，何炳松编著，商务印书馆，1933年初版，1937年7月审定本第1版。

《(新课程标准)复兴国语教科书(初小)》8册，沈百英、沈秉廉编著，王云五、何炳松校订，商务印书馆，1933年初版。

《(新课程标准)复兴说话范本(高小)》4册，齐铁恨编著，何炳松校订，商务印书馆，1933年初版。

《(新课程标准)复兴说话教本(初小)》8册，黎锦熙等编著，何炳松校订，商务印书馆，1933年初版。

《(新课程标准)复兴国语教科书(高小)》4册，丁毂音、赵欲仁编著，王云五、何炳松校订，商务印书馆，1933年初版。

《(新课程标准)复兴高级中学教科书外国历史(高中)》2册，何炳松编著，商务印书馆，1934年初版。

《(修正课程标准)复兴高级中学教科书外国史(高中)》上下册，何炳松编著，黄维荣增订，商务印书馆，1934年初版。

《复兴高级中学国文课本(高中)》6册，何炳松、孙俍工编著，商务印书馆，1935年初版。

《师范学校教科书甲种国文(师范)》6 册,何炳松、孙俍工编纂,商务印书馆,1935 年初版。

《外国史(初级中学)》上下册,何炳松编著,黄维荣校,商务印书馆,1947 年 7 月增订 1 版。

(二十三)竺可桢(1890—1974,浙江绍兴人)

竺可桢,又名绍荣,字藕舫,浙江省绍兴县东关镇人(今属上虞),1899 年入毓菁小学堂,1905 年入上海澄衷蒙学堂,1908 年转入复旦公学(复旦大学前身),1909 年入唐山路矿学堂(唐山铁道学院前身)学习土木工程。1910 年,竺可桢考取第二期留美庚款公费生,入伊利诺大学农学院学习。1914 年,他获农学士学位,当年进哈佛大学攻读气象学,1915 年获硕士学位,并攻读博士学位。1915 年,竺可桢与任鸿隽、杨铨等成立中国科学社,担任《科学》编委,1917 年被选为美国地理学会会员,9 月被选为中国科学社董事。1918 年,竺可桢获哈佛大学气象学博士学位,同年回国,就任武昌高等师范学校(武汉大学前身)地理学与气象学教授。1920 年,竺可桢到南高师任文史地部教授,讲授气象学、地理学等,1921 年出任东南大学地学系主任。1923 年,竺可桢当选为中国科学社讲演委员会主任,1924—1925 年任中国气象学会首届理事、副会长,1925 年任上海印书馆编辑,1926 年任南开大学地理学教授,1927 年回"中央大学"任地学系主任。1928 年,竺可桢应"中央研究院"蔡元培院长之聘,在南京北极阁筹建气象研究所,辞去"中央大学"地学系主任职务,任气象研究所所长,出版中国第一本近代《气象学》。1929 年,他被选任为中国气象学会会长,1933 年参加第五届泛太平洋科学会议中国代表团做首席代表。1934 年,竺可桢与翁文灏等发起成立中国地理学会,1935 年派人设立拉萨测候所,被选为"中央研究院"评议员,1936 年任浙江大学校长,1948 年被选为"中央研究院"院士。1949 年 10 月新中国成立,竺可桢参加开国大典,被任命为中国科学院副院长,1955 年选聘为中国科学院院士,1956 年当选为国际地球物理年中国委员会主任,1960 年被提名为苏联地理学会外国会员,1966 年被授予罗马尼亚科学院名誉院士。竺可桢著有《气象学》《地理学通论》《物候学》《中国气候区域论》《中国气流之运行》《东南季风与中国之雨量》《中国气候概论》《事例时代世界气候的变动》《中国近五千年来气候变迁的初步研究》《论我国气候的几个特点及其与粮食作物生产之关系》等。竺可桢校订的中小学教科书出版信息初步整理如下:

《新学制人生地理教科书(初中全部地理教科)》上中下册,张其昀编,竺可桢、朱经农校订,商务印书馆,1925年初版。

《新时代本国地理教科书(初中)》上下册,刘虎如编,王云五、竺可桢校订,商务印书馆,1927年初版。

《新学制高级中学教科书本国地理(高中)》上下册,张其昀编,竺可桢校订,商务印书馆,1928年初版。

《新时代高级中学教科书天文学(高中)》1册,顾元编,竺可桢校订,商务印书馆,1930年初版。

(二十四)陈望道(1891—1977,浙江义乌人)

陈望道,原名参一,单名融,字任重,笔名佛突、雪帆等,1907年到义乌绣湖书院学习,后到金华府中学堂求学,1913年,陈望道考入杭州私立之江大学,1915年赴日本留学,先入东京物理学校,后就读于早稻田大学法科、东洋大学文科、"中央大学"法科,获"中央大学"法学学士。1919年,陈望道回国任浙江省立第一师范学校国文教员,1920年任教于复旦大学中文系,首译《共产党宣言》出版。1922年,陈望道任中共上海地方委员会第一任书记,1923年任上海大学中文系主任,后兼教务长、代理校务主任,讲授修辞学、文学概论等,1927年—1931年任复旦大学教授、中文系主任。1929年,陈望道创办中华艺术大学并任校长,任职期间,教育部公布暂行课程标准,陈望道与傅东华创新编辑《基本教科书国文(初中)》,并指出,"这一套初中国文教科书是我们的一种尝试,因为我们的编法和从前的编法颇有不同,所以成效如何,尚待实验"①。如关于教科书的取材,"我们觉得普通易犯的毛病是或者偏重形式,或者偏重内容;或者侧重美文,或者侧重应用。偏重形式的,竟或不顾思想之是否健全,偏重内容的,竟或不问文辞之是否无疵;耑取美文,便无益于学生日常生活所需的文字,耑讲应用,则又无以培成学生欣赏文学的根基。凡此诸点,都是我们所力求避免的"②。为此,教科书取材有四点标准,其中第一点就是"求各体的文字配合匀称,无所偏畸,庶几应用和欣赏两方面兼能顾及"③。第二点则为"我们相信以思想迁就文词或以文词迁就思想的办法都不正常。我们对于教材所含的思想,当

①②⑤ 傅东华、陈望道:《基本教科书国文》第1册,商务印书馆1931年初版,1933年5版,第1页。

③④ 同上,第2页。

然力求其有益于读者的身心，但觉得'国文'教科书究与'伦理'教科书有别，故有时所取材，如果目的只在为某种文体或某种技巧示例，那么思想上但取消极的标准——就是以不致发生恶影响为标准"④。这些是陈望道和傅东华"自信为创新之处"⑤。1932年，陈望道任上海中国著作家抗日会书记，1933年任省立安徽大学教授，讲授文艺理论等课程，次年回上海参加发动"大众语运动"并创办《太白》月刊。1935年至1937年，陈望道任省立广西桂林师范专科学校、国立广西大学文法学院中文科主任、教授，讲授修辞学、中国文法学等课程，1940年回复旦大学任中文系教授，后任新闻系主任，1947年当选上海市大学教授联合会主任。新中国成立后，陈望道任华东军政委员会高教局局长等，1952年任复旦大学文学院院长、校务委员会主任委员，1952年至1977年任复旦大学校长，1955年入选中国科学院哲学社会科学部委员，1960年冬接任《辞海》总主编。陈望道曾兼任国务院科学规划委员会语言组副组长、上海市哲学社会科学联合会主席、上海语文学会会长等，著有《修辞学发凡》《美学概论》《文法简论》《中国拼音文字的演进》等，译著有《伦理学底根本问题》《文学与艺术之技术的革命》《社会意识学》《苏联文学理论》《实证美学之基础》等。陈望道编撰的中小学教科书出版信息初步整理如下：

《基本教科书国文(初中)》6册，傅东华、陈望道编，商务印书馆，1931年初版。

《(开明中学讲义)开明国文讲义》3册，夏丏尊、叶圣陶、宋云彬、陈望道编，开明书店，1934年初版。

《作文法讲义》1册，陈望道著，开明书店，1944年初版。

(二十五)陈鹤琴(1892—1982，浙江上虞人)

陈鹤琴是中国现代儿童教育家、儿童心理学家。幼年在家乡读私塾，后进入教会办的杭州惠兰中学及上海圣约翰大学读书。1911年考入清华学堂高等科，1914年8月毕业，考取庚款留学美国，与陶行知同行。1917年，陈鹤琴获约翰斯·霍普金斯大学文学学士学位，同年考入哥伦比亚大学师范学院学习，受教于克伯屈、孟禄、桑代克等，1918年获得教育学硕士学位，后转入心理系师从伍德沃斯教授，准备攻读心理学博士，因5年留学期满而回国。1919年，陈鹤琴任南京高等师范学校(后改为东南大学)教授，并兼任教育科主任及教务部主任，致力于研究儿童心理学、家庭教育学和幼儿教育学。1923 年，他创办了鼓楼幼儿园。1927 年，陶行知创办晓庄师范后，陈鹤琴在该校兼任指导员及第二院（幼稚师范院）院长，同年还任南京特别市教育局学校教育课课长，创办我国最早的幼稚教育研究刊物《幼稚教育》。1929 年，中华儿童教育社在杭州成立，陈鹤琴被推选为主席。1928 年，陈鹤琴赴上海任公共租界华人教育处处长，先后创办 6 所小学（附设幼稚园）、1 所女子中学、4 所工人夜校，主编《小学教师》杂志。1932 年，陈鹤琴与盛振声编辑《儿童国语教科书（初小）》，并指出这套教科书“根据儿童心理、儿童生活编辑，”①编辑主旨有“（1）引起儿童阅读的兴趣；（2）培养儿童自动的能力；（3）启发儿童正当的思想。”②强调“本书编辑从头到尾以儿童本身为本位，继续不断地演成一个大单元”③。1934 年，陈鹤琴根据我国南、中、北不同地区的自然、人文特点及儿童的经验，与梁士杰、陈剑恒共同主编一套初级小学分部互用的儿童国语教科书各 8 册。“各流域的初级小学可以采用各该流域者作国语课本，以求儿童经验的适应好学习心理的适合；兼可采用他流域者为国语的补充读本，以求儿童智力的扩大，并增进儿童学习的兴趣。这是本教科书编制的目的，也就是本教科书产生的真意义。”④这套教科书受到教育界的广泛好评，俞子夷认为“开教科书的新纪元”⑤，陈伯吹认为“实为教科书中之杰作”。⑥1940 年，陈鹤琴赴江西创建江西省立实验幼稚师范学校并任校长，抗战胜利后学校迁至上海，为国立幼稚师范专科学校，陈鹤琴任校长。1945 年，陈鹤琴被聘为上海市教育局督导处主任督学，负责接手外国人办的中小学 30 余所。新中国成立后，陈鹤琴历任第一至第五届全国政协委员、中国人民保卫儿童全国委员会委员、中央人民政府政务院文教委员会委员、华东军政委员会文教委员、文字改革委员会委员、南京大学师范学院院长兼幼教系主任、南京师范学院院长等。陈鹤琴被誉为“中国的福禄培尔”⑦，著有《儿童心理之研究》《活教育理论与实施》《活教育的教学原则》《家庭教育》《智力测验法》《我的半生》等，编译有《语体文应用字汇》《测验概要》《新实习》《小学各科心理学》等。陈鹤琴编撰、校订的中小学教科书出版信息初步整理如下：

---

①②③ 陈鹤琴、盛振生：《儿童国语教科书（初小第 1 册）》，儿童书局 1932 年版，第 1 页。

④ 陈鹤琴：《为新编儿童国语教科书出版给采用者的一封信》，陈鹤琴：《陈鹤琴全集》（第 4 卷），江苏教育出版社 2008 年版，第 162 页。

⑤⑥ 陈鹤琴：《陈鹤琴全集》（第 4 卷），第 163 页。

⑦ 杨荷泉：《近现代浙江名家教育思想与当代中国教育》，浙江工商大学出版社 2013 年版，第 88 页。

《儿童国语教科书(初小)》8册,陈鹤琴、盛振声编,儿童书局,1932年初版。

《(新课程标准)分部互用儿童教科书儿童南部国语(初小)》8册,陈鹤琴、梁士杰主编,徐晋助编,儿童书局,1934年初版。

《(新课程标准)分部互用儿童教科书儿童中部国语(初小)》8册,陈鹤琴主编,儿童书局,1934年初版。

《(新课程标准)分部互用儿意教科书儿童北部国语(初小)》8册,陈鹤琴、陈剑恒主编,刘德端等助编,儿童书局,1934年初版。

《儿童国语课本(初小)》8册,陈鹤琴编辑、朱铭新绘图,儿童书局,1936年初版。

《最新英语读本》4册,陈鹤琴编,朱铭新绘图,中华书局,1936年。

《自然教材》丛书20册,陈鹤琴、陈选善主编,世界书局,1947年初版。

(二十六)蒋伯潜(1892—1956,浙江富阳人)

蒋伯潜,名起龙,以字行,1911年毕业于杭州府中学,1915年考入北京高等师范学校国文系,受教于钱玄同、胡适、鲁迅等。蒋伯潜毕业后任浙江省立第二中学国文教师,后还在浙江省第一、第六中学,女子中学、杭师任教,1927年任《三五日报》主笔。抗战时期,蒋伯潜应邀赴上海大夏大学、暨南大学、无锡国学专修学校任教,兼世界书局特约编审。1936年,蒋伯潜为激发学生对民族文化传统的认同和热爱,编辑了一套中学国文教科书。这套教科书属于选文型,按照文学史的顺序排列,目的是“使学生对文学之源流及其发展,得一系统之认识。但为顾及学生程度、学习心理,……加授文学史。……可使学生对于我国固有文化,了解更为深切”[①]。蒋伯潜希望通过教科书的编写,建构国文教学正目的和副目的,即“正目的——国文一科特具的目的是:使学生对于生活所需的工具——国文——能运用,能了解,且能欣赏。副目的——国文科和其他学科同具的教学目的,又可分为两项:(甲)使学生了解我国固有的道德的观念及修养的方法,并培养或训练其思辨的能力……”[②]上海沦陷后蒋伯潜回乡著述,一度任富阳县立中学教

① 蒋伯潜:《蒋氏高中新国文》第1册,世界书局1937年版,第1页。

② 蒋伯潜:《中学国文教学法》,中华书局1941年版,第1—2页。

员。1946年，蒋伯潜任上海市立师范专科学校中文系主任，1948年任杭州师范学校校长。新中国成立后，蒋伯潜任浙江图书馆研究部主任，连续担任省、市人大代表，1955年秋调任浙江文史馆研究员。蒋伯潜著有《先秦文学选》《经与经学》《十三经概论》《经学纂要》《诸子通考》《诸子学纂要》《汉字的进化》《词与字》《章与句》《体裁与风格》《散文与骈文》《中学国文教学法》等。蒋伯潜编撰的中小学教科书出版信息初步整理如下：

《蒋氏初中新国文》6册，蒋伯潜编，世界书局，1937年初版。
《蒋氏高中新国文》6册，蒋伯潜编，世界书局，1937年初版。

（二十七）陈建功（1893—1971，浙江绍兴人）

陈建功，字业成，别号念台，1909年考入绍兴府中学堂，1910年考入杭州浙江两级师范学堂。1913年至1929年，陈建功三次赴日留学，获得日本东北帝国大学博士学位，师从著名数学家藤原松三郎教授，专攻三角级数论，回国后在浙江大学数学系任教20余年。1933年陈建功开始编辑新课程标准中学数学教科书，强调教科书内容的简洁性和逻辑性、结构的合理性、学生的接受性、初高中内容的衔接性等，如他在《高中代数学》中指出，“高级中学学生，虽曾习代数学之初步，而于代数学之基础智识，多为巩固，故本书不嫌重复，发端于代数式之基本运算，循序渐进，引入堂奥，庶几教者学者皆得其便”①。在《高中几何学》中指出，“高级中学学生，虽曾习平面几何学，而于几何学之基础智识，往往未能巩固，本书不嫌重复，仍从基本公理、定义、定理等发端，循序渐进，以求深入，使教学者两得其便”②。徐荣中、孙炳章等在《陈建功氏高中代数题解》中评价《高中代数学》一书时写道：“陈建功博士自东京归国，主讲浙大有年，以其余力，编成是书。条目不紊，选材唯精。洵高中善本也。”③1945年抗战胜利后，陈建功赴台湾任台湾大学代理校长兼教务长，1946年又回到浙江大学任教，并在“中央研究院”数学研究所兼任研究员。1947年应邀去美国普林斯顿研究所任研究员。新中国成立后，陈建功任复旦大学数学系教授，与苏步青一起把复旦大学数学学科建设成我国数学领域教学与研究的中心，1958年任杭州大学副校

① 陈建功、毛路真：《高中代数学》，开明书店1933年版，第1页。
② 陈建功、郦福绵：《高中几何学》，开明书店1935年版，第1页。
③ 徐荣中、孙炳章：《陈建功氏高中代数题解》，国风书局1946年版，第1页。

长。陈建功是我国函数论研究的开拓者之一，创立了具有特色的函数论学派，当选为中国科学院院士，与华罗庚、苏步青一起被誉为中国当代三大数学家，著有《三角级数论》《直交函数级数的和》等。陈建功编撰的中学教科书出版信息初步整理如下：

《新亚教本初中算学算数代数》4册，薛德炯编辑，陈建功校阅，新亚书店，1933年初版。

《新亚教本初中算术几何学》上下册，薛德炯编辑，陈建功校阅，新亚书店，1933年初版。

《陈薛两氏初中代数（新课程标准世界中学教本）》上下册，陈建功、薛溱舲编著，世界书局，1933年初版。

《高中代数学》，陈建功、毛路真编辑，开明书店，1933年初版。

《高中几何学》，陈建功、郦福绵编辑，开明书店，1935年初版。

《（修正课程标准）高中代数学（甲组）》，陈建功、毛路真编，开明书店，1939年版。

《（修正课程标准）高中几何学（甲组）》，陈建功、郦福绵编，开明书店，1937年初版。

（二十八）周玲荪（1893—1950，浙江海盐人）

周玲荪，名景鉴，县立蔚文高等小学堂毕业，1912年入浙江两级师范学校，深受李叔同影响。周玲荪毕业后任商务印书馆南京分馆编辑，1918年经李叔同推荐，任南京高等师范艺术系主任，1921年兼任东南大学附中音乐教师。周玲荪参与商务印书馆新学制高级中学教科书编辑，周玲荪在《中等学校唱歌集》中指出，“编者于南高级附中担任唱歌教授，倏已七载。平日深感教材缺乏之苦，爰不揣简陋，努力编辑，经数年心血，积成两编”[①]，并说明这本教科书取材于日本北村季晴、南美恩三郎及美国Hadley，H K三人著作较多，并就编者实地教授经验，酌量情形，略加润色。在《新学制高级中学教科书水彩风景画》中同样指出，“编者任东大男高及附中等校图画教授，于今九载。因就平日教授经验，并观察需要，特编绘此书。自信尚

① 周玲荪：《第一编　普通唱歌法》，《中等学校唱歌集》，商务印书馆1924年初版，第3页。

无模糊影响之弊”[①]，同时也呈现自己关于课程的思考，如“高中绘画课须完全注重创作。惟欲创作绘画，必须明白一般的画法、画理、画史等，以作参考。……本书特于理论与图画并重，且专限水彩风景一种，俾学者得以专修，以免博而不精之弊。”[②] 1929 年，周玲荪拟出国留学，因经济拮据未成，遂在南京市立一中和蒙藏学校任美术、音乐教师，抗战时期随蒙藏学校西迁。新中国成立后，周玲荪入江苏南京市文物保管文员会工作，著有《新文化和美育》《教授音乐应该怎样》《改进中等学校音乐课程之商榷》《金陵名胜写生集》等。周玲荪编撰的中学教科书出版信息初步整理如下：

《新学制高级中学教科书水彩风景画》1 册，周玲荪绘编，商务印书馆，1924 年初版。

《中等学校唱歌集（男女初高中学、师范学校及高等专门学校初年级乐歌课程）》2 编，周玲荪编辑，商务印书馆，1924 年初版。

《新时代高中唱歌集》1 册，周玲荪编，商务印书馆，1933 年初版。

《中等学校乐理唱歌合编（初中第三学年）》2 册，周玲荪编，商务印书馆，1933 年初版。

《风琴练习曲集（师范）》1 册，周玲荪编，商务印书馆，1935 年初版。

《钢琴教本》1 册，周玲荪、黄铸新合编，世界书局，1947 年 8 月初版。

（二十九）顾寿白（1893—1982，浙江绍兴人）

顾寿白毕业于日本长崎医科大学，回国后曾任厦门大学教授，上海商务印书馆编辑所医学组主任编辑。1923 年，顾寿白用白话文编辑了商务印书馆新学制教科书《现代初中教科书生理卫生学》，这本教科书“以生理为主，卫生为从；而记载的方法，乃以生活现象为标准。……本书的内容，除绪论外，分做荣养生理、运动生理、感觉生理、全身生理和一般卫生五编。前几编的内容是先说解剖，次说生理，然后说卫生和疾病”[③]。顾寿白指出这本教科书所述的卫生方法，重在鼓吹积极的养生和锻炼，因为活力素、免

---

①② 周玲荪：《新学制高级中学教科书水彩风景画》，商务印书馆 1924 年初版，第 1 页。

③ 顾寿白：《现代初中教科书生理卫生学》，商务印书馆 1923 年初版，第 1 页。

疫、新陈代谢、内分泌等都是近代医学上重要的新学说,中学生也应有这些常识,所以在书中特别进行了介绍。新中国成立后,顾寿白历任成都市第三区卫生事务所所长、卫生部教材编审委员会编辑、人民卫生出版社编辑等职。著有《荣养论》《气候与健康》《人类学》《人类学大意》《内分泌》《疾病原因论》《寄生虫》等,译著有《七百种食物及营养》等,编有《谈谈常见的症候》《世界各国新药集》《重要内科病概说》等。顾寿白编撰、校订的中小学教科书出版信息初步整理如下:

《现代初中教科书生理卫生学(初中)》1册,顾寿白编辑,商务印书馆,1923年初版。

《新法卫生教科书(高小后期)》2册,程瀚章编,顾寿白、王岫庐校订,商务印书馆,1923年8月9版。

《新学制卫生教科书(高小)》4册,程瀚章编,王岫庐、顾寿白校订,商务印书馆,第2册1924年1月初版。

《新学制卫生教科书(高小)》4册,程瀚章编,顾寿白等校,商务印书馆,1924年初版。

《新撰初级中学教科书生理卫生学(初中)》1册,顾寿白编,商务印书馆,1926年初版。

《新学制卫生教授书(高小)》4册,程瀚章编,顾寿白校订,商务印书馆,第1册1929年11月18版。

《开明生理卫生学教本(初中)》1册,顾寿白编,开明书店,1932年初版。

(三十)傅东华(1893—1971,浙江金华人)

傅东华又名傅则黄,笔名伍实、郭定一、黄约斋等。1912年,上海南洋公学中学部毕业。1913年进中华书局当翻译员,发表短篇小说。1914年后,傅东华任浙江东阳中学、北京平民大学附属中学英文教员、北京高等师范英文讲师。1920年至1931年,他在上海大学、中国公学大学部任教,并从事著译工作。他与陈望道合编有中学国文教科书。1932年,傅东华任复旦大学中文系教授。1933年,商务印书馆推出“复兴教科书”,中学国文由傅东华编辑。他在《复兴初级中学教科书国文》中指出教科书的选材依新标准教材大纲之规定,“力求思想不违背时代潮流及体裁风格堪为模范者,又在可能范围，尽量采取新颖之作品，期能增进教学双方之兴趣”[①]。教科书各册有精读四十课，习作二十课。为求符合精读之目的及引起学生自学之动机起见，每课列有“暗示”，目的是“诱导学生对于教材内容作分析、综合、比较之研究，期使获得透彻之了解及深入之欣赏”[②]。从初中到高中，傅东华在教科书中都十分强调暗示及其作用。在高中教科书中，单周还编有一课“文章作法”，双周编有一课“作文练习”。1933 年 7 月，傅东华与郑振铎主编生活书店印行的大型月刊《文学》。1935 年，他任暨南大学国文教授、中华书局辞海编辑所编审、《辞海》(语词部分)主编，1936 年在上海发起组织“文艺作家协会”，号召文艺家共赴国难。1942 年，他被日军所俘，1943 年起隐居上海，从事翻译与语言文字的研究。新中国成立后，傅东华从事中国语言文字改革工作，参加中国作家协会，并积极从事古籍整理。傅东华译著有《失乐园》《奥德赛》《夏伯阳》《飘》《吉诃德先生传》《红字》《西行漫记》《业障》等，著有《李白与杜甫》《李清照》《文学常识》《字源》《汉学》《现代汉语的演变》《山核桃集》等，编选有《大学文选》《李白诗》《王维诗》《古诗源选读》《神曲》等。傅东华编撰、校订的中小学教科书出版信息初步整理如下：

《基本教科书国文(初中)》6 册，傅东华、陈望道编，商务印书馆，1931 年初版。

《复兴初级中学教科书国文(初中 6 个学期国义精读及习作教材)》6 册，傅东华编著，陈啸仙、杨曾勗校订，商务印书馆，1933 年初版。

《复兴高级中学教科书国文(高中国文精读及习作教材)》6 册，傅东华编著，周盖侯、毛鹏基、王永榜、陈敬衡、滕秉全校订，商务印书馆，1934 年初版。

《国文法程》12 册，傅东华编辑，龙门书局发行，1938 年初版。

《(修正本)国文(初中)》6 册，傅东华编著，商务印书馆，1948 年初版。

(三十一)吴梦非(1893—1979，浙江东阳人)

吴梦非，笔名嘉白、嘉平，1903 年入东阳县立高等小学堂，1908 年入浙

---

①② 傅东华：《复兴初级中学教科书国文》，商务印书馆 1933 年版，第 1 页。

江省两级师范学堂初级师范科,1911年又以第一名成绩考入浙江省两级师范学校新创办的"图画手工专科",师从李叔同。1915年,吴梦非毕业后经李叔同推荐,到上海城东女学担任乐理、声乐、钢琴等教学。1916年任浙江省第二师范学校音乐、国画教员。他曾参加"南社",与柳亚子等从事进步文化活动。1918年,吴梦非与刘质平、丰子恺一起自费创办上海艺术师范学校并任校长,1919年秋发起成立"中华美育会",任会刊《美育》总编辑。1924年,吴梦非将上海艺术师范学校扩建为上海艺术大学。吴梦非编辑有中学音乐教科书,他在《中学新歌曲》中说明,"编者担任专门教育和中等学校的音乐教科,已有十余年,平时常常感到一般音乐教材,歌词和曲谱,都不很一致,集坊间已出版的唱歌集,能够弥补此种缺陷的,到现在还可说是甚少;所以本书便格外注意于这一点,务使曲谱和歌词能够深深地相吻合。又这几首歌曲,曾经编者和编者的学生在江浙几处中等学校屡次试教,还能适用。但其中或者仍不免有不妥的地方,希望采用本书的教师们多多指教!"①这本教科书"各首歌曲的排列,不专依照程度的深浅,分别先后;为检阅便利起见,大致依照季节作次序,并随时插入关于仪式的歌曲"②。抗日战争初期,吴梦非著《初中唱歌教本》,特别强调"选材以雄壮活泼足以激动志气的为主,凡靡靡之音,一概屏除。其中尤多雪耻御侮之作,故甚合国难时期中训练青年之需要"③。1934年,吴梦非出席教育部召开的"中学师范课程标准起草委员会会议",与萧友梅等共同担任中学音乐课程的起草工作。1941年至1949年,吴梦非担任浙江省教育厅视察。新中国成立后,1950年,他任浙江省文学艺术联合会筹备委员,1955年起任上海音乐学院教务处副主任等职。吴梦非创作有《八点钟歌》《首脑相长歌》《中国国民》《游园》等百余首歌曲,发表有《美育是什么》《艺术与道德》《对于我国办学者的一个疑问》《西洋绘画家的争点》等50余篇论文,著有《西画概要》《中国音乐史》《回忆录》等。吴梦非编撰、校订的中小学教科书出版信息初步整理如下:

《中学新歌曲》1册,吴梦非编,朱酥典校,中华书局,1930年初版。

《初中唱歌教本》上、中、下册,吴梦非编,白阳乐社,1932年初版。

---

①② 吴梦非:《中学新歌曲》,中华书局1930年版,第1页。

③ 吴梦非:《初中乐理教本》(下册普及本)开明书店,1932年版,封底。

《初中乐理教本》上、中、下册，吴梦非著，1932年初版。

《风琴弹奏法(初中音乐科)》1册，吴梦非编著，开明书店，1934年初版。

《初级中学音乐(初中音乐教材)》1册，吴梦非编，正中书局，1935年初版。

《音乐》4册，吴梦非编，开明书店，1936年。

(三十二)刘质平(1894—1978,浙江海宁人)

刘质平，原名刘毅，字季武，1912年考入浙江省立第一师范学校，师从李叔同，1916年赴日本东京音乐学校留学，专修音乐理论、钢琴。1918年，刘质平回国任上海城东女子学校艺术科主任。1919年，他与吴梦非等创办上海艺术师范学校，负责教务。同年，他还与吴梦非、丰子恺等发起组织中华美育会，任《美育》杂志音乐编辑室主任。1920年前后，刘质平在南通张謇创办的伶工学社兼授音乐课程，发表《我国音乐教授的缺点》等文章。1921年至1931年，刘质平应刘海粟之邀，任上海美术专科学校音乐系主任、艺术教育系主任，并于1922年负责起草《小学音乐教育课程纲要》《初中音乐教育课程纲要》《高中音乐教育课程纲要》《简易师范音乐教育课程纲要》《师范学校音乐教育课程纲要》《专科音乐教育课程纲要》。在这期间，刘质平开始编辑中学音乐教科书，如他按照新学制编辑了《初级中学音乐教科书》六集，强调“本书乐理的编辑，以应用的先后为本位，不分乐谱、旋律、音乐常识、……凡关于不通的名词，都已改正，如婴记号、变记号……改为升记号、降记号……。本书歌词，分中文英文二种，不过一般学校，对于英语唱歌，程度非常幼稚，所以不排在要目里边。如要教学时，可将中文唱歌换去，或在第十六周以下教学也可。乐曲分单音和重音二种，因欲增进学生兴趣起见，照程度的难易，轮流排列。”[①]1931年，刘质平与徐朗西、汪亚尘等在上海创办新华艺术专科学校。抗战期间，他先后执教于浙江多所中学及师范学校。1946年，刘质平任国立福建音乐专科学校教授兼教务主任。新中国成立后，他长期执教于山东师范学院艺术系、山东艺术专科学校音乐科。刘质平编撰、校订的中小学教科书出版信息初步整理如下：

《弹琴教本(师范讲习科)》2册，刘质平编，泰东图书局，1923

① 刘质平：《初级中学音乐教科书》第1集，泰东图书局1924年版，第1页。

年初版。

《乐理教本(师范讲习科)》2册,刘质平编,泰东图书局,1923年初版。

《唱歌教本(师范讲习科)》1册,刘质平编,泰东图书局,1923年初版。

《音乐教科书(初中)》6册,刘质平编,泰东图书局,1924年初版。

《中等音乐理论教科书》1册,刘质平著,泰东图书局,1926年初版。

《开明音乐教程》2册,刘质平著,开明书店,1934年初版。

《开明唱歌教材》4册,刘质平著,开明书店,1935年初版。

《唱歌作法》2册,刘质平编,温州大学油印,1935年。

《小学唱歌教学集》上、下册,刘质平编,温州大学油印,1935年。

《实用和声教材》上、下册,刘质平编,温州大学油印,1935年。

《对位法》1册,刘质平编,温州大学油印,1935年。

《键盘伴奏基本练习》上、下册,刘质平编,温州大学油印,1935年。

《小歌曲伴奏集》1册,刘质平编,泰顺师范和温州中学教材油印本,1942—1944年。

《弹琴基本练习》1册,刘质平编,温州中学油印教材,1942年。

《使用和声教材》上、下册,刘质平编,山东艺专油印,1953—1956年。

《中学歌曲教材集》3册,刘质平编,初版及时间不详。

(三十三)陆志韦(1894—1970,浙江吴兴人)

陆志韦,本名陆保琦,1906年入江苏省吴江县震泽小学,1907年入苏州东吴大学附属中学,1910年考入东吴大学。1911年陆志韦正式成为基督教信徒,考入清华学堂留美预备班,因不适应,重返东吴大学,1913年毕业,获文学学士学位,任东吴大学附属中学教员。1915年,陆志韦被保送留学美国,在美国范德比大学皮博迪师范学院学习宗教心理学,1917年获得奖学金后转入芝加哥大学学习生理心理学。1920年,陆志韦获芝加哥大学哲学博士学位。1920—1926 年，他应郭秉文邀请，任南京高等师范学校心理学系教授、系主任。1921 年中华心理学会成立，他被选为研究会主任，并成为中国最早的心理学杂志《心理》的主要撰稿人。陆志韦参与商务印书馆新学制高级中学教科书编撰，在《新学制高级中学教科书心理学》中指出，这本教科书是供高级中学和后期师范使用，大学一年级也可在增加试验的基础上参考选用。为训练学生自动研究，陆志韦强调，“本书所注重的，第一不在多读书，而在多观察、多思考。课文预备班上讨论之用。讨论之后，然后自习。用本书的学程，成功失败，须看教员与学生双方对于各课研究问题的态度。各课研究的编制，非但望学生能借此了解心理学，而且想给他们一些自动研究社会科学的训练。开始一两星期的报告记录尤忌疏忽，否则中途难于振作”①。1927 年，陆志韦应司徒雷登之邀，任燕京大学心理学教授兼系主任。1933—1934 年，他在芝加哥大学生物学部心理学系进修，1936 年任燕京大学校长。1935 年，他主持成立中国心理学会并被选为主席，兼会刊《中国心理学报》主编。1938 年夏，因心理学研究受阻，学习清代古音学和“高本汉学”。1945 年 10 月，陆志韦主持燕京大学复校。新中国成立后，因燕京大学并入北京大学，他于 1952 年任中国科学院语言研究所一级研究员、汉语史研究组组长，1955 年被聘为中国科学院哲学社会科学部委员。陆志韦历任第一届全国政协委员、中国科学院心理研究所筹备委员会主任、中国文字改革委员会委员、汉语拼音方案委员会委员等，翻译及著作有《教育心理学概论》《社会心理学新论》《调查中国儿童的无限制联想的经过和结果》《遗忘的条件》《订正比内西蒙智力测验说明书》《古音说略》《渡河集》《申西小唱》等。陆志韦编撰的中小学教科书出版信息初步整理如下：

《新学制高级中学教科书心理学》1 册，陆志韦编纂，商务印书馆，1925 年初版。

（三十四）郑昶（1894—1952，浙江嵊州人）

郑昶，字午昌，别号弱龛、且以居士、丝发散人、墨鸳鸯楼主等，现代画家，美术史家。郑昶于 1910 年就读杭州府中学堂，1915 年被选送至北京师范大学求学，1921 年任中华书局文史编辑，1924 年任中华书局美术部主

① 陆志韦：《新学制高级中学教科书心理学》，商务印书馆 1925 年版，第 1—2 页。

任。在此期间,郑昶编辑了中华书局新学制中小学教科书,除了一般学科教科书之外,还有特定时代背景下的党化教育教科书。如在《(语体)新中华三民主义课本(初级中学用)》中指出,“本书所取材料,都用孙中山先生原著三民主义做根据。或者节录他的文字,或者阐发他的义理;总期条理清楚,理论正确,并用简明的语体文来叙述;使读者容易得到真正的了解。……教授本书的时候,随时征引政治外交等时事外,凡关于三民主义续出的著作,认为理论正确的,还希望详加考证,来辅助本书不周到的地方”[①]。郑昶先后任上海美术专科学校、新华艺术专科学校、杭州国立艺术专科学校、中国艺术专科学校、苏州美术专科学校图画系教授。1929年,郑昶组织蜜蜂画社,1932年创立汉文正楷印书局,同年又与上海名画家创立中国画会。新中国成立后,他与上海画家创建新国画研究会,其作品多次参加英、美、法、比、苏、日等国的国际艺术博览会,曾获过金质奖章。郑昶出版的画册有《郑午昌山水十二幅》《杜陵诗意画册》《梦窗词意册》等,著作《中国画学全史》被蔡元培誉之为“中国有画史以来集大成之巨著”[②]。他还著有《中国美术史》《中国壁画历史研究》等,首创汉文正楷字模,为中华书局征集、审订、编印美术著作近百种,有《当代名人画》《当代名人书林》《世界名画集》《海粟丛刊》《悲鸿画集》等。郑昶编撰、校订的中小学教科书出版信息初步整理如下:

《新小学教科书地理课本(高小)》4册,朱文叔、郑昶编,陆费逵、金兆梓、戴克敦、张相校,中华书局,1923年初版。

《新小学教科书地理课本教授书(高小)》4册,郑昶编,戴克敦、张相校,中华书局,1923年初版。

《新小学教科书国文读本(高小)》4册,褚东郊、郑昶、刘佩琥、朱文叔编,陆费逵、戴克敦、张相校,中华书局,1924年初版。

《新师范教科书图画教材概论》1册,吕澄编,郑昶、朱文叔校,中华书局,1924年初版。

《新中华教科书地理课本(高小)》4册,郑昶编,张相校,新国民图书社,1927年初版。

---

① 郑昶:《(语体)新中华教科书三民主义(初中第1册)》,新国民图书社1931年版,第1—2页。

② 郑孝同:《郑昶(1894—1952)》,《中国书画名家精品大典(3)》,浙江教育出版社1998年版,第1419页。

《新中华地理课本教授书(高小)》4册,郑昶编,张相校,新国民图书社,1928年初版。

《新中华党义课本(初小)》8册,吕伯攸、郑昶编,新国民图书社,1928年初版。

《新中华教科书历史课本(高小)》4册,郑昶、洪鋆编,陈棠、张相校,新国民图书社,1928年初版。

《新中华本国史(初中)》2册,金兆梓编,郑昶、张相校,新国民图书社,1928年初版。

《新中华党义课本教授书(初小)》8册,郑昶、吕伯攸编,新国民图书社,1929年初版。

《新中华教科书三民主义(初中)》4册,郑昶编著,陈立夫阅,新国民图书馆,1929年初版。

《(语体)新中华建国方略(初中)》2册,郑昶编,林振镛阅,新国民图书社,1930年初版。

《新中华语体外国史教科书(初中)》1册,郑昶编,张相、金兆梓校,新国民图书社,1930年初版。

《(语体)新中华本国史(初中一、二学年)》2册,郑昶编,金兆梓校,新国民图书社,1930年初版。

《南洋华侨地理课本(高小)》4册,郑昶编,张国基校,中华书局,1932年初版。

《高级中学用新中华外国地理(高中)》1册,郑昶编,新国民图书社,1932年初版。

《新中华外国地理(高中)》1册,郑昶编,新国民图书社,1932年初版。

《南洋华侨地理课本教授书(高小)》4册,郑昶等编,中华书局,1932年初版。

《(新课程标准适用)初中外国史(供初中第三学年外国史四学分之用)》2册,郑昶编,张相校,中华书局,1934年初版。

(三十五)杨贤江(1895—1931,浙江慈溪人)

杨贤江又名李浩吾,马克思主义教育理论家。1917年,杨贤江毕业于浙江省立第一师范学校,应聘到南京高等师范学校任职。1919年参加由李大钊发起的少年中国学会,曾任学会评议员、学会南京分会书记与分会会刊《少年世界》编辑。1921年初，杨贤江开始任商务印书馆《学生杂志》编辑，发表大量论文和通讯，宣传马克思主义，于1922年加入中国共产党，曾协助恽代英编辑《中国青年》，参加过五卅运动和上海工人武装起义。杨贤江在积极参加社会活动的同时，还在上海大学社会系、上大附中、上海景贤女中、上虞春晖中学兼课。1923年，杨贤江编撰新学制后期小学用书《新法公民教科书》2册，"教材内容包含个人生活、家庭生活、学校生活、市乡生活，国家生活以至国际生活。一方谋补充小学前期公民科的教材，他方则期完成一个好公民的资格"①。如第1册第1课以《游戏的规则》开篇，用"张生""李生"对话探讨足球比赛的规则，强调"要服从队长的命令和各人尽自己的职分"②。第2册最后全书的结束语是："一个好公民，必须是忠诚的，要想达到这目的，又必须：（一）敬爱亲友。（二）遵守法律及一切规则。（三）爱护人类，尤其肯为贫苦阶级和弱小民族出力。"③这套教科书每册20课，如第1册目次有《游戏的规则》《集会的方法》《会议的方法》《我们的学校》《我们的家庭》《我们的社会》《我们的国家》《国体与政治》《法律》《国会》《政府》《法院》《公民的权利》《公民的义务》《地方自治》《户口》《公安》《健康》《娱乐》《交通》。杨贤江强调"教育的发生，简简单单在于人类世纪生活的需要"，故这套教科书"取材标准以适于社会需要，儿童能力为根据。叙述方法以合于心理原则为依归。凡是抽象的说理，呆板的记录，均力求避免。关于个人道德的事项，也不采用特标德目的形式，而即容纳在公民道德之中。因我们有鉴于国人团体力的缺乏，服务观念的薄弱，故本书编辑主旨，重在养成各个儿童有做良好的团体员的意识，以及改进社会的精神，区区此意，想为国内教育家所赞同"④。1927年，杨贤江调往武汉北伐军总政治部，任《革命军日报》总编。1929年，杨贤江任中共中央文化工作委员会委员，发起组织中国社会科学家联盟，1931年因病逝世。他著有《教育史ABC》《新教育大纲》等，译有《论历史唯物主义》《苏维埃共和国新教育》等。杨贤江编撰的中小学教科书出版信息初步整理如下：

《新法公民教科书（新学制小学后期）》2册，杨贤江编纂，王岫庐、李泽彰、朱经农校订，商务印书馆，1923年初版。

---

① 杨贤江：《新法公民教科书（新学制小学后期第1册）》，商务印书馆1923年初版，封2。

② 同上，第1页。

③ 杨贤江：《新法公民教科书（新学制小学后期第2册）》，商务印书馆1923年7月初版，1923年8月15版，第38页。

④ 同②，封2。

(三十六)楼光来(1895—1960,浙江嵊州人)

楼光来,字石庵,1911年考入清华学堂,1918年毕业后赴美留学,1922年毕业于哈佛大学,获文学硕士学位。楼光来曾任南开大学、国立东南大学、金陵大学、清华大学教授,“国立中央大学”文学院院长、外语系主任,长期从事莎士比亚作品的翻译和研究,被誉为东方莎士比亚权威。1943年,他当选为教育部特聘教授。新中国成立后,他继任南京大学教授、全国人大代表。楼光来校订的中小学教科书出版信息初步整理如下:

《(新课程标准世界中学教本)进步英语读本(初中)》3册,进步英文学社编译所编著,楼光来、队克勳校订,庞亦鹏绘图,进步英文学社,1931年订正13版。

(三十七)陈醉云(1895—1982,浙江嵊州人)

陈醉云9岁时因读《聊斋志异》,开始喜欢课外阅读,对文学充满兴趣。20世纪20年代,他任上海中华书局编辑,校阅教科书,并创作诗歌、小说。20世纪30年代初,与友人组织未央书店,并成为上海儿童刊物《小朋友》的约稿作家之一,后离开上海回嵊县(今嵊州),在县立中学教书。1932年8月—1940年1月,陈醉云与张耀一起编《剡声日报》,并于1939年应同乡汪伪南京国民政府教育部政务次长兼“中央大学”校长樊仲云之邀,在“中央大学”任教。陈醉云著有《游子的梦》《玫瑰》《卖唱者》《春曦中的男女》《小朋友新闻》《儿童农场》等。他的《海滨的秋宵》一文被选入1930年赵景深编的《初中混合国语》第2册。陈醉云校订的中小学教科书出版信息初步整理如下:

《新小学教科书国语读本教授书(高小)》4册,朱麟编,陈醉云、黎锦晖校,中华书局,1924年初版。

(三十八)朱文叔(1895—1966,浙江桐乡人)

朱文叔幼年就读于翔云书院,后入当铺为学徒,主人见他勤奋好学,资助其考入浙江省立第一师范学校,与丰子恺同班同学。1917年,朱文叔毕业后去日本留学。1921—1949年，他在中华书局先后任编辑和教科书编辑部长，参与《辞海》的编撰工作，并在大夏大学附中和东吴大学兼课。1949年，朱文叔任职于华北人民政府教育部教科书编审委员会，后转到中央人民政府出版总署编审局任第四处副处长，1950年12月任人民教育出版社副总编辑。朱文叔到北京之后，与叶圣陶、宋云彬、傅彬然、丁晓先五家合住一个院内。1950年8月，宋云彬、朱文叔、蒋仲仁、杜子劲、马祖武编辑初级中学《语文课本》6册，经叶圣陶校阅，由新华书店出版发行，是中国第一套以“语文”命名的教科书，在其“编辑大意”中写道：“说出来是语言，写出来是文章，文章依据语言，‘语’和‘文’是分不开的。语文教学应该包括听话、说话、阅读、写作四项。因此，这套课本不再用‘国文’或‘国语’的旧名称，改称‘语文课本’。”[①]文字的落款为“中央人民政府出版总署编审局”。从1949年到1964年，朱文叔参与各种小学语文教学大纲和教科书编制，校阅《现代汉语词典》《斯大林全集》等，他的著作《深与浅》一书被吕叔湘誉为“研究汉语辞汇的范例”[②]。朱文叔在新中国成立之前编撰、校订的中小学教科书出版信息初步整理如下：

《新教育教科书历史（高小）》6册，洪鋆、朱文叔编，李廷翰校阅，中华书局，1921年初版。

《新教育教科书修身（高小）》6册，朱文叔等编，董文等校阅，中华书局，1921年初版。

《新教育教科书修身教案（高小）》6册，朱文叔等编，朱文叔等校阅，中华书局，1921年初版。

《新小学教科书地理课本（高小）》4册，朱文叔、郑昶编，陆费逵等校，中华书局，1923年初版。

《新小学教科书公民课本（高小）》4册，朱文叔编，陆费逵等校，中华书局，1923年初版。

《（修正课程标准）新编高小公民课本》4册，张匡编，朱文叔校，中华书局，1937年初版。

《新小学教科书公民课本教授书》4册，朱文叔等编，戴克敦、

---

① 宋云彬、朱文叔、蒋仲仁等：《初级中学语文课本》（第2册），新华书店出版发行，据北京1950年8月版本重印，1950年9月汉口重印，第1页。

② 中国人民政治协商会议浙江省桐乡县委员会文史资料工作委员会：《侗乡文史资料第4辑·桐乡县历史名人史料2》，1986年版，第102页。

张相校，中华书局，1923 年初版。

《新中华教科书国语读本（高小）》4 册，朱文叔编，中华书局，1927 年初版。

《新中华国语读本（高小）》4 册，朱文叔编，新国民图书社，1927 年初版。

《新中华教科书国语读本教授书（高小）》4 册，朱文叔等编，陈棠、张相校，新国民图书社，1928 年初版。

《新中华国语与国文（初中）》6 册，朱文叔编，陈棠校，新国民图书社，1928 年初版。

《（新课程标准）小学国语读本（高小）》4 册，朱文叔、吕伯攸编，孙世庆校，中华书局，1933 年初版。

《（新课程标准）小学国语读本（初小）》8 册，朱文叔等编，陆费逵等校阅，中华书局，1933 年初版。

《（新课程标准）小学国语读本教学法（初小）》8 册，吕伯攸、杨复耀编，朱文叔校，中华书局，1933 年初版。

《（新课程标准）小学国语读本教学法（高小）》4 册，喻守真等编，朱文叔等校，中华书局，1933 年初版。

《（新课程标准）小学公民训练指导书》8 册，赵侣青、钱选青编，舒新城、朱文叔校，中华书局，1933 年初版。

《初中国文读本》6 册，朱文叔编，舒新城、陆费逵校，中华书局，1933 年初版。

《（新课程标准）初中国文读本（普及本）》6 册，朱文叔编，舒新城、陆费逵校，中华书局，1933 年初版。

《（新课程标准）小学公民课本（高小）》4 册，赵侣青等编，舒新城、朱文叔校，中华书局，1933 年初版。

《小学国语读本教学法（初小春季）》8 册，吕伯攸、杨复耀编，朱文叔校，中华书局，1934 年初版。

《（新课程标准）小学国语读本（初小春季）》8 册，朱文叔、吕伯攸编，孙世庆等校，中华书局，1934 年初版。

《（新课程标准）小学国语读本（南洋华侨初小国语科教学）》8 册，朱文叔等编，陆费逵等校，中华书局，1934 年初版。

《（新课程标准）高中国文读本》3 册，刘劲秋、朱文叔编，张文治注，中华书局，1934 年初版。

《（新课程标准）新公民（初小）》8 册，钱选青、潘江编，舒新城、朱文叔校，中华书局，1934 年初版。

《（新课程标准）小学公民课本教学法（高小）》4 册，赵侣青等编，朱文叔、杨复跃校，中华书局，第 2 册 1934 年 8 月初版。

《（新课程标准）小学国语读本（南洋华侨学校高年级）》4 册，朱文叔等编，陆费逵等校，中华书局，1934 年初版。

《（新课程标准）小学国语读本教学法（高小春季）》4 册，喻守真等编，朱文叔等校，中华书局，1935 年初版。

《国语读本（一年短期小学）》4 册，朱文叔编，中华书局，第 1 册 1935 年 12 月 8 版。

《（新课程标准）初中国文读本（增注本）》6 册，朱文叔、宋文翰编，张文治等注，舒新城、陆费逵校，中华书局，第 2 册 1939 年 2 月初版。

《新编初中国文（初级中学精读及教学文章法则）》6 册，宋文翰编，朱文叔校，中华书局，第 1 册 1939 年 7 月 11 版。

《最新南洋华侨小学国语读本教学法》8 册，吕伯攸、杨复耀编，朱文叔校，中华书局，1937 年初版。

《新编初小国语读本教学法》8 册，杨复耀、徐亚倩等编著，朱文叔、吕伯攸校订，中华书局，1937 年初版。

《（修正课程标准适用）新编初小国语读本》8 册，吕伯攸编，朱文叔校，中华书局，第 1 册 1937 年 8 月 19 版。

《（修正课程标准）新编高小公民课本教授法》4 册，张匡编，朱文叔、杨复跃校，中华书局，1937 年初版。

《（修正课程标准）新编初小常识课本》8 册，蒋镜芙等编，金兆梓、朱文叔校，第 1 册 1937 年 8 月 6 版。

（三十九）胡愈之（1896—1986，浙江上虞人）

胡愈之，原名学愚，1904 年入县高等小学，1911 年考入绍兴府中学实科二年级，1912 年转入杭州英语专科学校。1914 年，胡愈之考入上海商务印书馆，任编译所理化部练习生，第二年被提拔为《东方杂志》助理编辑，1918 年为编辑，1921 年任主要编辑，协助郑振铎创办和编辑会刊《文学旬刊》。1922 年，他为上海世界语学会创办世界语刊物《绿光》，1924 年负责编辑出版《东方文库》，1925 年和郑振铎、叶圣陶等创办《公理日报》。在此期间，胡愈之编辑了初级中学《新时代三民主义》3 册，指出“本书所采用的材料，大半采用孙中山先生遗著，虽小半博采众说，用以敷佐，皆取不背党旨。理论正确，可免学者误入歧途。”①并且强调“本书编制，注重现代实际的问题。除上半册偏于理论方面外，从第五章起对于现代帝国主义的实况，各国民族运动的实际情势，叙述特为详备。总之，在使学者不拘泥于理论，随时可取现实的问题，以作印证。”② 1928 年，胡愈之入巴黎大学法学院攻读国际法，研习新闻学，1932 年应聘为《东方杂志》主编，1933 年创建世界语协会，1935 年与沈钧儒、周韬奋等发起上海文化界救国会。1940 年，胡愈之任新加坡《南洋日报》编辑主任，帮助陈嘉庚办《南洋商报》。1947 年，他创办“自学辅导社”。新中国成立后，胡愈之历任《光明日报》总编辑、中央人民政府出版总署署长、中国文字改革委员会副主任、文化部副部长、中国人民外交学会副会长、中国世界语协会理事长、“民盟”中央常委、全国人大常委副秘书长等职。1984 年，胡愈之被选为国际世界语协会荣誉监委，著有《欧战与我国外交》《郁达夫的流亡和失踪》《东北事变之国际观》《抗战与外交》《国际法庭》《新兴国》《新闻事业》《莫斯科印象记》等，译有《图腾主义》《星火》《战争与间谍》《寓言的寓意》《书的故事》《血痕》等。胡愈之编撰的中小学教科书出版信息初步整理如下：

《新时代三民主义教科书(初中)》3 册，胡愈之编辑，王云五校订，商务印书馆，1927 年初版。

(四十)宋云彬(1897—1979，浙江海宁人)

宋云彬是现代著名文学史学者、编辑家、民主人士，1912 年，他入杭州中学，1924 年加入共产党，曾任黄埔军校政治部编纂股长。“四一二政变”后任武汉《民国日报》编辑。20 世纪 30 年代，宋云彬任开明书店编辑，主持编辑校订《辞通》《中学生》杂志。1931 年，宋云彬等编辑《开明活页文选注释》，“为谋教师讲解及学生自修之便利，解释务求详明，引证不厌繁博。于每条注释之下，皆说明出于某书某篇，以便检对。……本书于古地名则注今为何地；人名之见于史传者则注见某史第几卷；年号则注公元若干年；生

①② 胡愈之：《新时代三民主义教科书(第 1 册)》，商务印书馆 1927 年初版，1929 年 85 版，第 1 页。

僻之字，则加注国音字母；译名则附注原文。”[①]1937年，他在郭沫若领导的政治部第三厅工作，与夏衍等人编辑《野草》杂志，1939年撰写《伟大的历史变革时代的本国史教学问题》。抗战胜利后，宋云彬到重庆主编民盟刊物《民主生活》，1949年参加第一届政协会议，任华北人民政府教育部编审委员会委员。新中国成立后，宋云彬任国家出版总署编审局编辑、处长，人民教育出版社编辑、副总编辑。1951年后，宋云彬任浙江省人民政府委员、省文联主席，浙江文史馆馆长，1952年加入中国作家协会，1958年调北京任中华书局编辑，参与点校《二十四史》，并在北京大学古典文献专业任教。宋云彬是全国第一届人大代表，全国第一、二、三、四、五届政协委员，著有论著《东汉之宗教》《王守仁与阳明理学》《明文学史》《中国近百年史》《中国文学史简编》《骨鲠集》《玄奘》《谈水浒传》，杂文集传记《康有为》《玄武门之变》等。新中国成立之前，宋云彬编撰的中小学教科书出版信息初步整理如下：

《开明活页文选注释》，张同光、宋云彬注释，开明书店，1931年初版。

《开明中国历史讲义》上、下册，王钟麒、宋云彬编，开明函授学校，1934年初版。

《（开明中学讲义）开明国文讲义》3册，夏丏尊、叶圣陶、宋云彬、陈望道编，开明书店，1934年初版。

《现代常识课本（华侨小学初级）》8册，宋云彬、孙起孟主编，方与严等编，叶绍钧等校阅，新加坡上海书局，1948年初版。

《现代算数课本（华侨小学初级）》8册，宋云彬、孙起孟主编，方与严等编，叶绍钧等校阅，新加坡上海书局，1948年初版。

《现代算数教学法（华侨小学初级）》8册，宋云彬、孙起孟主编，方与严等编，叶绍钧等校阅，新加坡上海书局，1948年初版。

《现代算数课本（华侨小学高级）》4册，宋云彬、孙起孟主编，新加坡上海书局，1949年初版。

---

① 张同光、宋云彬：《开明活页文选注释（第1册）》，开明书店1931年初版，1933年再版，第1页。

(四十一)戴运轨(1897—1982,浙江奉化人)

戴运轨,字伸甫,著名物理学家,早年就读于奉化龙津小学及锦溪小学,后入文聚堂高等小学。1917年,戴运轨毕业于宁波浙江省立第四中学,同年考取官费留日,就读于东京高等师范学校理化科,1922年毕业后入京都帝国大学物理系深造,1927年回国任国立北平师范大学物理系教授。1932年,戴运轨编辑初级中学用《开明物理学教本》出版,明确强调物理学习与日常生活的密切关系,十分注重科学方法的训练。他指出,"本书于物理学上的重要定律之外,凡和人生有密切关系的事项,近代文明的设备以及日常需要的器具也多包罗收入。遇定律和重要的处所,都在文下加附曲线,使学生不致忽略。本书每述一事理,必从简易的实验或自然现象观察入手,再从其所得结果推出论断或定律,使学生习得自然现象的知识,并领悟研究科学的方法。更列举一二应用实例及日常生活上有兴趣的问题,俾学生对于本节所叙述的事理能自动的运用"①。这套教科书在全国产生了极大的影响,与林语堂编辑的英文教科书、张其昀编辑的地理教科书,被誉为民国中后期最为有名的三大中学教科书(1949年东北新华书店将其改名为《初中临时物理教材》,作为过渡期教科书使用)。1928年,戴运轨任"中央大学"物理系教授,1932年任金陵大学物理系教授。抗战时期,他随着金大西迁成都,1940年至1946年兼任四川大学物理系教授,1941年至1942年兼任成都华西坝空军参谋学校物理系教授。1946年,戴运轨被朱家骅委派到台北接手帝国大学,改为台湾大学,任教务长,后代理校长。同年,他创立台大物理系,任主任,1947年又创建中国第一个原子能核物理研究室,1948年成功进行了中国第一次原子核击破试验。1954—1955年,戴运轨赴美访问研究,任明尼苏达大学及加州大学伯克利分校的名誉研究员及客座研究员。戴运轨著有《普通物理学》《地球物理学在台湾》《大学普通物理学》《八十回忆录》等,译有《核子学概要及其应用》《太空世界》《原子能的和平用途》等。戴运轨编撰的中小学教科书出版信息初步整理如下:

《开明物理学教本(初中)》上、下册,戴运轨编著,开明书店,1932年初版。

《物理学实验教程(高中)》1册,戴运轨编著,钟山书局,1933年初版。

---

① 戴运轨:《开明物理学教本(初中上册)》,开明书店1932年初版,第1页。

《高级中学物理学实验教程》1 册，戴运轨编著，钟山书局，1933 年初版。

《师范学校物理学》上、下册，张开圻编著，戴运轨校订，正中书局，1936 年初版。

(四十二)葛绥成(1897—1978，浙江东阳人)

葛绥成，又名康林，字毅甫，地理学家。1914 年，葛绥成毕业于浙江省立第七师范，并留校工作，另在义乌县教书。1916 年，他考入中华书局当练习生，1918 年任史地部编辑，1932 年任中华书局史地部主任。葛绥成编辑了大量中小学地理教科书，呈现自己的思想观点。例如，他在高级中学普通科使用的《新中华本国地理》中指出，“地理学的性质，牵涉到各科学的地方很多。简单地说，地理学实介在自然科学和社会科学之间，以自然科学为立足点，以社会科学为观察点——关于空间的，既包罗万象，关于时间的，又变幻非常。所以搜罗的材料，不论自然方面或社会方面，都贵新颖而正确，才合新时代的精神。本书对于此点，十分注重，尤其是注意现在急需解决的、和将来可以发展的重要问题。……我国近数十年来，一面受帝国主义者的经济侵略，一面因国内生产还没有发达到相当的程度，致使国民经济濒于绝境。所以国人对于目前切要的民生问题——经济问题，不能不加以彻底的研究。本书对于此点，特加注重。”[①]1931 年，葛绥成在上海组织中华地理学会，为该会主要负责人，主持编辑《地理季刊》，还先后任震旦大学、大夏大学教授。1941 年，他任浙江省立英士大学教授兼地理系主任，1942 年任暨南大学教授。1946 年，葛绥成重返中华书局任地理部主任，1947 年发起创办《地理之友》杂志，为中国最早的地理教学刊物。新中国成立后，葛绥成 1951 年任上海地图联合出版社总编辑，主编《地学季刊》，1956 年任国家地图出版社编审。葛绥成在确立中国现代地名学、地名学理论、地名分类阐述、地名辞书上均有建树，著有《中国近代边疆沿革考》《浙江省地态》《中国地理概况》《世界人生地理》《世界交通地理》《世界文化地理》等，编有《中外地名辞典》、《最新中外地名根置录》、《辞海》地理部分、《最新中外地名辞典》等。葛绥成编撰、校订的中小学教科书出版信息初步整理如下：

---

① 葛绥成：《新中华本国地理》，中华书局 1931 年发行，1934 年 8 版，第 1 页。

《新中华教科书本国地理(初中)》2册,钟毓龙编,李直、葛绥成校,新国民图书社,1928年初版。

《新中华外国地理》1册,杨文洵、葛绥成编,新国民图书社,1930年初版。

《最新本国地图》1册,葛绥成编,中华书局,1930年初版。

《(语体)新中华本国地理(初中)》上、下册,葛绥成、喻璞编,杨文洵校,新国民图书社,1930年初版。

《新中华本国地理(高中)》1册,葛绥成编,新国民图书社,1931年初版。

《新中华语体本国地理详解(初中)》上、下册,葛绥成、喻璞编,新国民图书社,1933年初版。

《(新课程标准)初中本国地理》4册,葛绥成编,金兆梓校,中华书局,1933年初版。

《(新课程标准)初中外国地理》2册,葛绥成编,张相校,中华书局,1934年初版。

《(新课程标准)高中本国地理》上、中、下册,葛绥成编,中华书局,1934年初版。

《(新课程标准)地理(师范、乡村师范)》上、下册,葛绥成编,中华书局,1935年初版。

《(新课程标准)地理(简易师范、简易乡村师范学校)》4册,葛绥成编,中华书局,1936年初版。

《(修正课程标准)初中外国地理》4册,葛绥成、丁绍桓编,张相校,中华书局,1937年初版。

《(修正课程标准)高小地理课本》4册,喻守真编,葛绥成校,中华书局,1938年初版。

《(修正课程标准)初中本国地理》4册,葛绥成编,金兆梓校,中华书局,第1册1937年7月33版。

《(修正课程标准)新编高中本国地理》,上、中、下册,葛绥成编,中华书局,1937年初版。

《(修正课程标准)高小地理课本教学法》4册,喻守真等编,葛绥成校,中华书局,1937年初版。

《(修正课程标准)最新南洋华侨小学地理课本教学法(高小)》4册,韩非木编,葛绥成校,中华书局,1938年初版。

《新制中国地图(小学)》1册,葛绥成编制,中华书局,1939年初版。

《(修正课程标准)初中本国地理参考书》4册,韩非木编,葛绥成校,中华书局,1939年初版。

《中华外国地理(初中)》4册,葛绥成、丁绍桓编,中华书局,1947年初版。

《中华本国地理(初中)》4册,葛绥成编,中华书局,1947年初版。

(四十三)陈希豪(1897—1965,浙江东阳人)

陈希豪毕业于北京中国大学政治经济科。1922年,他加入中国国民党,在青岛市党部从事宣传、组织工作,与中共合作致力于工人运动。1925年,陈希豪去菲律宾参加当地党务工作,1926年回国任国民党中央组织部指导员,继任上海特别市党部指导委员。1927年,他任浙江省政务委员会委员兼工人部部长,不久任浙江省政府委员,同年底奉中央命赴日本调查党务,1928年春返回上海。陈希豪积极致力于党务研究,校订小学党义教科书。1932年,陈希豪奉命考查欧美社会政治工作,著《新社会问题》一书。1935年,陈希豪任中央组织部指导员,1936年任浙江省党部工人部长、浙江省政府委员,1937年任上海特别市党部训练部长,又调任中央训练部秘书,代行部务,嗣充全国政治视察专员。1938年之后,陈希豪任一、二、三届国民参政会参政员,并兼任浙江省训练团教育长,1945年当选为中国国民党第六届中央执行委员,1947年任中央训练团新疆分团教育长。他著有《过去三十五年中之中国国民党》《新社会问题》《新疆史地及社会》《非常时期的经济建设》等。陈希豪校订的中小学教科书出版信息初步整理如下:

《新时代党义教科书(初小)》8册,赵景源编,陈希豪校,商务印书馆,1929年初版。

(四十四)喻守真(1897—1949,浙江萧山人)

喻守真,字璞,号瞻山,又号二梅,1912年毕业于万思庵高等小学,1917年毕业于浙江省立第一中学,返万思庵高小任教。1918年,喻守真赴杭州当家庭教师,1925年考入中华书局,任编辑,编写中小学教科书为主,参编《辞海》,受到朱文叔的器重。1937年,喻守真编辑《(修正课程标准)高小地理课本》4册,供小学高级社会课程教学之用,“本书教材排列,采用分析综合法,于打破‘论理排列’之中,无形中仍给予区域的系统;故以乡村为出发点,次首都,次各省重要地方,次全国概况,最后为世界各国。惟分量上则注重本国。本书叙述山川、气候、都会、物产、交通等,常推究其相互的关系;俾儿童有完整之知识。”[①]抗战爆发后,喻守真曾任上海沪江大学教授,又返杭州在一家钱庄当会计,后患病回故乡休养。他著有《瞻山楼诗文集》16卷、《怀玉馆杂笔》、《中国地理新志》、《文章体制笺注作法》、《古文观止笺谱》等,编有《诗经童话》《孟子童话》《晏子春秋童话》《文章体制》等。喻守真编撰的中小学教科书出版信息初步整理如下:

《新中华国语读本教授书(高小)》4册,方钦照、朱文叔、喻守真编,陈棠、张相校,中华书局,1928年初版。

《(新课程标准)小学国语读本教学法(高小)》4册,喻守真、韩非木编,朱文叔、张相校,中华书局,1933年初版。

《(新课程标准)小学国语读本教学法(高小春季)》4册,喻守真、韩非木编,朱文叔、张相校,中华书局,1935年初版。

《(修正课程标准)高小地理课本》4册,喻守真编,葛绥成校,中华书局,1937年初版。

《(修正课程标准)高小地理课本教学法》4册,喻守真等编,葛绥成校,中华书局,1937年初版。

(四十五)周予同(1898—1981,浙江瑞安人)

周予同,原名周毓懋,学名周蘧,又一学名周豫桐,字予同,笔名天行。著名历史学家,和周谷城齐名,号称“南北二周”。周予同少时就读于晚清经学大师孙诒让创办的蒙学堂,1915年毕业于瑞安中学,1920年毕业于北京高等师范学校国文部。1921年,周予同任商务印书馆编辑和《教育杂志》主编,并在上海大学执教。1923年,周予同等按照全国省教育联合会学程起草委员会所定的初级中学《国语课程纲要》编辑《新学制初级中学教科书国语》6册。“本书所列各文,约分记叙的、写景的、抒情的、说理的、议论的五种,但以记叙文、写景文及抒情文为主,说理文、议论文居少数。本书的编辑,以具有真见解、真感情、真艺术、不违反现代精神,而又适合于学生的

① 喻守真:《(修正课程标准)高小地理课本》(第1册),中华书局1937年初版,第1页。

领受为标准。至于高深的学术文,以非初中学生能力所胜,概不加入。"[①]1932年,周予同任教浙江十中,1933年任安徽大学教授、中文系主任兼文学院院长,《安徽大学》主编。1935年,周予同任暨南大学教授、历史系主任兼南洋研究馆主任、《南洋研究》主编。1943年,他任上海开明书店编辑兼襄理,1945年任复旦大学教授、史地系主任等。新中国成立后,周予同任复旦大学历史系教授兼副教务长。1949年担任华东行政委员会文化教育委员会委员、上海市文史研究馆馆务委员、《辞海》副总主编。1957年,他兼任上海社会科学院研究所副所长,上海史学会副会长,第三届全国人民代表大会代表。周予同著有《中国现代教育史》《群经概论》《中国学校制度》《经今古文学》《汉学师承记》《朱熹》等。周予同编撰、校订的中小学教科书出版信息初步整理如下:

《新法国语教授书(新学制小学后期)》4册,计志中编纂,朱经农、周予同校订,商务印书馆,1923年初版。

《新学制初级中学教科书国语》6册,周予同、吴研因、范详善编辑(第3—6册为顾颉刚、叶绍钧编辑),胡适、王云五、朱经农校订,商务印书馆,1923年初版。

《开明本国史教本(初中)》上下册,周予同著,开明书店,1931年初版。

《新标准初中教本本国史(初中一、二学年)》4册,周予同编,开明书店,1934年初版。

(四十六)朱自清(1898—1948,祖籍浙江绍兴)

朱自清原名自华,号秋实,后改名自清,字佩弦,现代杰出的散文家、诗人、学者、民主战士。朱自清出生于江苏东海县,幼年在私塾读书,1912年进入江苏省立第八中学学习,1916年考入北京大学预科,1920年毕业于北京大学哲学系。毕业后,他应聘为浙江省立第一师范学校国文教师,后回到江苏省立第八中学教授国文、哲学,并任教学主任。1925年8月,朱自清到清华大学任教,研究中国古典文学,1931年留学英国,回国后任清华大学中文系主任。抗战时期,他任西南联大教授,1946年回北京任清华大学中

---

① 周予同、吴研因、范祥善:《新学制初级中学教科书国语》(第1册),商务印书馆1923年初版,1932年14版,第1页。

文系主任。1948 年，朱自清、吕叔湘、叶圣陶合编《开明新编高级国文读本》及《开明文言读本》，本打算各编 6 册，后未完成，只编了前几册。对于编写这两套书的缘由、目的等，他们在《开明新编高级国文读本》指出："白话文言混合教学的办法，是民国十一年编订新学制课程标准的时候开的头，到如今二十多年了，有些人关心这件事情，以为混合教学虽有比较与过渡的好处，也有混淆视听与两俱难精的毛病。二十年来国文教学没有好成绩，混合教学也许是原因之一。他们主张分开来教学，读物要分开来编。我们觉得这个话有道理。这部读本六册就专选白话，另外编一部《开明文言读本》，专选文言。"①他们指出"'高级'就是文章里思想情感的性质和表现说的"②。因为"这部读本里的文篇一般的要比头一部里的复杂些，在了解和欣赏上需要的经验和修养多些。如果头一部的对象是初中的青年，这一部的对象就是高中的青年"③。同时指出这套教科书"还是预备给自修国文的人用。如果教师认为可采，作学生的补充读物，或者径作讲读的材料，都可以"④。由此，"我们编这部读本，第一，希望切合读者的生活与程度。就积极方面说，足以表现现代精神的，与现代生活有关涉的，为现代青年所能了解，所能接受的，才入选。第二，希望读者读了这部读本，自己去读成本的书，所以一部分的材料是从成本的书中节录出来的。自修国文不能单靠一种读本，要多看成本的书才容易见功效。第三，既称读本，文字方面不得不特别注意，所选文篇如有疏漏之处，我们都加上修润的功夫"⑤。朱自清等人在编辑这套教科书时，每篇的后面都分列"篇题""音义""讨论""练习"四栏，解析辅导不厌其详，尤其利于自修或教学。在朱自清等人编的《开明文言读本》则强调："作为一般人的表情达意的工具，文言已经逐渐让位给语体，而且这个转变不久即将完成。因此，现代的青年若是还有学习文言的需要，那就只是因为有时候要阅读文言的书籍：或是为了理解过去的历史，或是为了欣赏过去的文学。写作文言的能力决不会再是一般人所必须具备的了。"⑥由此《开明文言读本》大部分选文都是广义的实用文，而将纯文艺作品的百分比减低。朱自清著有散文集《背影》《你我》，以及《欧游杂记》和《伦敦杂记》等。朱自清编撰的中小学教科书出版信息初步整理如下：

《开明新编高级国文读本》2 册，朱自清、吕叔湘、叶圣陶合编，

---

①②③④⑤ 朱自清、吕叔湘、叶圣陶：《开明新编高级国文读本(第 1 册)》，开明书店 1948 年初版，编辑例言。

⑥ 朱自清、吕叔湘、叶圣陶：《开明文言读本(第 1 册)》，开明书店 1948 年 1 版，编辑例言。

开明书店,1948 年初版。

《开明文言读本》3 册,朱自清、吕叔湘、叶圣陶合编,开明书店,1948 年初版。

(四十七)陈兼善(1898—1988,浙江诸暨人)

陈兼善,字达夫,号得一轩主人。动物学家、鱼类学家、教育家,中国鱼类学的奠基人之一。1917 年,陈兼善毕业于浙江省立第一师范学校,1921 年毕业于北京高等师范博物部。1923 年,他就职于商务印书馆编译所,1925 年任广东大学(后改名为中山大学)动物学系讲师、教授。1931—1934 年,陈兼善在法国巴黎植物园鱼类研究所、英国伦敦大不列颠博物馆鱼类研究室从事研究工作,1934 年开始任广东勷勤大学教授兼博地系主任,1940 年任贵州黔江中学校长。1982 年,陈兼善回国,任上海自然博物馆一级研究员,兼任中国鱼类学会名誉理事长、中国水产学会顾问,1983 年任全国第六届政协委员。陈兼善编著《台湾脊椎动物志》《普通动物学》《英汉动物学辞典》,著有《(万有文库)气候与文化》《(百科小丛书第七十五种)胎教》《(地理学丛书)古地理学》,编有《(中华文库初中第一集)进化论浅说》《(常识丛书第二十种)遗传学浅说》,与费鸿年合著《(新中学文库)鱼类学》等。陈兼善编撰的中小学教科书出版信息初步整理如下:

《新中华生物学(高级中学)》1 册,陈兼善编,新国民图书社,1932 年发行。

《新撰初级中学教科书动物学》1 册,陈兼善编辑,商务印书馆,1925 年初版。

《(新课程标准适用)高中生物学》1 册,陈兼善编,中华书局,1934 年初版。

《(修正课程标准适用)高中生物学》2 册,陈兼善、华汝成编,中华书局,1937 年初版。

(四十八)傅彬然(1899—1978,浙江萧山人)

傅彬然,笔名彬然、秉仁、逸文等,当代教育家、编辑出版家。1916 年,傅彬然考入浙江省立第一师范学校,夏丏尊任国文教师,李叔同任图画和音乐教师。五四时期,他与夏衍等一起成立浙江新潮社,创办《浙江新潮》

月刊。毕业后在绍兴、杭州、萧山等地任教，1927 年担任萧山县立小学校长，1928 年任教于上海劳动大学附小。1931 年，傅彬然经夏丏尊介绍入开明书店任编辑，抗战后在桂林两江师范任教。1934 年，傅彬然遵照教育部颁布的小学社会课程标准，编辑小学高年级学生用《开明社会课本》4 册，这套教科书“编制尽量以问题为中心，采用大单元组织法，各单元间也互有联络，力求适应学习心理。……本书于每课本文前冠以‘学习范围’和‘学习纲要’两栏。‘学习范围’栏条举本课教材纲领，指示儿童学习范围，借以确定儿童的学习心向；‘学习纲要’栏为具体地指导儿童自动学习本课程教材而设，内容注重各种作业，引导儿童从‘做’中去‘学’。”[①]1941 年，傅彬然继胡愈之担任桂林文化供应社编辑部主任，兼任《中学生(战时半月刊)》编辑。1943 年，他回到开明书店，1944 年随开明书店总店迁往重庆，1949 年担任华北人民政府教科书编审委员会委员。在北京召开的新政治协商会议筹备会上，毛泽东接见他时称他为“作家”，傅彬然则谦逊地回答：“不敢当，我不能算什么作家，至于说算半个教育家倒还可以。”[②]新中国成立后，傅彬然先后担任出版总署编审局四处处长、图书期刊司副司长、文化部出版局副局长等职，1958 年起担任任中华书局副总经理兼副总编辑。他是第三届全国人大代表，第二、三、五届全国政协委员，中国民主促进会第四、五届中央委员。傅彬然著有《励志集》《学习心理之话》等。傅彬然编撰、校订的中小学教科书出版信息初步整理如下：

《开明师范学校教本小学教学法(中学师范科教学及研究小学教育者)》1 册，傅彬然，开明书店，1931 年初版。

《开明常识课本(初小)》8 册，傅彬然编，都冰如绘，开明书店，1932 年初版。

《开明常识课本教学法(初小)》8 册，傅彬然编，开明书店，1932 年初版。

《小学各科教学法(简易师范学校、乡村师范学校、县立师范学校、师范讲习所等，供小学教师之参考)》1 册，傅彬然著，大华书局，1933 年初版。

《(新课程标准)开明社会课本(高小)》4 册，傅彬然编，沈振黄绘图，开明书店，1934 年初版。

---

① 傅彬然：《开明社会课本(高小第 1 册)》，开明书店 1934 年初版，封 3。

② 陈志根、朱淼水：《历史名人与萧山》，当代中国出版社 1993 年版，第 139 页。

《开明社会课本教学法(高小)》,4 册,傅彬然等编,开明书店,1934 年初版。

《开明常识课本(初小春季)》8 册,傅彬然编纂、丰子恺绘画,开明书店,1935 年初版。

《开明本国地理讲义(开明中学讲义)》1 册,韦息予、傅彬然合编,开明书店,1935 年初版。

《(修正课程标准)初中外国历史教本》上册,傅彬然编著,开明书店,1937 年初版。

《(修正课程标准)初中本国地理教本》4 册,傅彬然编,开明书店,第 1 册 1937 年再版。

(四十九)陆高谊(1899—1984,浙江绍兴人)

陆高谊于 1924 年毕业于杭州之江大学文学系,曾任盐城淮海中学教务主任、河南第一女子师范校长、河南中山大学教务主任、杭州之江大学教务处长兼中学部主任(后为附中校长)。1933 年,陆高谊进入世界书局,1934 年 8 月至 1945 年 9 月任总经理。1938 年,陆高谊主编"中学活用课本"一套,适用于补习学校、职业学校、短期中学。他专门撰写有"中学活用课本编辑旨趣",指出,"余自读书,而教书,而编书,对于历来教科书之编制,皆觉不能满意。因此,拟编辑一部'有教科书之长,而无教科书之呆板'之活用课本,计划久矣。抗战以来,各地学校停办甚多。为谋学生之出路计,于是补习学校,职业学校,短期中学等特种学校,皆应运而生。同时用书问题,亦随之而发生。夷考各地学校,学级相同,而学生程度并不一致者,比比皆是,加以各校所采用之教科书,各种版本,至为复杂;而补习学校等,学级较少,时期又短,今欲选择一种课本,能使程度参差之学生适用,实非容易。况补习学校等学生,尚有一部分系职业青年,其目的在短时期内,学得实用技能,此外无暇他求。然则正式中学之教科书,皆根据承平时代之情形而编制,初中三年,高中三年,迂迴重复,缓不济急,其不适用也明甚。至若自编讲义,或采用数种参考书合并为一种,勉强应用,则人力物力,两不经济,又不合非常时期之处境,亦往往废然而罢。因此,凡办理此项特种学校者,莫不感有选择课本之困难也"[①]。抗战时期,陆高谊还与郑振铎等主编《大时代文艺丛书》。1948 年,他加入中国民主促进会。新中国

① 朱翊新:《本国史纲》,世界书局 1938 年初版,第 1 页。

成立后，陆高谊历任中华书局业务管理委员会委员、海外部主任，主编有《作文自学辅导丛书》一套、《世界名人传记》一套、《青年成功丛书》一套等，著有《假名汉字日华两用辞典》等，曾参与影印出版《十三经注疏》《册府元龟》《永乐大典》《文苑英华》等古籍。陆高谊主编的“中学活用课本”出版信息初步整理如下：

《简明热光声学（中学活用课本）》1册，姚幼蕃编著，陆高谊主编，世界书局，1938年初版。

《简明力学（中学活用课本）》1册，姚幼蕃编著，陆高谊主编，世界书局，1938年初版。

《模范国文（中学活用课本）》1册，朱公振编，陆高谊主编，世界书局，1938年初版。

《本国史纲（中学活用课本）》1册，朱翊新编著，陆高谊主编，世界书局，1938年初版。

《外国史纲（中学活用课本）》1册，朱翊新编著，陆高谊主编，世界书局，1938年初版。

《化学纲要（中学活用课本）》1册，汪向荣编著，陆高谊主编，世界书局，1939年初版。

《应用数学（中学活用课本）》上、下册，姚幼蕃编著，陆高谊主编，世界书局，1939年初版。

《实验珠算（中学活用课本）》上、下册，王善彰编著，陆高谊主编，世界书局，1939年3月2版。

《生活地理（中学活用课本）》1册，董文编著，陆高谊主编，世界书局，1939年初版。

《活用英文（中学活用课本）》1册，詹文浒编，陆高谊主编，世界书局，1939年初版。

《基本国文（中学活用课本）》1册，朱公振编，陆高谊主编，世界书局，1939年初版。

《基本国语（中学活用课本）》1册，朱公振编，陆高谊主编，世界书局，1940年初版。

《基本数学（中学活用课本）》1册，骆师曾编著，陆高谊主编，世界书局，1940年初版。

《现代实用化学（中学活用课本）》1册，龚昂云编著，陆高谊主编，世界书局，1944年5月3版。

《初级物理学纲要(中学活用课本)》,杨士文编著,世界书局,1947 年初版。

(五十)林汉达(1900—1979,浙江宁波人)

林汉达,笔名林迭夫、林涛等,1914 年入读上虞崇仁小学,1915 年转学入读宁波崇信中学高小班,毕业后任观城约翰小学助教。1917 年,林汉达入读崇信中学,毕业后在上虞、宁波任教,1921 年考入杭州之江大学,获全国大学生英语比赛第一名。1924 年,林汉达毕业后任宁波四明中学英文教员,1928 年以后任上海世界书局英文编辑、主任,出版部主任。当时,世界书局看见开明书店推出林语堂编写的开明英文教科书非常畅销,就要林汉达也迅速编一套中学英语教科书。1930 年 2 月,林汉达编的《标准英语读本》由世界书局推出,世界书局在多家大报打出广告,后被开明书店认为有抄袭之嫌,最终引发了一场著名的教科书官司。林汉达有着中学教学的实践经验,编辑的教科书也有自己的特点。例如,他在 1930 年编辑的《英语文法 ABC》中强调,"全书用归纳法编著,每课务使读者明瞭实句实例而后下定义,实为文法书中之破例创作"[①]。林汉达编写的英语教科书一直使用到 20 世纪 50 年代初期,如《高中标准英语读本(1951 年新编本)》《高中英语读本》(时代出版社 1955 年出版)。1937 年,林汉达赴美国留学,考入科罗拉多州立大学研究生院民众教育系,获得硕士学位,回国后任上海之江大学英语教授,教育系主任、教务长、教育学院院长。1945 年底,林汉达与马叙伦等共同发起成立中国民主促进会,为常务理事,1946 年赴东北解放区,次年任辽北教育厅厅长,兼辽北学院副院长。1949 年,林汉达任燕京大学教授、教务长,讲授教育学、新文学等课程。新中国成立后,林汉达于 1951 年任教育部社会教育司司长,兼中央扫盲委员会副主任,1954 年任教育部副部长,兼《中国语文》杂志总编辑,中国文字改革委员会委员,中国民主促进会中央委员会副主席。他曾任全国人民代表大会第一、二、三届代表,编著有《向传统教育挑战》《西洋教育史》《英文翻译原则方法实例》《写话求解两用字典》《新文字手册》《上下五千年》等。林汉达编撰的中小学教科书出版信息初步整理如下:

《(新课程标准世界中学教本)标准英语读本(初中)》3 册,林

① 林汉达:《英文文法 ABC》,世界书局 1930 年初版,1946 年新 30 版,第 1 页。

汉达编著、庞亦鹏绘图，世界书局，1930年初版。

《英语文法ABC》上、下册，林汉达编著，世界书局，1930年初版。

《(新课程标准世界中学教本)高中英语读本》3册，林汉达编著，世界书局，1935年修正本1版。

《(按修正课程标准新编)初中新英语》3册，林汉达编著、庞亦鹏绘图，世界书局，1937年改编。

(五十一)章克标(1900—2007,浙江海宁人)

章克标，字恺熙，别名章建之，笔名岂凡、许竹园、杨天南、杨恺、辛古木，著名杂文家、小说家、翻译家。1918年，章克标毕业于嘉兴浙江省立第二中学，1919年官费赴日留学，考入日本京都帝国大学，攻读数学。1925年，章克标回国后，任浙江省立六中、二中，杭州工业专门学校、上海立达学园及国立上海暨南大学教员。1926年他在上海与胡愈之、丰子恺、叶圣陶等人共同轮值主编《一般》月刊，同时与滕固、方光焘等人创办我国新文学早期著名社团之一的狮吼社。1928年，章克标与邵洵美合编《金屋》月刊，并进入开明书店编辑中学数学教科书。1929年，章克标、周为群、刘薰宇、仲光然联合编写“开明算学教本”，有算术、代数、三角、几何四种。他们在“序”中指出，“我们都教过算学，现在也还是在教算学，教算学的生涯多则八九年，少的也有三五年了；对于现在各家所出的教科书也大概都采用过，试教过；也就因此感着不少困难过，我们分毫不愿非难那些教科书的编辑者，校订者的粗疏，不亲切，和一切的缺点；因为我们知道他们大多数不会实地教授过，他们不知道教室中的困难和书本上的困难是另一种的东西。就是他们在算理上的错误简陋，我们也不想加以指摘；因为要构成一本完全无缺的教科书，原是不容易的。但是我们实地做算学教师的人，总想要有一本比较好的教科书，使容易教、容易学，而且可以收巨大的效率。……我们协商开手自编一部教科书，于是成功了这一套书……本书在未付印时，曾由编者在立达学园及上海中学审慎地试验”①。1932年至1935年，章克标任上海时代图书印刷出版公司总编辑兼代经理，与林语堂、邵洵美等人创办《论语》半月刊。1937年抗战爆发，他逃难至上海，1939年冬入“中

① 周为群、刘薰宇、章克标、仲光然：《(开明算学教本)算术(上)》，开明书店1934年版，第1页。

华日报社”，翻译日文资料，第二年在南京伪政府任宣传部科长，担任《南京新报》（后改为《民国日报》）主笔，后赴杭州任《浙江日报》总编辑，旋兼代理社长至1944年底，1945年退隐。章克标著有《文学入门》《风凉话》《文坛登龙术》《一个人的结婚》等，编译有《谷崎润一郎集》《现代日本小说选集》、《开明文学辞典》等。章克标编撰的中小学教科书出版信息初步整理如下：

《（开明算学教本）算术（初中）》上、下册，周为群、刘薰宇、章克标、仲光然合编，开明书店，1929年初版。

《（开明算学教本）代数（初中）》上、下册，周为群、刘薰宇、章克标、仲光然合编，开明书店，1929年初版。

《（开明算学教本）三角（初中）》上、下册，周为群、刘薰宇、章克标、仲光然合编，开明书店，1929年初版。

《（开明算学教本）几何（初中）》上、下册，周为群、刘薰宇、章克标、仲光然合编，开明书店，1929年初版。

《（开明中学讲义）开明几何讲义（初中）》1册，章克标、刘薰宇编著，开明函授学校，1935年初版。

《（修正课程标准）开明几何教本（初中）》上、下册，章克标编著，开明书店，1937年初版。

（五十二）贾祖璋（1901—1988，浙江海宁人）

贾祖璋，现代科学文艺作家。1910年，他入黄湾初等学堂，1912年入袁花进第三高等小学，1915年考入杭州浙江省立第一师范学校，师从李叔同、夏丏尊、陈望道等，1920年毕业后在海宁县立第四高等小学任教。1924年考入上海商务印书馆仪器标本实习所学习，做标本模型检定员，刻苦攻读生物学并自修英语、日语。1930年，贾祖璋转到编译所博物生理部当编辑，1932年任开明书店编辑，编辑中小学自然类教科书，特别注重对知识的综合归纳与分析比较，以期进行合理建构。他在《（修正课程标准）初中动物学教本》中强调，“本书编辑采用归纳法：先详述每纲或每目代表动物的形态、生理、生态及与人的关系，次略述其重要同类的形性，然后举列目、纲、门的特征和适应现象，而殿以分类简表。”[①]在《（修正课程标准）初中植

① 贾祖璋：《（修正课程标准）初中动物学教本（上册）》，开明书店1936年初版，1947年16版，第1页。

物学教本》时也强调,“本书编辑方法是:先总论高等植物的形态和生态,次依照植物进化的顺序,从下等的至高等的,分别叙述各种重要植物的形态和生态,最后以论述全植物界的生态现象作结”①。教科书中每节和每章的作业都包括观察、实验、采集、记载、绘图、推理等项,“尤注意于综合的归纳和分析的比较,借以养成学习者研究的能力和兴趣。”② 1936 年,贾祖璋任《中学生》编辑,1939 年由同学傅彬然介绍任广西桂林师范教员。1941 年至 1945 年,贾祖璋任浙江省立温州中学教员,1945 年到福建崇安开明书店东南编译所任职,后回到上海。1950 年,他随开明书店迁至北京,主编《进步青年》杂志,担任中国青年出版社编辑室主任、副总编辑,1958 年至 1973 年任科学普及出版社副总编辑,1979 年当选为中国科普创作协会副理事长,同时担任中国民主促进会中央委员和中央直属福建省支部主任委员,曾任福建省政协第四、第五届常务委员。贾祖璋著有《鸟类研究》《普通鸟类》《动物珍话》《鸟与文学》《生物素描》等,编译《动植物研究法》《世界禽鸟物语》《法布尔昆虫之谜》《动物珍话》等,科普作品《花儿为什么这样红》《南州六月荔枝丹》《蝉》等入选语文教科书。贾祖璋编撰的中小学教科书出版信息初步整理如下:

《开明自然课本教学法(高小)》2 册,贾祖璋、唐锡光、章嘉禾编,开明书店,1934 年初版。

《开明自然课本教学法(高小)》4 册,贾祖璋等编,开明书店,1934 年初版。

《(修正课程标准)初中动物学教本》上、下册,贾祖璋编,开明书店,1936 年初版。

《(修正课程标准)初中植物学教本》上、下册,贾祖璋编著,开明书店,1937 年初版。

《开明新编初中博物教本(初中)》3 册,贾祖璋编,开明书店,1945 年初版。

《初中博物纲要》1 册,贾祖璋编,开明书店,1947 年初版。

《开明新编高级生物(高中)》1 册,贾祖璋编,开明书店,1948 年初版。

---

①② 贾祖璋:《(修正课程标准)初中植物学教本(上册)》,开明书店 1937 年初版,1947 年 14 版,第 1 页。

（五十三）赵景深（1902—1985，浙江丽水人）

赵景深，曾名旭初，笔名邹啸，中国戏剧研究家、文学史家、教育家、作家。1920年，赵景深考入天津棉业专门学校，1922年秋任《新民意报》文学副刊编辑，并任文学团体绿波社社长。1925年，赵景深任上海大学教授，1927年任开明书店编辑，1930年起任复旦大学中文系教授，同时兼任北新书局总编辑。1932年，赵景深依照新课程标准编辑《初中混合国语》6册，“本书尤注重文法与作文法，依照部定下列两项规定编辑，实为一次之创举：‘语法文法及文章作法所范例，须与精读文联络比较，使学生获得充分的练习与理解’‘应注重语体文法与文言文法之比较级各种体制之异同。’此外文语百分比以及文体分量，亦均遵章配合。”[①]新中国成立后，赵景深曾任中国古代戏曲研究会会长，中国俗文学学会名誉主席，中国民间文学研究会上海分会主席等。赵景深专著《中国文学小史》《弹词考》《明清曲谈》《元明南戏考略》《曲论初探》《小说论丛》《中国小说丛考》《民间文学丛谈》，古籍整理《三侠五义》等，著有小说集《栀子花球》，散文集《文人剪影》，诗集《荷花》，古典文学《元人戏剧钩沉》《明清传奇》，编有《童话评论》《欧美作家》等。赵景深编撰的中小学教科书出版信息初步整理如下：

《初中混合国语教科书》6册，赵景深编辑，北新书局，1930年。

《北新文选》20册，赵景深、姜亮夫选注，北新书局，1931年初版。

《高小国语读本教学法》4册，赵景深等编辑，青光书局，1933年初版。

《高中混合国文》6册，赵景深编，北新书局，1935年初版。

《高中国文复习指导》，赵景深、谭正璧编，现代教育研究社，1941年2月2版。

（五十四）盛叙功（1902—1990，浙江金华人）

盛叙功1923年毕业于北京高等师范史地部，1928留学日本研究经济地理，1929年回国后历任暨南大学、上海法学院教授、北京师范大学地理系

---

① 赵景深：《初中混合国语教科书》第1册，北新书局1930年初版，1932年10版，第1页。

教授、西南师范学院史地系主任、西亚研究所所长。1934 年，盛叙功按照新课程标准编辑《高中外国地理》，供高中第四、第五两学期用，注重随着战时变化而内容调整。"人地相互关系，随时代而变迁，世界现状的形成，实含有时代背景，故地理学虽系研究空间性的科学，对于时代上的关系，自不能不顾及；欧战以还，世界各国疆域、政治、经济、社会状况等变迁尤著，本书对于一国或一地方于必要时，常就其历史的背景，及其现状的形成，作简明的分析，期使学者瞭然于世界的大势，和我国在国际上的地位。"①新中国成立后，盛叙功曾任全国经济地理科学与教学研究会顾问。他著有《农业地理》《西洋地理学史》《中国人生地理》（上、下册）等。盛叙功编撰的中小学教科书出版信息初步整理如下：

《（新课程标准）高中外国地理》上、下册，盛叙功、丁绍桓编，中华书局，1934 年初版。

《（修正课程标准）高中外国地理》上、下册，盛叙功、丁绍桓编，中华书局，1937 年初版。

（五十五）都冰如（1903—1987，浙江海宁人）

都冰如，名都能，别署九五客，现代装饰美术家。1924 年，都冰如入杭州艺术大学，1925 年改入上海美术专科师范，绘制《刺绣图案》和《十字图案》，由商务印书馆出版。1927 年考入商务印书馆，先后从事书籍装帧和广告设计。在为商务印书馆设计刊载于《申报》的广告中，率先运用图案字，且一日一变，别开生面。1931 年，为上海中华书局出版的《小学生丛书》第一至三十册，承担了所有的插图和封面画创作任务。抗战后，都冰如随馆迁至香港，任《广方画报》《健与力》等刊美术编辑。1942 年迁重庆，任教于国立劳作师范，课余从事创作。抗战胜利后，都冰如任教于上海市北中学。新中国成立后，他曾任中国美协会员、上海文史馆馆员，编绘有《实用图案》等。都冰如绘图的中小学教科书出版信息初步整理如下：

《开明常识课本（初小）》8 册，傅彬然编，都冰如绘图，开明书店，1932 年初版。

---

① 盛叙功：《（新课程标准）高中外国地理（上册）》，中华书局 1934 年发行，1935 年 8 版，第 1 页。

《开明算数课本(初小)》8 册,刘薰宇编,都冰如绘图,开明书店,1932 年初版。

(五十六)陶百川(1903—2002,浙江绍兴人)

陶百川 1926 年毕业于上海法科大学及南方大学,获法学学士及文学学士学位。他先后在安徽省立法政专门学校、复旦大学、暨南大学、"中央大学"任教,1931 年任北京大学教授。1930 年,陶百川编著有《初中党义教本》和《高中党义教本》,均经蔡元培校订。"全书之注意,在于说明三民主义之理论与实际——说明理论,使知三民主义之博大精深;说明实际,使知三民主义之切实可行。故本书编制,无形中分为两部:理论之部与实际之部。第一册说明三民主义之涵义,第二册阐扬三民主义之特性,皆为理论之部;第三册应用三民主义之原理原则以解释现象或解决问题,则为实际之部。"[①]1934 年,陶百川赴美国哈佛大学进修政治及法律,1937 年回国后任国民党上海党部常务委员,上海警备司令,后投身国民党文宣事业,任上海英文《大陆报》《民国日报》编辑,北平《晨报》主笔,国民党中央宣传委员,《中央周刊》社长。1942 年,陶百川任蒋介石侍从秘书、兼"中央日报"社长,1938 年至 1948 年任第一届至第四届国民参政会参政员,1948 年任"监察院"监察员。他著有《中国劳动法之理论与实际》《比较监察制度》《监察制度新发展》《台湾怎样能更好》等。陶百川编撰的中小学教科书出版信息初步整理如下:

《初中党义教本》6 册,陶百川编著,蔡元培校订,大东书局,1930 年初版。

《高中党义教本》3 册,陶百川编著,蔡元培校订,大东书局,第 2 册 1932 年再版。

《(新课程标准)新生活初中教科书公民》6 册,陶百川主编,王新命、姜文宝、金志骞编辑,大东书局,第 1 册 1933 年 11 月 3 版。

《(新修正标准)初中公民》6 册,陶百川主编,陶广川、姜文宝、徐竹虚编辑,吴开先校订,大东书局,1936 年初版。

---

① 陶百川:《高中党义教本》第 2 册,大东书局 1932 年再版,第 1 页。

(五十七)孙正容(1908—1985,浙江瑞安人)

孙正容原名庆加,历史学家,1926年毕业于浙江省立第十中学,考入南京国立东南大学(后改为“中央大学”)史学系,受业于柳诒征、陈汉章、雷海宗、吴梅、汪辟疆、陈训慈诸师门下,开始发表研究论文。1931年,孙正容提前毕业后,任教于浙江省立第五中学,1933年,任教于浙江省立杭州高级中学,1938年后在省立临中和省立联高任教,1940年兼任国立浙江大学龙泉分校讲师。1941—1942年,孙正容先后任临中三部主任、浙东第一联中校长。1943年,他应国立中正大学校长胡先骕之邀被聘为该校文史系副教授,1945年应国立暨南大学校长何炳松之邀被聘为历史系教授,1946年受聘为国立英士大学历史教授。1948年,孙正容因病回乡任瑞安中学教师。孙正容依据“教育部”颁布修正高级中学历史课程标准“及参酌本人数年来教学经验”[①]编著有《高中新本国史》上册,强调“教科书最忌绪繁文赅,教者欲每事剖析,则苦于时间不敷;若躐等以进,则学者又不尽了解。故本书于次要史实,宁加割弃;而叙及之事,则不厌其详,使教者学者皆易下手”[②]。为了便于学习,“本书于叙述中应注意处,书眉均列有提要,既可使学者知所轻重,同时又便于检阅。至目录中每节下所列之小标题,仅示本节之结构,不必与书眉提要尽同”[③]。新中国成立后,孙正容曾任浙江师范大学历史系主任、校古籍整理研究室主任、校学术委员会委员,著有《新明记》《朱元璋系年要录》等。孙正容编撰的中小学教科书出版信息初步整理如下:

《(新课程标准世界中学教本)高中新本国史(高级中学)》3册,上册孙正容编著,中册王芸莊编著,下册编著者不祥,世界书局,上册1947年7版。

(五十八)沈振黄(1912—1944,浙江嘉兴人)

沈振黄,原名沈耀中,画家。他幼年在嘉兴东栅镇读小学,1927—1929年就读于上海中法学堂,1930年中学考入上海中法工学院铁路工程专业。1933年,沈振黄入上海开明书店任美术编辑,曾先后为《新少年》《新生》《世界知识》《大众生活》等杂志创作了大量的插图、时事漫画、“题饰”和政治地

---

①②③ 孙正容:《(新课程标准世界中学教本)高中新本国史(上册)》,世界书局1947年7版,编辑例言。

图，1935 年转入邹韬奋主编的《生活周刊》编辑部工作，同年与金仲华合作首创《国际政治参考地图》。1937 年抗日战争爆发后，沈振黄积极投身于战地服务队，转辗于江、浙、赣、鄂、粤、桂等省，用漫画、木刻画、小画报等多种形式进行抗日宣传活动。沈振黄绘图的中小学教科书出版信息初步整理如下：

《（新课程标准）开明社会课本（高小）》4 册，傅彬然编纂；沈振黄绘图，开明书店，1934 年初版。

（五十九）任美锷（1913—2008，浙江宁波人）

任美锷，地理学家，曾获海岸科学奖。1934 年，任美锷毕业于"中央大学"地理系，1939 年获英国格拉斯哥大学博士学位，历任浙江大学、复旦大学、前"中央大学"、南京大学教授、地理系系主任等职。1941 年，任美锷遵照 1940 年教育部公布的修正课程标准编辑《初级中学地理》6 册，征选为教育部编教科书。"全书先为乡土地理，继为各部地理。……遵照总裁训示就地理教育激发学生良知与热忱，以养成其保卫祖国之志愿，而坚定其对于民族生存发展之自信心。"①新中国成立后，任美锷曾任中国科学院南京地理研究所所长、国际海洋地质委员会委员、国际海事组织（IMO）与国际原子能委员会深海抛弃放射性废料专家委员会委员等学术兼职。1980 年，任美锷被选为中国科学院院士，1986 年获英国皇家地理学会维多利亚奖，1986—1987 年被聘为美国 Fulbright 基金访美教授，任该校海岸与海岛开发国家实验室学术委员会名誉主席、大地海洋科学系教授、名誉系主任，国际第四纪研究委员会荣誉委员，中国地理学会名誉理事长、中国海洋学会名誉理事长等职。他著有《建设地理新论》《自然风景与地质构造》《中国自然地理纲要》等，译有《人地学原理》等。任美锷编撰、校订的中小学教科书出版信息初步整理如下：

《本国地理》上、下册，张其昀、任美锷合编，钟山书局，1934 年初版。

《高级小学地理》4 册，"国立编译馆"主编，王毓梅等编辑，任美锷等校阅，中华书局，1937 年第 1 次修订本。

---

① 任美锷：《初级中学地理》（第 1 册），"国立编译馆"1946 年版，第 1 页。

《初级中学地理》6册，任美锷编辑，章高炜绘图，教育部征选，教科用书编辑委员会、开明书店、正中书局应选，"国立编译馆"，第1册1946年重庆白报纸第1版。

(六十)沈鼎三(1910—1980，浙江海宁人)

沈鼎三早年就读于长安仰山小学，后在愚移中学读书，1932毕业于浙江大学，获化学工程学士学位。他毕业后任教于广西省立第二女子中学、桂林高级中学、江苏省立高级应用化学职业学校、上海中学、健行大学等。抗战军兴，他转而从事染料工业。1938年，沈鼎三遵照教育部颁布的修正初级中学化学课程标准编辑《开明化学新教本》，指出"本书每叙一事理，必以日常生活上习见之事物为出发点，然后循序渐进，并以简单的实验，导出结论"[①]。并强调，"值此抗战建国之日，化学与国防的关系，为每一国民应具的常识，本书对此，特加注意。凡本国物质资源的储量产地，各种化学物品在国防上的用途，以及军用毒气的性能和防御法等，都经择要插入"[②]。新中国成立后，沈鼎三长期从事染料生产的研究工作，历任上海中国染料工业公司生产部经理和中心试验室副主任、上海化工研究院第五研究室和染料研究室副主任、上海染料涂料研究所副主任、技术顾问兼情报室主任。1952年，他加入中国民主建国会，并曾当选中国染料学会理事和上海化工学会理事。1978年，他因研究国外最新型活性染料有重大发现，受到化工界重视。他编有《化学初步》等。沈鼎三编撰、校订的中小学教科书出版信息初步整理如下：

《开明化学新教本(初中)》上下册，沈鼎三编，开明书店，1938年初版。

---

①② 沈鼎三：《开明化学新教本(初中上册)》，开明书店1938年版，第1页。

参考文献

［1］中华民国教育部.中华民国教育新法令:第1册［M］.上海:商务印书馆,1912.

［2］中华民国教育部总务厅文书科.中华民国第四次教育统计图表(1915)［Z］.//王笛.《清末近代学堂和学生数》.开封:史学月刊杂志编辑部,1986(2).

［3］胡贻谷.谢庐隐先生传略［M］.上海:青年协会书报部,1917.

［4］中华民国教育部总务厅文书科.教育法规汇编［M］.北京:教育部总务厅文书科,1919.

［5］舒新城.近代中国教育史料:补编［M］.上海:中华书局,1928.

［6］舒新城.近代中国教育思想史［M］.上海:中华书局,1928.

［7］舒新城.中国近代教育史资料:上册［M］.上海:中华书局,1932.

［8］中华民国教育部.第一次中国教育年鉴［M］.上海:开明书店,1934.

［9］"国立编译馆"."国立编译馆"一览［M］.南京:"国立编译馆",1934.

［10］中国基督教青年会全国协会.中华基督教青年会五十周年纪念册(1885—1935)［M］.上海:青年协会书局,1935.

［11］中华民国教育部.教育法令汇编:第1辑［M］.再版.上海:商务印书馆,1936.

［12］中华民国教育部.教育法令汇编:第4辑［M］.5版.南京:正中书局,1939.

［13］中华民国教育部.教育部指令:1943—09—17［B］.南京:中国第二历史档案馆(5—1299—36).

［14］中华民国教育部.教育部司函:1944—02—17［B］.南京:中国第二历史档案馆(5—1300—10).

［15］中华民国教育部.教育部电:1944—01—15［B］.南京:中国第二历史档案馆(5—1300—5).

[16] 中华民国教育部教育年鉴编纂委员会.第二次中国教育年鉴:第1编[M].上海:商务印书馆,1948.

[17] 张元济.涵芬楼烬余书录[M].上海:商务印书馆,1951.

[18] 张静庐.中国近代出版史料:初编[M].上海:群联出版社,1953.

[19] 张静庐.中国近代出版史料补编:插页[M].北京:中华书局,1957.

[20] 张静庐.中国现代出版史料[M].上海:中华书局,1959.

[21] 舒新城.中国近代教育史资料:中册[M].北京:人民教育出版社,1961.

[22] 舒新城.中国近代教育史资料:下册[M].北京:人民教育出版社,1961.

[23] 钱宝琮.中国数学史[M].北京:科学出版社,1964.

[24] 王云五.岫庐论教育[M].台北:台湾商务印书馆,1965.

[25] 沈云龙.近代中国史料丛书刊续编:第70辑[M].台北:文海出版社,1966.

[26] 丁致聘.中国近七十年来教育记事[M].台北:台湾商务印书馆,1970.

[27] 张正藩.华侨教育综论[M].台北:台湾商务印书馆,1970.

[28] 包天笑.钏影楼回忆录[M].香港:大华出版社,1971.

[29] 王云五.革新时代教学思想[M].台北:台湾商务印书馆,1971.

[30] 王聿均,孙斌.朱家骅先生言论集[M].台北:"中央研究院"近代史研究所出版,1977.

[31] 商务印书馆.商务印书馆图书目录:1897—1949[M].北京:商务印书馆,1981.

[32] 冯自由.革命逸史初集[M].北京:中华书局,1981.

[33] 张元济.张元济书札[M].北京:商务印书馆,1981.

[34] 茅盾.我走过的路[M].北京:人民文学出版社,1981.

[35] 罗家伦.逝者如斯集[M].台北:传记文学出版社,1981.

[36] 上海市出版工作者协会《出版史料》编辑组.出版史料:第1辑[M].上海:学林出版社,1982.

[37] 朱有瓛.中国近代学制史料:第1辑上册[M].上海:华东师大出版社,1983.

[38] 华东师范大学教育系教科所.中国现代教育史[M].上海:华东师范大学出版社,1983.

[39] 晋阳学刊编辑部. 中国现代社会科学家传略：第 4 辑[M]. 太原：山西人民出版社，1983.

[40] 高平叔. 蔡元培全集：第 2 卷[M]. 北京：中华书局，1984.

[41] 周天度. 蔡元培传[M]. 北京：人民出版社，1984.

[42] 高平叔. 蔡元培全集：第 1 卷[M]. 北京：中华书局，1984.

[43] 高平叔. 蔡元培全集：第 3 卷[M]. 北京：中华书局，1984.

[44] 李迪. 中国数学史简编[M]. 沈阳：辽宁人民出版社，1984.

[45] 舒新城. 中国近代教育史资料[M]. 北京：人民教育出版社，1985.

[46] 荣孟源. 中国国民党历次代表大会及中央全会资料：下册[M]. 北京：光明日报出版社，1985.

[47] 朱有瓛. 中国近代学制史料：第 1 辑下册[M]. 上海：华东师范大学出版社，1986.

[48] 上海市出版工作者协会《出版史料》编辑部. 出版史料：第 5 辑[M]. 上海：学林出版社，1986.

[49] 陈学恂. 中国近代教育史教学参考资料[M]. 北京：人民教育出版社，1986.

[50] 唐文权，罗福惠. 章太炎思想研究[M]. 上海：华中师范大学出版社，1986.

[51] 魏庚人. 中国中学数学教育史[M]. 北京：人民教育出版社，1987.

[52] 商务印书馆. 1897—1987 商务印书馆九十年——我和商务印书馆[M]. 北京：商务印书馆，1987.

[53] 中华书局编辑部. 回忆中华书局：上编[M]. 北京：中华书局，1987.

[54] 蔡元培. 蔡元培教育论集[M]. 长沙：湖南教育出版社，1987.

[55] 王韬. 王韬日记[M]. 北京：中华书局，1987.

[56] 朱有瓛：中国近代学制史料：第 2 辑上册[M]. 上海：华东师范大学出版社，1987.

[57] 李泽厚. 中国现代思想史论[M]. 北京：东方出版社，1987.

[58] 李楚才. 帝国主义侵华教育史资料——教会教育[M]. 北京：教育科学出版社，1987.

[59] 中华书局. 中华书局图书总目[M]. 北京：中华书局，1987.

[60] 陈学恂. 中国近代教育史教学参考资料：下册[M]. 北京：人民教育出版社，1987.

[61] 李兴华. 人世楷模蔡元培[M]. 上海：上海人民出版社，1988.

［62］朱有瓛. 中国近代学制史料：第 2 辑下册［M］. 上海：华东师范大学出版社，1989.

［63］朱有瓛. 中国近代学制史料：第 3 辑上册［M］. 上海：华东师范大学出版社，1990.

［64］璩鑫圭. 中国近代教育史资料汇编：鸦片战争时期教育［M］. 上海：上海教育出版社，1990.

［65］张仲礼. 近代上海城市研究［M］. 上海：上海人民出版社，1990.

［66］罗竹风. 汉语大词典：第 8 卷［M］. 北京：汉语大词典出版社，1990.

［67］包天笑. 钏影楼回忆录：第 2 辑［M］. 台北：龙文出版社股份有限公司，1990.

［68］丁钢. 文化的传递与嬗变中国文化与教育［M］. 上海：上海教育出版社，1990.

［69］璩鑫圭，唐良炎. 中国近代教育史资料汇编：学制演变［M］. 上海：上海教育出版社，1991.

［70］陈学恂，田正平. 中国近代教育史资料汇编：留学教育［M］. 上海：上海教育出版社，1991.

［71］浙江省政协文史资料委员会. 浙江近代著名学校和教育家［M］//浙江文史资料选辑：第 5 辑. 杭州：浙江人民出版社，1991.

［72］张树年. 张元济年谱［M］. 北京：商务印书馆，1991.

［73］许纪霖. 智者的尊严：知识分子与近代文化［M］. 上海：学林出版社，1991.

［74］朱有瓛. 中国近代学制史料：第 3 辑下册［M］. 上海：华东师范大学出版社，1992.

［75］高时良. 中国近代教育史资料汇编：洋务运动时期教育［M］. 上海：上海教育出版社，1992.

［76］陈元晖. 中国近代教育史资料汇编：戊戌时期教育［M］. 上海：上海教育出版社，1992.

［77］阮仁泽. 上海宗教史［M］. 上海：上海人民出版社，1992.

［78］叶宋曼瑛. 从翰林到出版家——张元济的生平与事业［M］. 张人凤，邹振环，译. 香港：商务印书馆，1992.

［79］史静寰. 狄考文和司徒雷登在华的教育活动［M］. 台湾：文津出版社，1992.

［80］陈国华. 先驱者的脚印：海外华人教育三百年 1690—1990［M］.

Royal kingsway Inc,1992.

[81] 黎难秋. 中国科学翻译史稿[M]. 合肥:中国科学技术大学出版社,1993.

[82] 汤志钧,陈祖恩,汤仁泽. 中国近代教育史资料汇编:戊戌时期教育[M]. 上海:上海教育出版社,1993.

[83] 杜亚泉. 杜亚泉文选[M]. 上海:华东师范大学出版社,1993.

[84] 叶再生. 出版史研究:第 2 辑[M]. 北京:中国书籍出版社,1994.

[85] 中国第二历史档案馆. 中央党务月刊[M]. 南京:南京出版社,1994(3).

[86] 中国第二历史档案馆. 中央党务月刊[M]. 南京:南京出版社,1994(9).

[87] 中国第二历史档案馆. 中华民国史档案资料汇编第 5 辑第 1 编教育[M]. 南京:江苏古籍出版社,1994.

[88] 李华兴,吴嘉勋. 梁启超选集[M]. 上海:上海人民出版社,1994.

[89] 熊月之. 西学东渐与晚清社会[M]. 上海:上海人民出版社,1994.

[90] 陈立夫. 陈立夫回忆录:成败之鉴[M]. 台北:正中书局,1994.

[91] 王炳照,田正平. 中国教育思想通史(第 6 卷):1911—1927[M]. 长沙:湖南教育出版社,1994.

[92] 许纪霖,陈达凯. 中国现代化史 1800—1949:(第 1 卷)[M]. 上海:上海三联书店,1995.

[93] 袁翰青. 袁翰青文集[M]. 北京:科学技术文献出版社,1995.

[94] 中国社会科学院语言研究所. 现代汉语词典[M]. 北京:商务印书馆,1995.

[95] 北京图书馆,人民教育出版社图书馆. 民国时期总书目(1911—1949)中小学教材[M]. 北京:书目文献出版社,1995.

[96] 李桂林,戚名琇,钱曼倩. 中国近代教育史资料汇编普通教育[M]. 上海:上海教育出版社,1995.

[97] 田正平. 留学生与中国教育近代化[M]. 广州:广东教育出版社,1996.

[98] 桂勤. 蔡元培学术文化随笔[M]. 北京:中国青年出版社,1996.

[99] 王建军. 中国近代教科书发展研究[M]. 广州:广东教育出版社,1996.

[100] 周越然. 书与回忆[M]. 沈阳:辽宁教育出版社,1996.

[101] 李华兴. 民国教育史[M]. 上海:上海教育出版社,1997.

[102] 黄正雨.康有为读书生涯[M].武汉:长江文艺出版社,1997.

[103] 茅盾.回忆录一集[M]//茅盾全集:34.叶子铭,校注.北京:人民文学出版社,1997.

[104] 费锦昌.中国语文现代化百年记事1892—1995[M].北京:语文出版社,1997.

[105] 朱学勤.被遗忘与被批评的——朱学勤书话[M].杭州:浙江人民出版社,1997.

[106] 商务印书馆.商务印书馆百年大事记:1897—1997[M].北京:商务印书馆,1997.

[107] 商务印书馆.商务印书馆一百年[M].北京:商务印书馆,1998.

[108] 李俨,钱宝琮.科学史全集:卷8[M].沈阳:辽宁教育出版社,1998.

[109] 冯桂芬.校邠庐抗议洋务运动的理论纲领[M].戴扬本,评注.郑州:中州古籍出版社,1998.

[110] 汪家熔.商务印书馆史及其他——汪家熔出版史研究文集[M].北京:中国书籍出版社,1998.

[111] 王维礼.蒋介石的文臣武将[M].郑州:河南人民出版社,1998.

[112] 朱学勤.书斋里的革命:朱学勤文选[M].长春:长春出版社,1999.

[113] 朱学勤.思想史上的失踪者[M].广州:花城出版社,1999.

[114] 丁守和.中国近代启蒙思潮[M].北京:社会科学文献出版社,1999.

[115] 中国第二历史档案馆.中华民国史档案资料汇编第5辑第2编教育(1)[M].南京:江苏古籍出版社,1997.

[116] 杜成宪,崔运武,王伦信.中国教育史学九十年[M].上海:华东师范大学出版社,1998.

[117] 中国第二历史档案馆.中华民国史档案资料汇编第5辑第3编政治(5)[M].南京:江苏古籍出版社,1999.

[118] 周武.张元济:书卷人生[M].上海:上海教育出版社,1999.

[119] 吴相.从印刷作坊到出版重镇[M].南宁:广西教育出版社,1999.

[120] 蔡元培.孑民自述[M].朱鸿召,编选.南京:江苏人民出版社,1999.

[121] 许纪霖,田建业.一溪集:杜亚泉的生平与思想[M].北京:生

活·读书·新知三联书店,1999.

[122] 许纪霖.另一种启蒙[M].广州:花城出版社,1999.

[123] 中国历史大辞典科技史卷编纂委员会.中国历史大辞典:科技史卷[M].上海:上海辞书出版社,2000.

[124] 中国第二历史档案馆.中华民国史档案资料汇编[M].南京:江苏古籍出版社,2000.

[125] 田正平,肖朗.世纪之理想中国近代义务教育研究[M].杭州:浙江教育出版社,2000.

[126] 王渝生.中国近代科学的先驱——李善兰[M].北京:科学出版社,2000.

[127] 李海生,张敏.民国两兄弟陈果夫与陈立夫[M].上海:上海人民出版社,2000.

[128] 丁尔纲.茅盾:翰墨人生八十秋[M].武汉:长江文艺出版社,2000.

[129] 许纪霖.二十世纪中国思想史论[M].上海:东方出版中心,2000.

[130] 课程教材研究所编.20世纪中国中小学课程标准教学大纲汇编[M].北京:人民教育出版社,2001.

[131] 汪家熔.中国出版史料近代部分:第2卷[M].武汉:湖北教育出版社,2001.

[132] 丁钢.历史与现实之间中国教育传统的理论探索[M].北京:教育科学出版社,2002.

[133] 中国人民政治协商会议全国委员会文史资料委员会.文史资料存稿选编23:文化[M].北京:中国文史出版社,2002.

[134] 钱炳寰.中华书局大事纪要:1912—1954[M].北京:中华书局,2002.

[135] 俞筱尧,刘彦捷.陆费逵与中华书局[M].北京:中华书局,2002.

[136] 许纪霖.中国知识分子十论[M].上海:复旦大学出版社,2003.

[137] 张元济.中华民族的人格[M].沈阳:辽宁教育出版社,2003.

[138] 张学继.出版巨擘——张元济传[M].杭州:浙江人民出版社,2003.

[139] 许纪霖,田建业.杜亚泉文存[M].上海:上海教育出版社,2003.

[140] 王韬,顾燮光,等编.近代译书目[M].北京:北京图书馆出版社,2003.

[141] 杜成宪,丁纲.20世纪中国教育的现代化研究[M].上海:上海教育出版社,2004.

[142] 宋原放,中国出版史料近代部分:第3卷[M].汪家熔,辑注.武汉:湖北教育出版社,2004.

[143] 宋原放.中国出版史料近代部分:第3卷[M].武汉:湖北教育出版社,济南:山东教育出版社,2004.

[144] 邱若宏.传播与启蒙——中国近代科学思潮研究[M].长沙:湖南人民出版社,2004.

[145] 田正平,周谷平,徐小洲.教育交流与教育现代化[M].杭州:浙江大学出版社,2005.

[146] 徐品方,张红.数学符号史[M].北京:科学出版社,2006.

[147] 葛兆光.中国思想史:第一、二卷[M].上海:复旦大学出版社,2005.

[148] 杨自强.学贯中西——李善兰传[M].杭州:浙江人民出版社,2006.

[149] 熊月之.晚清西学书目提要[M].上海:上海书店出版社,2007.

[150] 陈立夫,陈秀惠.复兴中国文化:陈立夫访谈录[M].北京:新华出版社,2007.

[151] 张昌华.曾经风雅——文化名人的背影(修订版)[M].桂林:广西师范大学出版社,2007.

[152] 汪家熔.民族魂——教科书变迁[M].北京:商务印书馆,2008.

[153] 中共中央文献研究室,中共湖南省委《毛泽东早期文稿》编辑组.毛泽东早期文稿[M].长沙:湖南人民出版社,2008.

[154] 吴永贵.中国出版史下:近现代卷[M].长沙:湖南大学出版社,2008.

[155] 毕苑.建造常识:教科书与近代中国文化转型[M].福州:福建教育出版社,2009.

[156] 王玉生.蔡元培普通教育思想论纲[M].北京:中国社会科学出版社,2009.

[157] 金观涛,刘青峰.观念史研究——中国现代重要政治术语的形成[M].北京:法律出版社,2009.

[158] 郑士德.中国图书发行史[M].北京:中国时代经济出版社,2009.

[159] 李涛.浙江近代乡村教育史[M].杭州:杭州出版社,2009.

[160] 石鸥，吴小鸥.百年中国教科书图说1897—1949[M].长沙：湖南教育出版社，2009.

[161] 石鸥，吴小鸥.百年中国教科书图说1949—2009[M].长沙：湖南教育出版社，2009.

[162] 龚缨晏.浙江早期基督教史[M].杭州：杭州出版社，2010.

[163] 吴民祥.浙江近代女子教育史[M].杭州：杭州出版社，2010.

[164] 肖东发，于文.中外出版史[M].北京：中国人民大学出版社，2010.

[165] 杨帆.国民党去台高官大结局[M].北京：华文出版社，2010.

[166] 何明.民国名人全记录民国名人的最后岁月纪实8第4部：曲终人散[M].北京：华文出版社，2010.

[167] 洛秦.海上回音叙事[M].上海：上海音乐学院出版社，2010.

[168] 顾志兴.浙江印刷出版史[M].杭州：杭州出版社，2011.

[169] 邹振环.晚明汉文西学经典编译、诠释、流传与影响[M].上海：复旦大学出版社，2011.

[170] 张人凤，柳和城.张元济年谱长编：下册[M].上海：上海交通大学出版社，2011.

[171] 吴小鸥.中国近代教科书的启蒙价值[M].福州：福建教育出版社，2011.

[172] 石鸥，吴小鸥.中国近现代教科书史：上册[M].长沙：湖南教育出版社，2012.

[173] 杨和平.浙江近现代音乐教育家群体研究[M].上海：上海教育出版社，2012.

[174] 肖伊绯.孤云独去闲民国闲人那些事[M].杭州：浙江大学出版社，2012.

[175] 顾明远，张厚粲.20世纪中国学术大典(教育学心理学)[M].福州：福建教育出版社，2012.

[176] 陈子善.钩沉新月——发现梁实秋及其他[M].北京：中华书局，2013.

[177] 石鸥，吴小鸥.简明中国教科书史[M].北京：知识产权出版社，2015.

[178] 吴小鸥.复兴之路——百年中国教科书与社会变革[M].中国社会科学出版社，2015.

[179] [德]黑格尔.精神现象学[M].贺麟，王玖兴，译.北京：商务印书

馆,1979.

[180] [美]费正清,崔瑞德. 剑桥中国晚清史:上卷[M]. 北京:中国社会科学出版社,1985.

[181] [美]阿历克斯·英格尔斯. 人的现代化——心理·思想·态度·行为[M]. 殷陆君,编译. 成都:四川人民出版社,1985.

[182] [德]康德. 历史理性批判文集[M]. 何兆武,译. 北京:商务印书馆,1990.

[183] [法]布尔迪厄. 文化资本与社会炼金术——布尔迪厄访谈录[M]. 包亚明,译. 上海:上海人民出版社,1997.

[184] [美]张灏. 梁启超与中国思想的过渡(1890—1907)[M]. 崔志海,葛夫平,译. 南京:江苏人民出版社,1997.

[185] [英]戴维·赫尔德. 民主的模式[M]. 燕继荣,等,译. 王浦劬,校. 北京:中央编译出版社,1998.

[186] [英]安东尼·吉登斯. 现代性与自我认同——现代晚期的自我与社会[M]. 赵旭东,方文,译. 北京:生活·读书·新知三联书店,1998.

[187] [美]罗伯特·达尔. 民主理论的前言[M]. 顾昕,朱丹,译. 北京:生活·读书·新知三联书店,1999.

[188] [法]米歇尔·福柯. 规训与惩罚[M]. 刘北成,杨远婴,译. 北京:生活·读书·新知三联书店,1999.

[189] [英]詹姆斯·布赖斯. 现代民治政体[M]. 张慰慈,等,译. 长春:吉林人民出版社,2001.

[190] [德]尤尔根·哈贝马斯. 后民族结构[M]. 曹卫东,译. 北京:人民出版社,2002.

[191] [美]M. 阿普尔,L. 克丽斯蒂安·史密斯. 教科书政治学[M]. 侯定凯,译. 上海:华东师范大学出版社,2005.

[192] [美]托马斯·塞缪尔·库恩. 科学革命的结构[M]. 金吾伦,胡新和,译. 北京:北京大学出版社,2003.

[193] A. Wylie. Memorial of Protestant Missionaries to the Chinese [M]. Shanghai: American Presbyterian Mission Press,1867.

[194] A. Wylie. A Chinese Theorem. Notes and Queries on China and Japan,1869(5).

[195] J. Doolittle. A Vocabulary and Handbook of the Chinese Language. Foochow: Rozario,Marcal and Co. 1872.

[196] A. P. Parker:"Buffington Seminary ,Soochow."in the Chinese

Recorder Vol. XIV(1886).

[197] Nathaniel Gist Gree ed. ,The Educational Directory for China . The Educational Association of China,1905.

[198] Young. Knowledge and Control: New Directions for the Sociology of Education. London: CollierMacmillan,1971.

[199] M. W. Apple. The Hidden Curriculum and the Nature of Conflict , Interchange,1972(2):4.

[200] J. Ben-David. Scientific Growth. Essays on the Social Organization and Ethos of Science. University of California Press, 1991.

[201] Boyer. Euclid of Alexandria. Boyer Influence of the Elements. 1991.

[202] Standardizing Knowledge in a Multicultural Society. Curriculum Inquiry, spring 2005. Blackwell publishing.

[203] Complicating Discontinuity: What About Poverty?. Curriculum Inquiry, spring 2005 . Blackwell publishing.

[204] National Ethos . Multicultural Education and the New History Textbooks in Israel . Curriculum Inquiry, spring 2005 . Blackwell publishing.

后　记

我于2005年攻读课程与教学论专业博士学位,2006年开始系统整理百年中国教科书的发展,重点研究中国近现代教科书的启蒙价值。一直以来,我对教科书中的"人"非常感兴趣,一是哪些人在编撰出版教科书,二是他们又将哪些人编入教科书,三是他们希望通过教科书启蒙儿童成为什么样的人。为此,我在研究过程中一直不断收集整理教科书版权页上编撰出版者的信息,发现浙江籍知识分子是中国近现代教科书编撰出版人数最多、持续时间最长的群体。2012年,在对中国近现代教科书整理研究的基础上,笔者作为项目主持人申报了浙江省哲学社会科学规划课题并获准立项,对浙江知识分子与中国近现代教科书发展进行专题研究。

在课题研究过程中,得到浙江大学田正平教授以及首都师范大学石鸥教授的悉心指导,宁波大学贺国庆教授、邵光华教授、吴黛舒教授、熊和平教授以及宁波市唐弢学校谢永刚老师给予本课题研究大力支持,北京师范大学哲学与社会学学院李想同学以及宁波大学教师教育学院姚艳、张瑞、徐加慧、高千珊、陈明莉、辛晓梦、蒋勤效、刘珂妙等研究生在资料整理方面付出辛勤劳动。在课题初步完成后,书稿于2015年5月获得浙江省社科联省级社会科学学术著作出版资金全额资助,列入"当代浙江学术文库",由浙江工商大学出版社统一出版,实感荣幸。感谢责任编辑唐妙琴、任晓燕的辛勤编校。

对浙江知识分子进行专题研究比预想的困难一些,因为他们参与编撰出版中国近现代教科书的人数众多、关系复杂,且教科书卷帙浩繁。虽然全力查找与收集相关资料及教科书文本,但还是因为年代久远、损毁严重,而导致第一手资料的匮乏,未能将参与编撰出版中国近现代教科书的所有浙江知识分子及其教科书全面呈现给读者,心中留有遗憾。好在学术生命尚存,今后继续潜心研究,以回报学界长辈、师友的关心、支持和期待。

吴小鸥

2015年11月9日于宁波大学至善楼